U0567679

权威·前沿·原创

皮书系列为
"十二五""十三五""十四五"时期国家重点出版物出版专项规划项目

BLUE BOOK

智库成果出版与传播平台

马来西亚蓝皮书
BLUE BOOK OF MALAYSIA

马来西亚发展报告（2023）
ANNUAL REPORT ON DEVELOPMENT OF MALAYSIA (2023)

第十五届大选深度解读
An In-depth Look Into the 15th General Election of Malaysia

北京外国语大学亚洲学院
组织编写 / 北京外国语大学中国马来研究中心
北京大学东盟国家研究中心
主　　编 / 苏莹莹　翟崑
副 主 编 / 傅聪聪　宋清润

社会科学文献出版社
SOCIAL SCIENCES ACADEMIC PRESS (CHINA)

图书在版编目（CIP）数据

马来西亚发展报告 . 2023：第十五届大选深度解读 /
苏莹莹，翟崑主编；傅聪聪，宋清润副主编 . --北京：
社会科学文献出版社，2023. 12
（马来西亚蓝皮书）
ISBN 978-7-5228-3089-6

Ⅰ. ①马… Ⅱ. ①苏… ②翟… ③傅… ④宋… Ⅲ.
①马来西亚-研究报告-2023 Ⅳ. ①D733.8

中国国家版本馆 CIP 数据核字（2023）第 251588 号

马来西亚蓝皮书

马来西亚发展报告（2023）

——第十五届大选深度解读

主　　编／苏莹莹　翟　崑
副 主 编／傅聪聪　宋清润

出 版 人／冀祥德
组稿编辑／张晓莉
责任编辑／叶　娟
文稿编辑／宋　祺　邹丹妮
责任印制／王京美

出　　版／社会科学文献出版社·国别区域分社（010）59367078
　　　　　地址：北京市北三环中路甲 29 号院华龙大厦　邮编：100029
　　　　　网址：www. ssap. com. cn
发　　行／社会科学文献出版社（010）59367028
印　　装／天津千鹤文化传播有限公司

规　　格／开　本：787mm×1092mm　1/16
　　　　　印　张：19.25　字　数：284 千字
版　　次／2023 年 12 月第 1 版　2023 年 12 月第 1 次印刷
书　　号／ISBN 978-7-5228-3089-6
定　　价／168.00 元

读者服务电话：4008918866

北京外国语大学"双一流"建设项目成果（项目批准号：2023SYLZD008）

北京外国语大学区域与全球治理高等研究院
"区域和国别研究蓝皮书系列"

马来西亚蓝皮书编委会

主要编撰者简介

苏莹莹 北京外国语大学亚洲学院院长，马来语专业教授。主要研究领域为马来语言文学、南海问题、东南亚社会文化、非通用语种专业教育教学。中国高等教育学会外语教学研究分会理事，中国外文局中马国际翻译资格认证考试专家委员会成员，北外中国外语教材研究中心研究员，中国高校马来语专业发展委员会创会主席。《习近平谈治国理政》马来文版译审及定稿专家。出版专著《马来西亚南海政策研究》，主编《20 世纪中国古代文化经典在东南亚的传播编年》，出版教材 8 部、专业辞书 5 部，正式发表论文 50 余篇，主持或参与省部级及国家级科研课题 7 项，获 2017 年度北京市教学成果奖一等奖（项目主持人）、2022 年度北京市教学成果奖特等奖（参与人）。

翟 崑 北京大学国际关系学院国际政治系教授、博士生导师；北京大学区域与国别研究院副院长、全球互联互通研究中心主任。主要研究领域为东南亚、亚太问题，世界政治与国际战略问题，以及中国的国际化战略、"一带一路"等。曾任中国现代国际关系研究院世界政治研究所所长（2011~2014）、南亚东南亚及大洋洲研究所所长（2008~2011），研究员。长期从事全球、周边地区及国别的综合研究和科研管理。东盟地区论坛（ARF）中方专家名人、中国东南亚研究会副会长、中国外交学会理事，以及泛北部湾经济合作中方专家组成员、中国-东盟博览会高级顾问。

摘　要

2022年，马来西亚政权再度更迭。前副总理、人民公正党主席安瓦尔赢得国会下议院多数议员支持，被最高元首任命为总理。安瓦尔出任总理后，马来西亚政局日趋稳定，国家各项改革和发展议程稳步推进，2020年3月以后执政党与在野党各党派缠斗纷争的局面终结。

本报告以马来西亚大选为核心，系统分析了大选前后马来西亚政治、经济、外交、安全、社会文化等领域的新变化和新特点，重点探讨第十五届全国大选、气候变化与国家安全、《区域全面经济伙伴关系协定》（RCEP）、马来语作为东盟第二官方语言的推进等议题。

在政治领域，第十五届全国大选后，马来西亚逐渐形成希望联盟、国民阵线、国民联盟三大力量格局，东马来西亚在政治生活中的地位显著提升，最高元首在政坛中的作用更加凸显。

在经济领域，得益于疫情防控措施的优化调整、出口（特别是大宗商品出口）的弹性增长、旅游活动的复苏以及政府持续的宏观政策支持，2022年马来西亚经济实现8.7%的增长，增速在世界名列前茅。

在外交领域，马来西亚着力维持大国平衡。在寻求加入美国主导的"印太经济框架"的同时，明确反对澳英美三边安全伙伴关系（AUKUS），拒绝孤立俄罗斯，不表态支持日本倡导的"自由与开放的印太"构想，而且积极推进与中国的关系，加强与东盟和伊斯兰世界的交往。

在文化领域，随着政局趋稳、经济复苏向好、大国平衡外交推进，马来西亚提出将马来语打造为东盟第二官方语言的目标和具体方案，显示政府确

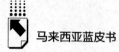

立并巩固马来语国内国际影响力的决心和努力。

在安全领域，2022年，气候变化成为主要非传统安全威胁。洪涝灾害对民众的人身安全及粮食、能源和社会稳定等造成极大危害。政府积极应对气候变化，推出多项气候政策，并颁布《国家能源政策》，明确气候治理目标，为中马气候治理合作提供了广阔空间。

关键词： 马来西亚　大选　安瓦尔　大国平衡　《国家能源政策》

前　言

　　"马来西亚蓝皮书"系列是由北京外国语大学区域与全球治理高等研究院、亚洲学院、中国马来研究中心牵头，联合北京大学东盟国家研究中心，组织国内外知名专家学者编写的年度报告，是我国出版的第一套关于马来西亚的年度蓝皮书，先后四年连续发布。在此基础上，承蒙中马两国学者的支持与厚爱，我们再接再厉，编撰出版《马来西亚发展报告（2023）》。希望通过这部年度蓝皮书的发布，加深国内读者对马来西亚及对中马关系的了解。

　　中国和马来西亚有着2000多年的交往历史，两国的传统友谊历久弥新，双方相互信任、守望相助、合作共赢，是跨越千年的好邻居、好朋友和好伙伴。1974年5月31日，中马建交，马来西亚成为东盟创始成员国中第一个与中国建交的国家。进入21世纪以来，在两国领导人的战略引领下，中马关系虽面临曲折与挑战，但始终保持着健康稳定的大方向。双方政治互信持续巩固，以中马合作高级别委员会、战略磋商等双边机制统筹推进各领域合作；经济领域的互利合作不断深化。2013年中马双边贸易额突破千亿美元大关，2022年双边贸易额首度突破2000亿美元，达到2036亿美元。中国连续14年保持马来西亚第一大贸易伙伴地位。2022年，中马双边贸易额占中国-东盟贸易总额的21%，在中国与东盟十个国家的贸易额中排名第二，中马贸易的中方逆差在中国与东盟十个国家的贸易中最大。两国在诸多国际问题上具有高度共识，在联合国、世界贸易组织、亚太经合组织、东亚区域合作等多边框架中始终密切协作，共同反对单边主义和保护主义，共同推进贸易投资自由化、便利化和经济全球化进程。中马双方政治互信深厚，利益

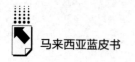
融合紧密，人民相知相亲，传统友谊不断焕发出新的勃勃生机。

2022年10月，马来西亚迎来大选，安瓦尔的当选使政局逐步稳定下来，尽管新政府依旧面临来自各方面的挑战。2023年是中马建立全面战略伙伴关系10周年，中马高层互访卓有成效。3月底，安瓦尔就任总理后首次访华。3月31日，习近平主席会见了安瓦尔总理。安瓦尔表示："我是作为中国的真正朋友、怀抱对中国的真诚友好来华访问的。"安瓦尔访华进一步提升了中马双边高质量合作。5月18~20日，中国全国人大常委会委员长赵乐际访马，分别会见马来西亚最高元首阿卜杜拉、总理安瓦尔，并与下议院议长佐哈里举行会谈。会见安瓦尔时，赵乐际指出，高层战略引领是中马关系前进的指南针，务实合作和人文交流是中马关系发展的双引擎，希望双方继续高质量共建"一带一路"，拓展各领域合作。

2022年，在中国高等教育领域，一件值得关注的事情就是区域国别学正式被设立为交叉学科门类下的一级学科。中国的区域国别学研究在多年深耕的基础上迎来了更大的发展空间。在此背景下，继续做好"马来西亚蓝皮书"恰逢其时，更是责无旁贷。当前，中马两国合作前景广阔。中国高度重视中马关系，希望双方以共建"人类命运共同体"为导向，以合作开展"一带一路"项目为契机，加强发展战略对接，为中马全面战略伙伴关系注入新内涵，为地区发展增添新助力，为中马关系开创美好未来。这迫切需要国内加快相关研究产出，为两国加强战略协作提供智力支持。因此，《马来西亚发展报告（2023）》的推出备受关注。

《马来西亚发展报告（2023）》包括总报告、分报告、专题报告和附录几个部分。本书凝结了中国国内高校和权威科研机构专家学者，以及马来西亚知名学者的共同智慧，全面呈现了2022年全年和2023年年初马来西亚在政治、经济、外交、国防、教育、文化等领域的发展状况，以及中马关系的最新发展态势。我们希望借"马来西亚蓝皮书"的平台，充分发挥中国高校、研究机构与马来西亚高校、智库的合作优势，通过两国学者对马来西亚政经社情和中马双边关系发展的全面跟踪、系统整理和综合分析，形成较为权威的报告，为中国各界了解马来西亚的发展现状提供较为全面的研究资料，为中国"一带一路"倡议与马来西亚"第 12 个马来西亚计划"和"2030 年共享繁荣愿景"对接，为中国企业"走出去"，为 RCEP 的全面落实等提供重要参考。

当前，后疫情时代的全球格局加速演进。世界之变、时代之变、历史之变正以前所未有的方式展开。我们所处的是一个充满挑战的时代，也是一个充满希望的时代。中国共产党第二十次全国代表大会为党和国家的事业发展指明了前进方向。中国始终坚持维护世界和平、促进共同发展的外交政策宗旨，致力于推动构建人类命运共同体。2024 年将迎来中马两国建交 50 周年。中马理念相近，利益相融，人文相通，双方就共建中马命运共同体达成共识，必将开启两国关系新的历史篇章。展望未来，相信中马两国将在全力推进基础设施建设、经贸金融拓展、文化教育交流、外交防务合作的同时，积极促进中马文化的交流互鉴与和谐共生，携手并肩，互利共赢，继续为亚太地区乃至世界的和平发展与稳定繁荣贡献重要力量。

苏莹莹　翟　崑

2023 年 5 月于北京

目 录 ➦

Ⅰ 总报告

Ⅱ 分报告

Ⅲ 专题报告

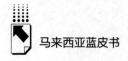
皮书数据库阅读**使用指南**

总 报 告
General Report

B.1

2022年的马来西亚：大选化解困局

骆永昆*

摘　要： 2022年马来西亚局势趋稳向好。政治上，随着前副总理安瓦尔出任新总理，错综复杂的政局逐渐稳定下来，这给国家发展带来了新的动力。经济上，内外环境逐步改善，经济呈现积极复苏势头，全年国内生产总值（GDP）增速超过8%。外交上，马来西亚积极深化与美国、日本、欧盟、澳大利亚及中国的合作，拓展与伊斯兰世界的关系，着力扩大外交空间。安全上，面对突发的乌克兰危机，马来西亚成功地从乌克兰撤侨，有力维护了海外公民的利益。与此同时，政府着力应对水灾，保障大选顺利举行。

关键词： 马来西亚　安瓦尔　大选　经济复苏　中马关系

---

* 骆永昆，博士，中国现代国际关系研究院东南亚和大洋洲研究所副所长、副研究员，主要研究方向为印度尼西亚、马来西亚、东盟及亚太安全。

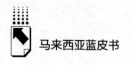

一　政局再度更迭

2022年，马来西亚国内政治斗争依旧，提前举行大选仍然是政坛的主要议题。10月，总理伊斯迈尔·沙必里·雅各布（Ismail Sabri Yaakob）在各方压力之下宣布提前举行大选，马来西亚政局遭遇自2018年5月以来第四次更迭。但随着安瓦尔·易卜拉欣（Anwar Ibrahim）当选总理，多元化的政坛格局逐渐稳定下来。

第一，马来民族统一机构（简称"巫统"）力推提前举行大选。2021年8月，穆希丁·亚辛（Mahiaddin Yasin）下台后，巫统领导的国民阵线与土著团结党领导的国民联盟重组联合政府，并由巫统副主席伊斯迈尔出任总理。尽管2018年5月巫统重新获得总理职位，但巫统对执政联盟中的国民联盟颇为不满，因此自2021年8月开始，巫统就一直积极推动伊斯迈尔解散国会、提前举行大选，旨在将国民联盟踢出执政联盟，由巫统领导的国民阵线单独主导政局，巫统主席艾哈迈德·扎希德（Ahmad Zahid）出任总理。2022年9月30日，巫统举行最高理事会会议，决定促请伊斯迈尔向最高元首建议解散国会，并在年内提前举行大选。10月10日，经最高元首御准，国会宣告解散。11月19日，马来西亚举行第十五届全国大选，选举产生222名国会下议院议员。正如各方所料，此次选举无单一政党或政党联盟赢得国会下议院简单多数席位。在主要政党联盟中，希望联盟获得82席、国民联盟获得74席、国民阵线获得30席、沙捞越政党联盟获得23席。11月24日，最高元首苏丹阿卜杜拉·艾哈迈德·沙阿（Abdullah Ahmad Shah）召开统治者会议，最终决定委任希望联盟领导人安瓦尔为新总理。

第二，政局逐步恢复稳定。全国大选后，巫统虽然如愿以偿地使国民联盟成为反对党，但国民阵线未能获得国会下议院多数席位，不能单独执政，不得不与安瓦尔领导的希望联盟联合执政。2022年12月16日，执政联盟中的希望联盟、国民阵线、沙捞越政党联盟、沙巴人民联盟以及沙巴民兴党签署合作协议，承诺支持总理安瓦尔。执政联盟在国会下议院222个席位中拥有144

个，加上其他支持党派和独立议员，执政联盟共获得148个国会下议院席位，达到国会下议院三分之二多数。这是自2020年3月以来，执政联盟首次在国会下议院获得稳定的多数席位①，此举也标志着马来西亚政局暂时稳定了下来。

第三，政坛多元化格局基本定型。经过第十四届、第十五届全国大选以及主要政党联盟的博弈，马来西亚政坛的新格局基本定型。所谓"新格局"，即在当今的马来西亚政坛，没有一个政党或政党联盟能够单独发挥主导作用，政党联盟联合执政成为新常态，最高元首、西马政党和东马政党三股势力共同左右政局发展。

一是最高元首在政坛中的影响力越来越大。马来西亚实行君主立宪制，最高元首是虚位元首。依据宪法，最高元首有权委任获得国会下议院多数议员支持的议员为总理。在第十四届大选前，国民阵线主导政局，国民阵线的主席理所当然地获得了国会下议院多数议员的支持，最高元首任命国民阵线主席为总理成了一种象征性的权力。但自2020年2月以来，马来西亚政局三次更迭，由于没有政党能够主导国会下议院，最高元首在选择和任命总理的问题上发挥了至关重要的作用。比如此届大选后，最高元首苏丹阿卜杜拉分别召见了主要政党联盟的领袖，并特别谕令相关政党放弃成为反对党的立场，共同组织团结政府。最终，国民阵线、沙捞越政党联盟、沙巴人民联盟等转变立场，决定遵循最高元首的建议，支持希望联盟组建新政府。

二是西马三大政党联盟即国民阵线、希望联盟和国民联盟成为政坛的重要力量。但由于巫统的衰落，老牌政党联盟国民阵线在此届大选后进一步式微，希望联盟和国民联盟则逐渐成为政坛的两大主要力量。值得特别注意的是，虽然巫统疲态尽显，但由于希望联盟和国民联盟相互掣肘，巫统成为国会下议院的关键少数政党。至少在未来5年内，巫统对马来西亚政坛的影响力仍不容小觑。与此同时，伊斯兰教党重新崛起，在第十五届大选中获得了49个国会下议院席位，成为国会下议院最大政党。

---

① 此前的穆希丁领导的执政联盟（2020年3月至2021年8月）和伊斯迈尔领导的执政联盟（2021年8月至2022年11月）在国会下议院222个席位中仅获得113个和114个（112个席位为执政门槛）的微弱多数席位。

三是东马的政治影响力显著上升。第十五届大选前，沙巴、沙捞越的政党在国会下议院中占据的席位较少，影响力非常有限。但此届大选后，东马两大政党联盟共计获得了 29 个国会下议院席位，仅次于国民阵线，并最终加入执政联盟。其中，来自沙捞越政党联盟的法迪拉·尤索夫（Fadillah Yusof）被委任为副总理，这是东马政党要员首次出任政府副总理。① 沙巴和沙捞越的政党开始在国会和内阁中拥有更大的发言权。2022 年 2 月 11 日，马来西亚联邦宪法修正案生效，东马恢复了在《1963 年马来西亚协议》（MA1963）中的政治地位。② 事实上，根据 MA1963 协议，沙捞越与沙巴是"邦"而不是"州"，其自主地位比西马半岛的 11 个州要高。但由于建国历史教育的缺乏，马来西亚民众尤其是西马民众长期都将沙捞越和沙巴视为州，忽略了这两地的政治地位其实是和西马半岛平等的。尤其是 1976 年马来西亚国会修改了 MA1963 协议，将两地从原来的马来亚联合邦的平等伙伴地位降格为一般州。2022 年 3 月 1 日，沙捞越政府通过了沙捞越宪法修正案，正式将沙捞越的主要行政长官由"首席部长"改称为"总理"（Premier）。③ 这使东马在马来西亚政治生态中的重要性凸显出来。

二　经济形势向好

2022 年虽然马来西亚政局再度更迭，但随着新冠疫情得到有效控制、

---

① "7 menteri wakil Sabah dan Sarawak, Fadillah TPM pertama dari Borneo," *Berita Harian*, Disember 2, 2022, https：//www.bharian.com.my/berita/nasional/2022/12/1034542/7-menteri-wakil-sabah-dan-sarawak-fadillah-tpm-pertama-dari-borneo（访问时间：2023 年 2 月 16 日）。

② 在现行的马来西亚宪法中，东马的沙巴、沙捞越被视为马来西亚的两个州，与西马的 11 个州并列，共同组成马来西亚的 13 个州。此次通过的宪法修正案，不再将沙巴、沙捞越作为两个州与西马 11 个州并列，而是将东马作为整体（称为 Negeri-Negeri Borneo）与西马（称为 Negeri-negeri Tanah Melayu）并列，东马因此恢复了在《1963 年马来西亚协议》中与西马同等的政治地位。有关宪法修正案的内容可参见 "Pindaan perlembagaan diluluskan-Sabah, Sarawak bukan lagi 'negeri'," Malaysia Kini, Disember 14, 2021, https：//www.malaysiakini.com/news/603024（访问时间：2023 年 3 月 16 日）。

③ "Gelaran 'Premier Sarawak' ganti Ketua Menteri, berkuat kuasa hari ini," *Berita Harian*, Mac 1, 2022, https：//www.bharian.com.my/berita/nasional/2022/03/928683/gelaran-premier-sarawak-ganti-ketua-menteri-berkuat-kuasa-hari-ini（访问时间：2023 年 2 月 16 日）。

政府不断加强宏观调控以及马来西亚的主要经贸伙伴的经济复苏，马来西亚经济发展呈现向好态势。

第一，内外环境改善。与 2021 年相比，2022 年马来西亚内外经济环境出现了较大变化。从内部看，政府实施一系列措施，促进经济增长。一是放松对新冠疫情的管控。4 月 1 日，马来西亚宣布新冠疫情开始过渡至地方性流行病阶段，进一步放宽防疫管制和重开国家边境，加强经济活动。二是实施最低工资保障。5 月，政府宣布实施新的最低工资法案，规定从当月起员工人数在 5 人及以上的私营企业支付给员工的最低月工资从 1200 林吉特提高至 1500 林吉特，员工人数少于 5 人的公司从 2023 年 1 月起支付给员工的最低月工资为 1500 林吉特。此举旨在增加居民收入，保障民生、刺激内需。三是及时调整利率。为缓解大宗商品价格攀升，尤其是应对美国加息导致的通胀压力增加的影响，5 月，马来西亚央行将隔夜政策利率（OPR）上调 25 个基点至 2.0%，这是自 2020 年 7 月以来央行首次上调 OPR。11 月，央行将 OPR 调高 25 个基点至 2.75%，这是年内第四次升息，累计上调 100 个基点。

从外部看，一方面，东盟的经济恢复至疫情前水平。作为马来西亚外交上的重要伙伴，东盟对马来西亚的经济发展尤为重要。目前，马来西亚对东盟的贸易占其对外贸易总额的 26%。[①] 2022 年，随着东南亚国家经济普遍回暖，东盟地区成为全球经济增长最快的区域之一。亚洲开发银行预计，2022 年东南亚所有国家都将实现经济正增长，东盟经济增速将达 5.1%，恢复到疫情前水平。其中，印尼经济增速将达 5.4%，菲律宾和越南为 6.5%，柬埔寨为 5.3%，新加坡为 3.7%，泰国为 2.9%。[②] 由于东南亚国家经济的增长，2022 年马来西亚与东盟的贸易额达到 627 亿美元，其中对东盟的出口达 381

---

① "Malaysia External Trade Statistics Bulletin, December 2022," Department of Statistic Malaysia, January 18, 2023, https：//www. dosm. gov. my/v1/index. php? r = column/cthemeByCat&cat = 139&bul_ id = T2VpdEM4a2lsa1FUWm 13U2xUN2ZTQT09&menu_ id = azJjRWpYL0VBYU90TV hpclByWjdMQT09（访问时间：2023 年 2 月 1 日）。

② "Asian Development Outlook（ADO）2022 Update：Country Outlook," ADB, September 2022, https：//www. adb. org/what-we-do/economic-forecasts/september-2022/country-outlook（访问时间：2023 年 2 月 1 日）。

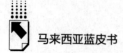
亿美元，同比增长 12.9%；从东盟的进口额为 246 亿美元，同比增长 5.1%。①

另一方面，马来西亚的主要经贸伙伴经济复苏态势向好。2022 年中国经济增速达到 3.0%。② 随着对疫情防控政策的调整，中国经济社会的活力加速释放，为包括马来西亚在内的世界各国带来了发展机遇。作为世界经济复苏"稳定器"和增长"发动机"的中国为促进马来西亚经济复苏和发展提供了保障。与此同时，2022 年美国和日本的经济保持正增长，增速分别达到 2.1%③和 1.1%④，为马来西亚经济复苏注入活力。

第二，经济超预期复苏。随着内外环境的改善，2022 年马来西亚经济呈现复苏回暖态势，全年国内生产总值（GDP）达 4340.59 亿美元，人均GDP 为 13108 美元⑤，GDP 增速达 8.7%⑥，高于 2022 年 10 月 6.5%~7.0%的预测，为 22 年来最高增速。依据马来西亚政府发布的 2023 年财政预算案，预计 2023 年马来西亚 GDP 增速将放缓至 4.5%。⑦ 此增速虽然低于

① "Malaysia External Trade Statistics Bulletin, December 2022," Department of Statistic Malaysia, January 18, 2023, https://www.dosm.gov.my/v1/index.php? r = column/cthemeByCat&cat = 139& bul_id = T2VpdEM4a2lsa1FUWm 13U2xUN2ZTQT09&menu_id = azJjRWpYL0VBYU90 TVhpclByWjdMQT09（访问时间：2023 年 2 月 1 日）。

② 《2022 年中国经济怎么样、2023 年预期如何？权威回应！》，中国政府网，2023 年 1 月 17 日，http://www.gov.cn/fuwu/2023-01/17/content_5737550.htm（访问时间：2023 年 2 月 1 日）。

③ "U.S. Economy Grew 2.1 Percent in 2022, But Recession Fears Linger," *The Washington Post*, January 26, 2023, https://www.washingtonpost.com/business/2023/01/26/gdp-2022-q4-economy/（访问时间：2023 年 2 月 15 日）。

④ "Packed with Tourists, Japan Returns to Economic Growth," *The New York Times*, February 13, 2023, https://www.nytimes.com/2023/02/13/business/japan-economy-gdp.html（访问时间：2023 年 2 月 15 日）。

⑤ 数据来源："World Economic Outlook Database: October 2022," IMF, https://www.imf.org/en/Publications/WEO/weo-database/2022/October/weo-report? c = 548, &s = NGDP_RPCH, NGDP, NGDPD, NGDPRPPPPC, NGDPDPC, &sy = 2018&ey = 2025&ssm = 0&scsm = 1&scc = 0&ssd = 1&ssc = 0&sic = 0&sort = country&ds = . &br = 1（访问时间：2023 年 3 月 20 日）。

⑥ "Malaysia Mencatat Pertumbuhan Kukuh 8.7% Untuk Tahun 2022," Kementerian Kewangan Malaysia, Feruari 10, 2023, https://www.mof.gov.my/portal/ms/berita/siaran-media/malaysia-mencatat-pertumbuhan-kukuh-8-7-untuk-tahun-2022（访问时间：2023 年 2 月 15 日）。

⑦ "Budget 2023: GDP to Grow 4.5% in 2023," *The Star*, February 24, 2023, https://www.thestar.com.my/business/business-news/2023/02/24/budget-2023-gdp-to-grow-45-in-2023（访问时间：2023 年 3 月 10 日）。

2022 年的 8.7%，但超过 2019 年的 4.4%，马来西亚经济已基本恢复至疫情前水平。但受全球经济低迷的影响，马来西亚经济复苏的根基并不稳固。

第三，大力推动高质量发展。在经济实现复苏的同时，马来西亚政府积极制定新的发展战略，助推经济高质量发展。

一是开拓数字经济增长亮点，助力中小企业运营发展。数字经济是马来西亚经济的重要驱动力，对该国 GDP 的贡献率估计达到 22.6%。① 马来西亚政府高度重视数字经济发展。早在 2021 年，马来西亚就推出了全国电子商务策略路线图 2.0 和十年数字经济蓝图——"数字马来西亚"。2022 年 7 月，伊斯迈尔政府又推出"马来西亚数字倡议"（Malaysia Digital Initiative），重点推动数字贸易、数字农业、数字服务业、数字城市、数字健康、数字旅游、数字金融、数字内容产业（digital content）②、伊斯兰数字经济 9 个领域发展，以实现促进数字技术普及、支持本地科技公司发展、吸引高价值数字投资等三大战略目标，提高马来西亚在全球数字革命和数字经济领域中的竞争力，促进本国的数字经济发展。③

二是着力推动高新技术发展。2022 年 2 月，总理伊斯迈尔宣布，政府将推出国家机器人技术蓝图（NRR），努力推动机器人技术的应用成为主流，以降低对外籍劳工的依赖，从而减少本币林吉特的外流。3 月，马来西亚微电子系统有限公司（Mimos）、明讯（Maxis）和马来西亚华为达成三方合作伙伴协定，携手共建第五代移动通信技术（5G）与人工智能革新中心。三方将在马来西亚微电子系统学院设立 5G 与人工智能革新中心，加速创造 5G、物联网（IoT）、云端服务和人工智能的工业应用案例，推动提升马来

---

① 《马来西亚力促数字经济发展》，人民网，2022 年 8 月 9 日，http://world.people.com.cn/n1/2022/0809/c1002-32497678.html（访问时间：2023 年 2 月 1 日）。

② 数字内容产业（digital content）是指运用资讯科技来制作数字化产品或服务的产业，包括数字游戏、电脑动画、数字学习、数字影音应用、行动内容、网络服务、内容软件、数字出版典藏等领域。

③ "The Government of Malaysia Launches the Malaysia Digital Initiative," Lexology, August 1, 2022，https://www.lexology.com/library/detail.aspx?g=e53ea0e0-04e2-4044-bf0b-fd69d58db00c（访问时间：2023 年 2 月 1 日）。

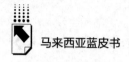

西亚的生产力水平。此外，政府还推出《国家能源政策》（2022~2040），制定2050年净零排碳目标框架，推动经济可持续发展。

三 外交更趋务实理性

美国对中国实施战略挤压后，俄罗斯发动对乌克兰的特别军事行动，缅甸与东盟关系恶化，国际关系多生变化，对此，2022年马来西亚着力巩固和加强与重点国家的关系，深化务实合作，力争在动荡的世界格局中扩大外交空间。

第一，积极推进多边外交。马来西亚经济对外依赖度较高，积极参与多边经济合作是其经济外交的重要目标。2022年，马来西亚批准启动两个区域经贸合作协定。3月18日，《区域全面经济伙伴关系协定》（RCEP）在马来西亚正式生效。国际贸易和工业部表示，RCEP生效预计将为马来西亚的出口收入增加2亿美元。马来西亚将因此成为东南亚国家中RCEP的最大受益者。9月30日，《全面与进步跨太平洋伙伴关系协定》（CPTPP）也在马来西亚启动。CPTPP实施后，自2023年起，马来西亚对CPTPP成员国的出口商品关税降至零，预计到2030年，马来西亚的对外贸易总额将达到6559亿美元，其中出口达3547亿美元。[①] RCEP以及CPTPP的生效与实施极大提振了马来西亚国内市场的信心，增强了区域供应链的恢复能力和可持续性，为经贸、投资活动提供了便利，为经济发展注入活力。

与此同时，马来西亚与欧盟签署新的合作协定，扩大了务实合作领域。12月14日，马来西亚与欧盟在布鲁塞尔签署《欧盟-马来西亚伙伴关系与合作协定》（EU-Malaysia Partnership and Cooperation Agreement），马来西亚成为东南亚国家中继越南、印尼、菲律宾、泰国和新加坡后，第六个与欧盟谈判签署伙伴关系与合作协定的国家。该协定的主要内容包括：就共同关心

---

① "Malaysia's Ratification of CPTPP to Help Increase Trade," ASEAN Briefing, November 2, 2022, https://www.aseanbriefing.com/news/malaysias-ratification-of-cptpp-to-help-increase-trade/（访问时间：2023年2月10日）。

的国际热点和互利合作问题加强政治对话，加强在环境、能源、气候变化、交通、贸易、就业、社会事务、人权、农业、防扩散、反恐、打击有组织犯罪和非法移民等领域的务实合作。①

第二，务实推进东南亚外交。在大国博弈日益加剧的背景下，加强与其他东南亚国家的合作、巩固周边外交阵地，成为马来西亚外交的重点。2022年，马来西亚领导人出访了东南亚多国，对东南亚外交主要集中于泰国、越南、印尼和柬埔寨。其中，马泰合作聚焦互联互通。2月，总理伊斯迈尔与泰国领导人巴育探讨贸易、投资、农业、教育、劳工等合作议题，签署了4项谅解备忘录。② 两国同意重启"吉隆坡—曼谷高铁"计划。③ 此计划在马来西亚国民阵线执政时期提出，该高铁连接曼谷、吉隆坡与新加坡，属于"泛亚铁路"的一部分。与此同时，马泰就在两国边境建造第二座"兰道班让—哥乐桥"展开谈判。5月，马来西亚交通部长魏家祥透露，马泰将成立由两国交通部秘书长领导的特别委员会，深入研究"吉隆坡—曼谷高铁"计划。马越合作聚焦提升经贸及海上合作水平。3月，伊斯迈尔访问越南期间，两国同意利用CPTPP和RCEP加强经贸联系，设定2025年双边贸易额达到180亿美元④的目标。同时，两国同意加强海军、海警合作，以应对突发事件；深化海洋经济可持续开发、海洋资源管理、保护海洋环境；加强外交官培训、媒体、法律及劳工合作。马来西亚与印尼的合作关注劳工问题。

① "Indo-Pacific：The European Union and Malaysia Sign Partnership and Cooperation Agreement," Council of the EU, December 14, 2022, https：//www.consilium.europa.eu/en/press/press-releases/2022/12/14/indo-pacific-the-european-union-and-malaysia-sign-partnership-and-cooperation-agreement/（访问时间：2023年2月10日）。

② "Malaysia-Thailand bakal meterai empat MoU," *Berita Harian*, Februari 8, 2023, https：//www.bharian.com.my/berita/nasional/2023/02/1061599/malaysia-thailand-bakal-meterai-empat-mou（访问时间：2023年2月10日）。

③ "Buka lembaran baharu perkukuh hubungan Malaysia-Thailand," *Harian Metro*, Februari 27, 2022, https：//www.hmetro.com.my/mutakhir/2022/02/814760/buka-lembaran-baharu-perkukuh-hubungan-malaysia-thailand（访问时间：2023年2月10日）。

④ "Kerjasama strategik Malaysia-Vietnam," Utusan Malaysia, Mac 22, 2022, https：//www.utusan.com.my/nasional/2022/03/kerjasama-strategik-malaysia-vietnam/（访问时间：2023年2月10日）。

4月，伊斯迈尔访问印尼，这是继2021年11月后的再访，凸显马来西亚对发展与印尼关系的高度重视。伊斯迈尔与佐科重点探讨了经贸、投资、劳工、基础设施建设、人口偷渡、海洋主权与安全等问题。两国签署了有关处置和保护在马来西亚的印尼劳工的谅解备忘录，同意使用同一渠道解决劳工雇用和管理问题，以最大限度保护印尼在马劳工。① 马柬合作的重点是解决缅甸问题。自2020年2月缅甸军方接管政权以来，马来西亚就积极与各方保持沟通，力推东盟在解决缅甸问题上发挥关键作用。2022年，马来西亚多次就缅甸问题表态，希望加强与东盟轮值主席国柬埔寨的合作，推动东盟在解决缅甸问题上迈出实质性步伐。马方认为，缅甸军政府未能落实东盟有关解决缅甸问题的"五点共识"② 令人失望，重申要在东盟框架下依据"五点共识"解决缅甸问题，建议东盟与缅甸由民主派组成的"民族团结政府"建立非正式联系，以便为当地民众提供人道主义救援，同时进一步提升东盟缅甸问题特使的地位，以便其发挥更大作用。马来西亚认为，东盟应认真反思"五点共识"，若其不能发挥效用，应考虑采取下一步举措。

第三，大力推动对日本关系升级。日本是马来西亚重要的经贸合作伙伴，加强与日本的合作一直是马来西亚对东亚外交的重要内容。2022年马来西亚与日本的合作取得重要突破。3月，马来西亚国际贸易和工业部长阿兹敏（Azmin Ali）会见日本首相特使安倍晋三，双方讨论双边贸易与投资关系、马来西亚"向东学习"政策实施40周年纪念活动、RCEP、CPTPP及日本主办2025年大阪世界博览会（Expo Osaka 2025）的相关事宜。5月，总理伊斯迈尔访问日本，在东京与日本首相岸田文雄会晤，建议把马日关系

① "Indonesia-Malaysia Sepakati MoU Perlindungan Pekerja Migran Indonesia di Malaysia," Kementerian Luar Negeri Republik Indonesia, April 1, 2022, https://kemlu.go.id/portal/id/read/3475/berita/Indonesia - Malaysia%20Sepakati%20MoU%20Perlindungan%20Pekerja%20Migran%20Indonesia%20di%20Malaysia（访问时间：2023年2月10日）。

② "五点共识"，即停止暴力活动，保持最大程度的克制；各方应开展建设性对话，从人民的利益出发，寻求以和平方式解决问题；东盟（轮值）主席国特使应在东盟秘书长协助下推动对话进程；东盟应通过东盟灾害管理人道主义援助协调中心提供人道主义援助；东盟特使和代表团应访问缅甸，与有关各方举行会晤。

升级至"全面战略伙伴关系"。两国领导人探讨如何加强经贸合作，并签署三项备忘录，重点推动两国在飞机工业、熟练技工、青年与体育等领域的合作。其中，在飞机工业领域的合作涉及飞机维护、修理和大修（MRO）以及航空下游工业，为马来西亚中小型企业提供了参与飞机工业供应链的机会。同时，马来西亚将安排1000人到日本"取经"，学习日本的专业技能与经验。两国青年与体育部门将推动青年交换计划，探讨应对自然灾害的志愿者培训，以及日本承办奥运会时的运动赛事志愿者服务经验等方面。

第四，高度重视与伊斯兰国家的合作。马来西亚在伊斯兰世界有较大影响力，伊斯兰国家是马来西亚外交的重点区域之一。在世界百年未有之大变局演进的背景下，加强与伊斯兰国家的全方位合作成为马来西亚应对变局的重要手段。2022年9月，伊斯迈尔访问阿联酋，两国探讨进一步加强在数字经济、粮食安全、教育数字化、可再生能源等新核心领域的合作，并就共同关心的国际和地区问题交换意见。两国签署了谅解备忘录，以加强生物医疗合作。马来西亚有望在阿联酋的支持下，成为世界上首个以出产清真保健品为主的生产基地，两国建立清真、数字驱动的健康旅游联系。12月5日，马来西亚最高元首苏丹阿卜杜拉访问阿联酋，与阿联酋总统穆罕默德就加强双边关系以及促进可持续发展问题进行探讨。在两国元首的见证下，阿布扎比国家石油公司（ADNOC）与马来西亚国家石油公司（PETRONAS）签署了石油特许经营权协议。根据此份特许经营权协议，双方合作为期6年，马来西亚国家石油公司将持有100%的股权和经营权，可在位于阿联酋阿布扎比酋长国的一个超过2000平方公里的陆上区块中勘探非常规石油。若石油勘探和评估成功，双方可以继续执行一项为期30年的生产特许权合约，从第一次授予马来西亚国家石油公司生产特许权开始，阿布扎比国家石油公司可选择持有该生产特许权50%的股份。这是马来西亚首次在中东获得石油特许经营权。① 除

---

① 《阿联酋与马来西亚签署首个石油特许经营权协议》，央视新闻客户端，2022年12月6日，https：//content‐static.cctvnews.cctv.com/snow‐book/index.html？item_id=13285330317 298015838&toc_style_id=feeds_default&share_to=copy_url&track_id=985e0d80‐b3fd‐49ff‐a470‐6689ae0d0150（访问时间：2023年3月1日）。

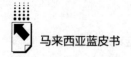

阿联酋外，苏丹阿卜杜拉还借世界杯足球赛之机访问了卡塔尔。

第五，谨慎开展与美国的合作。马来西亚重视与美国的关系，但马来西亚不是美国对东南亚外交的重点。随着美国"印太战略"不断走深走实，美国开始积极拉拢马来西亚。2022年5月23日，美国总统拜登在日本东京宣布启动"印太经济框架"（IPEF），马来西亚作为首批13个成员国之一，正式受邀加入IPEF。在此之前，马来西亚国际贸易和工业部长阿兹敏率团访美，与美国商务部长雷蒙多举行会晤，双方磋商IPEF问题，并签署半导体供应链弹性合作备忘录。两国同意致力于创建有弹性、安全和可持续的半导体供应链，提高半导体供应链的透明度和可信度，促进投资合作。阿兹敏表示，半导体合作对深化与美国的关系至关重要，有助于进一步推动两国经济合作。马来西亚半导体产业协会主席王寿苔认为，马美半导体合作及马来西亚加入IPEF将进一步巩固马来西亚作为全球关键的半导体集线器之一的地位。①

但关于加入IPEF，马来西亚国内也出现了反对声音。槟城消费者协会主席莫希丁·阿卜杜勒·卡迪尔（Mohideen Abdul Kader）就认为，美国的IPEF将对马来西亚不利，尤其是电子经济条款将削弱马来西亚的隐私权；此外，投资者与所在国的争端解决条款将削弱马来西亚的管制权和使马来西亚面临赔偿亿万元罚款给外国投资者的危险。② 马来西亚新亚洲战略研究中心主席、交通部前部长翁诗杰也认为IPEF是美国领导的倡议，所有规则和标准都由美国单方面制定，相关条款完全不涉及关税削减和对美国的市场准入等问题。美国推出IPEF，旨在对抗中国在该地区日益增长的地缘政治影响力。③

除IPEF外，马来西亚对美国国会议长佩洛西的来访也表现得较为低调。

---

① 《半导体工协：马美合作：弹性供应链降半导体成本》，〔马来西亚〕《星洲日报》2022年5月25日，https：//www.sinchew.com.my/20220525/（访问时间：2023年2月16日）。

② "Statement：International Civil Society Reactions to Announcement of IPEF Member Countries," Scoop, May 24, 2022, https：//www.scoop.co.nz/stories/WO2205/S00307/statement - international - civil - society - reactions - to - announcement - of - ipef - member - countries.htm? fbclid = IwAR2 - 0Vuk BLmb9fUNDihb-3SeGsfDTlyHcBqTtD6a0mmg0fE_ K5-0Z_ 7BV0g（访问时间：2023年2月16日）。

③ 《马来西亚前交通部长：美国推出"印太经济框架"只为对抗中国影响力》，中国日报中文网，2022年6月1日，https：//cn.chinadaily.com.cn/a/202206/01/WS6296d2e7a3101c3ee 7ad8503.html（访问时间：2023年2月16日）。

2022 年 8 月 2 日，佩洛西短暂访问马来西亚，与马来西亚总理、国会议长等官员会晤。由于佩洛西此访是在窜访我国台湾之前，马来西亚对佩洛西的访问表现得格外谨慎。总理伊斯迈尔与佩洛西在会谈时并未高调探讨马美关系，相反要求美国对在其发布的《人口贩运问题报告》中将马来西亚列为表现最差的第三类国家进行检讨。[①] 此外，马来西亚也对美国海关和边境保护局（CBP）以剥削劳工为由多次没收和扣押马来西亚的棕油产品表示不满。

四 积极应对安全挑战

2022 年，马来西亚面临的安全环境更趋复杂。国际层面，乌克兰危机愈演愈烈，马来西亚对维护地区和平与安全深表关切，及时撤离了在乌克兰的马来西亚公民；国内层面，水灾和疾病仍然是社会和民众面临的主要非传统安全威胁。

第一，及时开展撤侨行动。2022 年 2 月中旬以来，乌克兰局势日益紧张，马来西亚开始着手撤离在乌克兰的本国公民。2 月 24 日乌克兰危机发生后，总理伊斯迈尔指示启动撤离在乌克兰的马来西亚公民行动。马来西亚外交部呼吁所有在乌公民立即与当地使馆取得联系，并公布了使馆的联系方式。2 月，外交部协助 13 名马来西亚公民撤离了乌克兰。3 月 1 日，另有 11 名马来西亚公民离开乌克兰。其中 7 人回国，受到总理伊斯迈尔、外交部长赛夫丁（Saifuddin Abdullah）及主管国会和法律事务的总理府部长朱乃迪（Datuk Seri Wan Junaidi Tuanku Jaafar）的欢迎；另外 2 人去往德国、2 人去往波兰。[②] 与此同时，马来西亚驻乌克兰大使

---

① "Malaysia PM Queries Poor Status in US Human Trafficking Report with Nancy Pelosi Amid Taiwan Visit Jitters," *South China Morning Post*, August 2, 2022, https://www.scmp.com/week-asia/politics/article/3187487/malaysia-pm-queries-poor-status-us-human-trafficking-report（访问时间：2023 年 2 月 16 日）。

② "Krisis Rusia-Ukraine: Kedutaan Malaysia di Kiev ditutup sementara-Perdana Menteri," Astro Awani, Mac 1, 2022, https://www.astroawani.com/berita-malaysia/krisis-rusiaukraine-kedutaan-malaysia-di-kiev-ditutup-sementara-perdana-menteri-349362（访问时间：2023 年 2 月 10 日）。

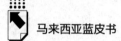
馆临时关闭，由驻波兰使馆负责关注乌克兰局势。马来西亚外交部呼吁如果还有马来西亚公民尚未撤离，应及时与马驻波兰使馆联系，由其提供协助。①

第二，水灾引发最高元首关注。2022年，马六甲、柔佛、彭亨、沙巴、雪兰莪、森美兰、登嘉楼、吉兰丹等多个州遭强降雨袭击，多个城市的水深超过膝盖，有的地方水深达到腰间，个别地方灾情严重。1月2日，柔佛州发生水灾，至少三个县被淹没，位于边加兰的观音山发生土崩。当地政府对新山、笨珍、峇株巴辖、麻坡等地发出暴雨红色警报。其中，哥打丁宜县的多条道路被淹没，全州2022人受灾，波及512户家庭。② 由于水灾的影响，政府取消了新年庆祝活动，代之以祈求和平的祈祷仪式。2月28日，最高元首苏丹阿卜杜拉在国会开幕式上发表施政御词，促请政府不断提升灾难管理机制，呼吁联邦政府、州政府及地方政府之间加强协调，以应对气候变化带来的威胁，同时提升应对气候变化和包括地质因素在内的灾害抵御能力。③ 11月19日，在全国大选前，马来西亚多地水灾持续发生。由于天气恶劣，选务人员无法抵达投票点，沙捞越峇南（Baram）国会选区（P.220）的11个投票中心被迫暂停投票，选举推迟。12月20日，吉兰丹州、登嘉楼州、彭亨州、柔佛州遭洪水袭击，6.6万名灾民被转移至受灾临时安置中心，1.735万户家庭受影响。④ 其中，吉兰丹州和登嘉楼州受灾最为严重，多条道路关闭，电力供应暂停。总理安瓦尔前往吉兰丹州巴西马县视察灾情。2023年2月23日，马来西亚国家统计局发布《2022年马来西亚水灾影

① "Mungkin masih ada rakyat Malaysia di Ukraine-Saifuddin," *Berita Harian*, Mac 3, 2022, https://www.bharian.com.my/berita/nasional/2022/03/929720/mungkin-masih-ada-rakyat-malaysia-di-ukraine-saifuddin（访问时间：2023年2月10日）。

② 《柔佛水灾全马最严重，灾民增至2022人》，〔新加坡〕8world新闻网，2022年1月2日，https://www.8world.com/southeast-asia/malaysia-flood-1690096（访问时间：2023年2月10日）。

③ 《元首关注水灾威胁，冀政府提升灾难管理机制》，〔马来西亚〕东方网，2022年2月28日，https://www.orientaldaily.com.my/news/nation/2022/02/28/470789（访问时间：2023年2月10日）。

④ 《马来西亚持续暴雨酿灾 逾6.6万名灾民被安置》，光明网，2022年12月21日，https://m.gmw.cn/baijia/2022-12-21/1303230150.html（访问时间：2023年2月10日）。

响特别报告》，指出 2022 年水灾致使马来西亚经济损失达 6.224 亿林吉特，相当于名义 GDP 的 0.03%。损失最严重的是登嘉楼、吉兰丹和彭亨三州。其中，登嘉楼州损失最严重，经济损失达 2.152 亿林吉特。① 除水灾以外，12 月 16 日，首都吉隆坡以北 50 公里处云顶高原附近还发生山体滑坡，导致一露营营地被毁，92 名露营人员被困，至少 31 人死亡②，引发马来西亚各界关注。

第三，疫情防控进入新阶段。2022 年 4 月 1 日，马来西亚政府宣布新冠疫情转向地方性流行病阶段，国家重新开放边境。完成疫苗接种的外国公民入境马来西亚可免于隔离，马来西亚公民则可自由出境。国内民众可跨州旅行，前往不拥挤及非大型群聚的户外场所时无须再使用 MySejahtera 手机应用程序扫描健康码；商户取消营业时间限制，政府工作场所取消人数限制。与此同时，国家卫生部门积极监控其他传染病疫情，比如登革热、手足口病等。其中，登革热疫情较为严重。2022 年，全国共计报告登革热病例 66102 例，同比增长 150.7%，死亡 50 例，同比增长 180%。③ 继新冠疫情后，登革热成为马来西亚亟须重点关注的传染病。

第四，加强军事演习。在新冠疫情形势逐步好转后，2022 年，马来西亚逐步加大与多国军事演习的力度。双边层面，3 月 18~25 日，马来西亚与新加坡举行第 26 次陆军双边联合演习。6 月 6~17 日，马来西亚和美国举行了"短剑出击"和"共同勇士"年度陆战联合演习，两国共派出 300 人参演。8 月 1~10 日，马来西亚与印尼陆军在马六甲州特别战斗训练中心和吉兰丹州的巴西富地（Pasir Puteh）举行作战能力演习；8 月 29 日至 9 月 3 日，两国海军又在爪哇海举行联合演习。8 月 7 日，马来西亚

---

① 《马国去年水灾　经济损失逾 1.88 亿元》，〔新加坡〕《联合早报》2023 年 2 月 24 日，https://www.zaobao.com/news/sea/story20230224-1366314（访问时间：2023 年 3 月 1 日）。

② 《马来西亚山体滑坡事故遇难者人数升至 31 人》，中国新闻网，2022 年 12 月 24 日，https://www.chinanews.com.cn/gj/2022/12-24/9920816.shtml（访问时间：2023 年 3 月 1 日）。

③ "Dr Noor Hisham: Dengue Cases up 150pc, Deaths Nearly Tripled in 2022," *Malay Mail*, January 4, 2023, https://www.malaymail.com/news/malaysia/2023/01/04/dr-noor-hisham-dengue-cases-up-150pc-deaths-nearly-tripled-in-2022/48436（访问时间：2023 年 2 月 10 日）。

与巴基斯坦海军在马六甲海峡举行联合演习，马方派出海军"莱丘"（Lekiu）级导弹护卫舰参演。11月18~30日，马来西亚与美国举行"卡拉特"年度联合军演。11月28日至12月12日，马来西亚和印度举行联合军事演习，以增强两国军队在丛林地带规划和开展行动的互助能力。多边层面，4月，马来西亚主持举行五国联防（FPDA）"共同之盾"年度军演。① 6月29日至8月4日，马来西亚参加第28届"环太平洋"（RIMPAC）联合军演。其间，马来西亚皇家海军"卡斯图里"（Kasturi）级"LEKIR"号护卫舰在实弹演习中发射两枚导弹击沉目标战舰，演习取得较好效果。

五　中马关系再上新台阶

2022年，面对错综复杂的国际局势以及马来西亚政权更迭，中国与马来西亚高层保持高频的会晤交流，就共同关心的双边、地区和国际热点问题进一步加强战略沟通协调，积极应对全球变局，为地区和平稳定注入正能量。两国关系主要呈现两方面特点。

一方面，高层互动引领双边关系稳定发展。2022年1月，马来西亚国会下议院议长爱资哈尔与中国全国人大常委会委员长栗战书举行视频通话。马方表示，马来西亚高度重视发展对华关系，愿不断拓展两国在各领域的互利合作，加强治国理政经验交流，促进马中全面战略伙伴关系深入发展。这是继2021年马来西亚外交部长将中国定义为马来西亚外交的优先方向后，该国又一位高官表态重视发展对华关系，这在当前错综复杂的国际局势下进一步凸显中马全面战略伙伴关系的稳定、成熟和重要。

7月，国务委员兼外长王毅访问马来西亚，受到马来西亚最高元首阿卜杜拉、总理伊斯迈尔的接见，并与外长赛夫丁、防长希沙慕丁举行会谈。阿

---

① "Malaysia to Host 4 Nations for Bersama Shield Military Drills," Benar News, March 18, 2022, https：//www. benarnews. org/english/news/malaysian/training – exercise – 03182022114124. html（访问时间：2023年2月10日）。

卜杜拉称，马中关系强劲有力，中国不仅是马来西亚的最大贸易伙伴，更是重要战略伙伴。马方期待同中方保持高层交往，加强双方各部门和地方对接，加速推进务实合作。① 伊斯迈尔表示，马中关系至关重要，马方对双边关系未来充满期待，愿同中方加强多边事务沟通协调，共同应对粮食安全等全球紧迫挑战，共同维护和平稳定、捍卫公平正义。② 赛夫丁认为，马中友谊源远流长，两国高度互信、合作强劲有力。马方主张的"天下一家"同中方倡导的"人类命运共同体"理念高度契合。中方亦表示，中马延续千年友谊，建立了牢固互信，成为合作共赢的真诚伙伴。面对不确定、不稳定、不安全的国际局势，中方愿同马方加强战略沟通协作，共同维护各自正当权益，同时为世界和平稳定提供更多正能量，做出更多新贡献。中方是和平与安全纪录最好的大国，愿同周边国家分享发展机遇，加快共同发展振兴。③ 11月，安瓦尔出任马来西亚总理后，表示决心深化马中双边友好关系，以增进人民福祉，解决民众关切，维护两国共同利益。④

另一方面，经贸合作进一步夯实双边关系根基。经贸合作一直是中马关系的重要驱动力。近年来，中马经贸合作呈现全方位、多领域、深层次的特点。2022年，两国合作再次迈上新的台阶。全年中马双边贸易额达到创历史新高的2036亿美元⑤，这也是两国贸易额首次超过2000亿美元，马来西亚继续为中国在东盟的第二大贸易伙伴，中国则连续14年成为马来西亚的

---

① 《马来西亚最高元首阿卜杜拉会见王毅》，中华人民共和国外交部，2022年7月12日，https：//www.mfa.gov.cn/wjbzhd/202207/t20220712_ 10719011.shtml（访问时间：2023年2月16日）。

② 《马来西亚总理伊斯迈尔会见王毅》，中华人民共和国外交部，2022年7月12日，https：//www.mfa.gov.cn/wjbzhd/202207/t20220712_ 10718941.shtml（访问时间：2023年2月16日）。

③ 《王毅同马来西亚外长赛夫丁举行会谈》，中华人民共和国外交部，2022年7月13日，https：//www.mfa.gov.cn/wjbzhd/202207/t20220713_ 10719101.shtml（访问时间：2023年2月16日）。

④ "Malaysia-China tekad perkukuh hubungan baik-Anwar," *Sinar Harian*, Disember 14, 2022, https：//www.sinarharian.com.my/article/236045/berita/nasional/malaysia－china－tekad－perkukuh-hubungan-baik---anwar（访问时间：2023年2月16日）。

⑤ 《中国马来西亚去年双边贸易额首度突破2000亿美元》，中国侨网，2023年1月17日，http：//www.chinaqw.com/jjkj/2023/01-17/349530.shtml（访问时间：2023年2月16日）。

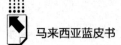

最大贸易伙伴。两国在继续深化电子电器、汽车制造、铁路港口等传统领域合作的基础上，深入挖掘了电子商务、数字经济、绿色经济等新兴领域发展潜力。尤其是，2022年3月，RCEP对马来西亚正式生效后，中国出口马来西亚的加工水产品、可可、棉纱及织物、化纤、不锈钢、部分机械设备和零部件，以及马来西亚出口中国的菠萝罐头、菠萝汁、椰汁、胡椒等农产品及部分化工品与纸制品等，在中国-东盟自贸区的基础上可获得新的关税减免。未来，中国和马来西亚等RCEP成员国可共同商讨并制定数字贸易制度和规范，逐步形成较为成熟的数字贸易模式。①

与此同时，两国积极推动"一带一路"共建重点项目取得新进展。一是继续探讨"两国双园"合作升级版建设。2022年3月，马来西亚国际贸易和工业部副部长林万锋与中国广西壮族自治区人民政府常务副主席蔡丽新举行视频会议，双方探讨深化马中"两国双园"合作；9月，中国-东盟博览会以"携手构建跨境产业链，共享RCEP发展新机遇"为主题，在南宁举行中马"两国双园"升级发展论坛，探讨推动"两国双园"升级发展。二是东海岸铁路建设取得新进展。6月，东海岸铁路云顶隧道挖掘工程正式启动，马来西亚总理伊斯迈尔、交通部长魏家祥出席启动仪式。伊斯迈尔称赞东海岸铁路项目在改善马来西亚交通、吸引投资、创造就业等方面发挥作用。比如，项目为当地提供许多技术岗位，技能培训计划为当地培养大量铁路行业人才。②

---

① 《RCEP正式对马来西亚生效　中马经贸注入新活力》，21经济网，2022年3月18日，http://www.21jingji.com/article/20220318/herald/33c54c76284e5af8c3f3e1573ad73cb2.html（访问时间：2023年2月16日）。

② 《马来西亚总理：中企承建的东海岸铁路项目促进当地经济发展》，新华网，2022年6月24日，http://www.news.cn/world/2022-06/24/c_ 1128772558.htm（访问时间：2023年2月16日）。

分报告
Topical Reports

B.2
2022年马来西亚政治形势

陈戎轩[*]

摘　要： 2022年，马来西亚政治局势经历了巨大的变革。年初的柔佛州议会选举和年末的全国大选结果大相径庭，显示出政治格局的错综复杂。此外，前总理纳吉布·拉扎克的"一马公司"案成为年度焦点，对政治文化和格局产生了深远影响。同时，马来西亚政治界出现了新的领导面孔，反映出政治代际转型的趋势。尽管政治动荡仍在继续，但马来西亚政治似乎已经走向成熟，各政治派别开始寻求合作与妥协。

关键词： 马来西亚政治　选举　"一马公司"案　政治代际转型

2022年马来西亚政治风云变幻。年初的柔佛州议会选举为马来西亚政

---
[*] 陈戎轩，美国密歇根大学政治学系博士研究生，国际研究所东南亚研究中心研究员，主要研究方向为东南亚政党政治、政党与政党体制的社会与历史基础。

治格局奠定了基调，而年末的全国大选使各个政治派别间的关系紧张达到顶点。两场选举结果迥异：在柔佛州议会选举中，国民阵线（简称"国阵"）成功夺回州议会三分之二多数席位，而希望联盟（简称"希盟"）和国民联盟（简称"国盟"）未能胜出；然而，在年末的全国大选中，希盟与国盟在西马选区各有所获，而国阵却遭遇惨败。这种显著的反差在一定程度上反映了后国阵时代马来西亚政治格局的错综复杂，也使人们更加关注选举背后的政治变革：从社交媒体影响力的扩大，到新生代选民的崛起，再到中央和地方关系的变化，这些都是值得探讨的议题。

除了两场选举外，2022年马来西亚政治最引人注目的事件毫无疑问是马来西亚前总理纳吉布·拉扎克的"一马公司"案。这场自安瓦尔·易卜拉欣受审以来最为轰动的政治人物审判，在很大程度上改变了马来西亚的政治文化，同时也对马来西亚的政治格局产生了深远影响。与此同时，马来西亚也见证了一批政治巨头的衰落：第十五届大选后，联邦议会与安瓦尔内阁里都出现了许多崭新的面孔，这反映出马来西亚政治代际转型的大趋势。通过这些错综复杂的精英的政治角力，我们也得以窥见马来西亚精英网络（elite network）在转型时期维护政治稳定中所发挥的巨大作用。本报告的分析将通过"选举""审判""迭代"三条主线展开，记录2022年马来西亚政治的重要事件，并希望以这些观察为基础，阐述马来西亚政治发展的趋势。

一 两场截然不同的选举与政党政治变化

2022年马来西亚的政治发展是由两场选举串联起来的。年初，素有马来西亚"选举风向标"之称的柔佛州举行州立法议会改选；年末，第十五届大选却呈现了与柔佛州议会选举截然相反的结果。然而，相同的是这两场选举都产生了出人意料的结果。

柔佛州提前举行州立法议会改选的原因需要追溯到2019年。时任总理马哈蒂尔·穆罕默德与柔佛王室就撤换大臣及改组州行政议会事宜发生争议，前者强调在君主立宪制下君主无实权，后者则以马来西亚宪法保护柔佛州宪法的法规，强调在委任大臣上君主握有主动权。① 在柔佛州担任州务大臣多年且仍在该州有巨大影响力的穆希丁·亚辛与马哈蒂尔在对州务大臣任命的问题上发生冲突。最终，穆希丁支持的沙鲁丁·嘉马（Sahruddin Jamal）取代马哈蒂尔支持的奥斯曼·沙比安（Osman Sapian）出任柔佛州务大臣。②

2020年希盟的马哈蒂尔内阁解散之后，马哈蒂尔所领导的土著团结党（简称"土团党"）分裂成了马哈蒂尔和穆希丁两个派系。土团党的穆希丁派系联合伊斯兰教党组成国民联盟，并在柔佛州说服马来民族统一机构（简称"巫统"）领导的国阵加入执政联盟，以两席的微弱优势执掌柔佛州。巫统议员哈斯尼·穆罕默德（Hasni Mohammad）出任柔佛州务大臣。③ 2021年12月21日，前州务大臣奥斯曼病逝，国盟与国阵联合组成的执政联盟以一席的微弱优势执政。同时，两大联盟内部也早已矛盾重重：巫统已经在2021年8月撤回了对穆希丁的支持，导致国盟穆希丁内阁解散；巫统伊斯迈尔·沙必里（Ismail Sabri）出任马来西亚总理。④ 哈斯尼与柔佛州苏丹商议后，于2022年1月22日宣布解散州立法议会。⑤

柔佛州选举对于国阵和国盟无疑是巨大的考验。在2022年初，两大联盟的政治联姻早已摇摇欲坠。在2021年底，国阵以38.6%的得票率获得了马六甲州立法议会超过三分之二的席位，这场选举为第十四届大选后一蹶不

① "Dr Mahathir tolak cadangan UMNO supaya Muhyiddin jadi MB Johor," Bernama, April 11, 2019, https：//www. bernama. com/bm/news. php？ id=1715267（访问时间：2023年4月9日）。

② "Srikandi nafi Tun M, Muhyiddin bertelagah," Berita Harian, April 24, 2019, https：//www. bharian. com. my/berita/politik/2019/04/556849/srikandi-nafi-tun-m-muhyiddin-bertelagah（访问时间：2023年4月9日）。

③ "Hasni sah MB Johor ke-18," Berita Harian, Februari 28, 2020, https：//www. bharian. com. my/berita/nasional/2020/02/660350/hasni-sah-mb-johor-ke-18（访问时间：2023年4月9日）。

④ "Ismail Sabri dilantik Perdana Menteri ke-9," Berita Harian, Ogos 20, 2021, https：//www. bharian. com. my/berita/nasional/2021/08/853744/ismail-sabri-dilantik-perdana-menteri-ke-9（访问时间：2023年4月9日）。

⑤ "Sultan Johor perkenan bubar DUN Johor," Berita Harian, Januari 22, 2022, https：//www. bharian. com. my/berita/nasional/2022/01/914471/sultan-johor-perkenan-bubar-dun-johor（访问时间：2023年4月9日）。

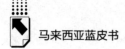

振的国阵带来了新的希望。国阵也希望在柔佛州选举中延续这样的成绩。而相比之下，国盟在马六甲州选举中一无所获，但其也获得了24.5%的选票。不过国盟也因此在与国阵的合作中走向了更为被动的地位。①

对于希盟而言，这场选举则更为关键。2018年夺得联邦政权后，希盟几乎没有在此后的补选中战胜过国阵与国盟的组合，并且在2020年遭遇了倒阁。而在马六甲州立法议会改选中，希盟并没有收获理想的成绩。在第十四届大选中，马六甲曾经是希盟第一个实现翻盘的州；此次在马六甲州选举中的失利，对希盟的冲击无疑是巨大的。而也正因如此，希盟内部在竞选策略上也出现了相当大的分歧。当安瓦尔提出要以人民公正党（简称"公正党"）而非希盟的旗帜参加柔佛州选举时，希盟的另外两个成员——民主行动党（简称"行动党"）和国家诚信党（简称"诚信党"）并没有选择跟进。公正党解释称，其希望选民通过公正党的旗帜将候选人与安瓦尔这一政治领袖的形象联系起来。同时，在第十四届大选中所有希盟党派均使用公正党的旗帜上阵并最终取得佳绩，而此后在以希盟为标志上阵的补选中该联盟却屡尝败绩；这样的对比也让公正党对希盟的号召力产生了怀疑。②

即使忽略马六甲州选举的影响，柔佛州改选的时机对于国盟和希盟而言也颇为不利。从国盟的角度来看，穆希丁刚刚在联邦层面失势，其在柔佛州的影响力也受到了许多影响。因此，国盟的竞选策略非常保守：土团党专注于穆希丁曾长期服务的武吉巴西（Bukit Pasir）、武吉哈逢（Bukit Kepong）以及甘密（Gambir）选区；而伊斯兰教党则将竞选活动集中在由诚信党③上阵的马哈拉尼（Maharani）和新邦泽兰（Simpang Jeram）选区。④ 这使希盟

---

① "RASMI：BN kembali terajui Melaka, menang bergaya tawan 21 kerusi," Astro Awani, November 20, 2021, https：//www.astroawani.com/berita-politik/rasmi-bn-kembali-terajui-melaka-menang-bergaya-tawan-21-kerusi-331985（访问时间：2023年4月9日）。

② "PRN Johor：PKR guna logo sendiri, beri impak kepada PH-Penganalisis," Astro Awani, Januari 27, 2021, https：//www.astroawani.com/berita-politik/prn-johor-pkr-guna-logo-sendiri-beri-impak-kepada-ph-penganalisis-343874（访问时间：2023年4月9日）。

③ 2015年，诚信党自伊斯兰教党分裂产生。

④ "Beberapa 'kerusi panas' di Johor bakal jadi tumpuan," Malaysia Kini, Februari 24, 2022, https：//www.malaysiakini.com/news/612009（访问时间：2023年4月10日）。

不得不面对支持者投票热情不高的现实。柔佛州选举的日期恰好在华人新年与清明节之间，很多在外务工的华人考虑到往返路费开销过高，不愿回乡投票。同时，许多柔佛居民的务工地点在新加坡，疫情防控措施又使跨越边境变得更加困难。因此，这些希盟最忠实的支持者并没有在柔佛州选举中投票的意愿。①

不过，国阵的优势仍然是十分微弱的；但这种微弱的优势却通过马来西亚单一选区相对多数决制（Plurality with Single-Member-District System）转化为了议席上的领先。根据选举结果，不难看出，国阵实际上只获得了33.9%的选票，却收获了40个议席；而获得26.4%选票的希盟仅收获了12个议席；获得24.0%选票的国盟则只获得了9个议席。② 长期以来深耕柔佛并拥有庞大基层政党组织的国阵在地方选举中的确占有优势。国阵各党，特别是巫统，能够稳定地通过政党机器将其支持者转化为选票。相比之下，国盟和希盟并没有足够强大的政党动员能力，而是习惯于将批评国阵作为其唯一的政纲。③ 当然，这并不代表国盟和希盟各党没有意识到制度化政党机器的重要性。事实上，两大联盟成员党在其长期执政的州——例如吉兰丹和登嘉楼（伊斯兰教党）、槟城（行动党）以及雪兰莪（公正党）——也都发展出了庞大的政党组织。然而，柔佛（以及马六甲）在第十四届大选前一直是由巫统和国阵把控的区域，因而没有其他政党及联

---

① "Covid-19, membazir wang antara punca pengundi Cina enggan pulang bagi PRN Johor," *Malaysia Now*, Mac 1, 2022, https://www.malaysianow.com/my/news/2022/03/02/covid-19-membazir-wang-antara-punca-pengundi-cina-enggan-pulang-bagi-prn-johor（访问时间：2023年4月10日）。

② "LANGSUNG keputusan PRN Johor," *Berita Harian*, Mac 12, 2022, https://www.bharian.com.my/berita/nasional/2022/03/933298/langsung-keputusan-prn-johor（访问时间：2023年4月10日）。

③ Francis E. Hutchinson and Kevin Zhang, "A Granular Analysis of the 2022 Johor State Polls: Implications for Malaysia's Impending General Election," *ISEAS Perspective*, No. 104, 2022, https://www.iseas.edu.sg/articles-commentaries/iseas-perspective/2022-104-a-granular-analysis-of-the-2022-johor-state-polls-implications-for-malaysias-impending-general-election-by-francis-e-hutchinson-and-kevin-zhang/（访问时间：2023年4月10日）。

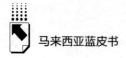
盟进入的空间。①

也正因此，国阵在地方选举中的结果并不能很好地成为预测其在全国大选中的表现的依据。在全国大选中，选民的参与度较高，政党也因此能够通过大规模路演（roadshow）、拜票（canvassing）等形式在短时间内动员大量的支持者。全国层面的竞选模式也因此需要更多的资金。而国阵主要领导人面对贪污指控，大量资产处于冻结状态。在年末的选举中，国阵难以负担高昂的竞选成本。② 最终，希盟赢得38.0%的选票和82个议席；赢得30.1%选票的国盟斩获74个议席；而国阵赢得22.3%的选票，收获了30个议席。③

令人意外的是国盟在大选中的表现。此届大选中，国盟不仅在其传统优势选区（例如东海岸和北马）击败了其主要竞争对手国阵，并且在槟城州、雪兰莪州等希盟优势地区赢下了许多乡村和城乡混合选区。然而在选举结束后不久，就有传言指出，国盟通过支付选民现金的方式购买选票，甚至还要求选民保证在收下现金后投选国盟三党（其中包括以华人为主的民政党）。④ 在安瓦尔宣誓就任总理以后，反贪污委员会也很快开始了对国盟主席穆希丁的调查，指控其挪用公款作为政党竞选资金。⑤ 可见，马来西亚选举制度化仍然任重道远。

---

① "PRU-15: PRN Johor bukti Johor kembali jadi kubu kuat BN-Hasni Mohammad," *Harian Metro*, November 11, 2022, https: //www. hmetro. com. my/mutakhir/2022/11/902410/pru-15-prn-johor-bukti-johor-kembali-jadi-kubu-kuat-bn-hasni-mohammad（访问时间：2023年4月10日）。

② "East Coast Umno Leaders Blame BN Election Loss on Lack of Funds," The Malaysian Insight, December 5, 2022, https: //www. themalaysianinsight. com/index. php/s/415389（访问时间：2023年4月10日）。

③ "Statistik Keseluruhan Kerusi Parlimen," Utusan Malaysia, https: //pru. utusan. com. my/（访问时间：2023年4月10日）。

④ "Rakaman video pengundi bersumpah undi PAS dikemuka pempetisyen dalam perbicaraan," *Berita Harian*, Mac 19, 2023, https: //www. bharian. com. my/berita/nasional/2023/03/1079243/rakaman-video-pengundi-bersumpah-undi-pas-dikemuka-pempetisyen-dalam（访问时间：2023年4月10日）。

⑤ "Malaysia Ex-PM Muhyiddin Charged with Corruption, Laundering," Associated Press News, March 10, 2023, https: //apnews. com/article/malaysia-muhyiddin-corruption-charge-8983029a97dce2e8 9fc360d7f7499371（访问时间：2023年4月10日）。

二 对纳吉布的审判与马来西亚政治文化的重塑

2021 年 12 月 7 日，吉隆坡高等法院维持上诉法庭原判，判处马来西亚前总理纳吉布因贪污罪监禁 12 年，并处以 2.1 亿林吉特（约合 3.3 亿元人民币）的罚款。法官表示，纳吉布与 SRC 国际公司（"一个马来西亚"国家基金现已解散的子公司）有关的活动并不符合其所声称的"国家利益"。纳吉布则对判决提出上诉，案件也随之被送交马来西亚最高司法机构联邦法院。联邦法院准许纳吉布在上诉期间暂缓监禁。[①] 不过，纳吉布对马来西亚政坛的影响远没有因其受到的司法审判而结束。

由于 2021 年底纳吉布仍处于最终上诉阶段，他得以继续以巫统领导人的身份活跃于政坛。随着案件审判的展开，纳吉布的政治影响力逐渐恢复，他甚至担任了国阵在柔佛州选举中的顾问。[②] 诚然，许多人认为"一马公司"贪腐丑闻对国阵造成了巨大影响，然而在经过近三年的政坛动荡之后，"一马公司"贪腐案已经不再是选举中的热门话题；经济和就业重新回到了选民的视野。因此，纳吉布的出现并没有劝退，反而是巩固了许多国阵的忠实支持者。[③]

不过并非每个国阵成员都对纳吉布的持续出现感到欣喜。事实上，包括时任总理伊斯迈尔在内的与穆希丁交好且未涉及贪腐丑闻的国阵成员对纳吉布和现任巫统主席艾哈迈德·扎希德（Ahmad Zahid）唯恐避之不及[④]；纳

---

① "Sabitan Najib kes SRC kekal," *Berita Harian*, Disember 8, 2021, https：//www. bharian. com. my/berita/nasional/2021/12/896661/sabitan-najib-kes-src-kekal（访问时间：2023 年 4 月 10 日）。

② "Zahid hadiahkan kemenangan PRN Johor kepada 'bossku'," Free Malaysia Today, March 12, 2023, https：//www. freemalaysiatoday. com/category/bahasa/tempatan/2022/03/12/zahid－hadiahkan－kemenangan-prn-johor-kepada-bossku/（访问时间：2023 年 4 月 10 日）。

③ "Malaysia's Young Voters Focused on Economy And Jobs Not 1MDB Scandal," *South China Morning Post*, March 11, 2022, https：//www. scmp. com/news/asia/southeast－asia/article/3170166/malaysias-young-voters-focused-economy-and-jobs-not-1mdb（访问时间：2023 年 4 月 10 日）。

④ "Pembantu Ismail nafi audio mahu jatuhkan Najib," Free Malaysia Today, November 22, 2023, https：//www. freemalaysiatoday. com/category/bahasa/tempatan/2022/11/25/pembantu－ismail－nafi-audio-mahu-jatuhkan-najib/（访问时间：2023 年 4 月 12 日）。

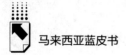
吉布的一些前政治盟友，如时任国防部长希沙慕丁·侯赛因（Hishammuddin Hussein）也对纳吉布态度暧昧。① 也正因此，巫统和国阵内部对于纳吉布如此长久的影响力有着颇为矛盾的看法。同时，局势也并不总是朝有利于纳吉布的方向发展。2022年4月9日，"一马公司"贪腐丑闻的关键人物之一——高盛前高管黄宗华（Roger Ng）在美国被定罪。当时该案虽然仍在上诉阶段，但依旧对马来西亚的国内舆论产生了相当大的影响，也进一步冲击了仍在等待审判的纳吉布。②

但这一切并没有阻碍纳吉布的政治步伐；这位前总理依然是马来西亚政坛最重要的政治人物之一，而他的一举一动都受到了巨大关注。2022年初，马来西亚能源巨头之一沙布拉（Sapura）能源公司因亏损而面临破产重组。纳吉布于3月20日在社交媒体上发文，呼吁政府出资救市。安瓦尔的助理拉菲兹随后抨击纳吉布，认为他处处以企业精英为先。随后，拉菲兹要求纳吉布与其进行公开辩论，回应他对纳吉布的多项质疑。而纳吉布同意开展辩论，但要求公正党主席安瓦尔应战。③ 最终，这场网络交锋演变为了一场安瓦尔与纳吉布之间的公开辩论。④

辩论在当代马来西亚政治发展中十分罕见。诚然，人类学家克利福德·格尔茨曾描述过马来西亚传统政治中的剧场政治（theater politics）。⑤ 但在经历了国阵数十年的半威权统治后，公开的政治辩论早已从马来西亚消失。

---

① "Charges Against Najib in Line with Rule of Law, Says Hishammuddin," The Edge Markets, August 8, 2022, https：//www.theedgemarkets.com/article/charges－against－najib－line－rule－law－says－hishammuddin（访问时间：2023年4月12日）。

② "Ex-Goldman Banker Sentenced to 10 Years Prison in 1MDB Corruption Case," CNN, March 9, 2023, https：//www.cnn.com/2023/03/09/investing/roger－ng－1mdb－sentence/index.html（访问时间：2023年4月10日）。

③ "Panggil 'boss' kamu Anwar Ibrahim debat dengan saya-Najib jawab Rafizi," Malaysia Post, April 3, 2022, https：//malaysiapost.com.my/2022/04/03/panggil－boss－kamu－anwar－ibrahim-debat-dengan-saya-najib-jawab-rafizi/（访问时间：2023年4月10日）。

④ "Najib, Anwar debat isu Sapura Energy," Berita Harian, April 4, 2022, https：//www.bharian.com.my/berita/nasional/2022/04/942400/najib-anwar－debat－isu－sapura－energy（访问时间：2023年4月10日）。

⑤ 事实上，其著作《尼加拉——十九世纪巴厘剧场国家》中的"尼加拉"，正是如今马来语中"国家"一词（negara）的音译。

而这场颇有美国大选总统辩论意味的直播辩论，也在马来西亚引起了相当广泛的关注：直播的人气甚至超过了当晚"汤姆斯杯"的比赛直播。考虑到马来西亚人对羽毛球的狂热，这场辩论的人气可见一斑。虽然民众与政治观察家对辩论的结果各有褒贬，但总的来说，公众对这场辩论的态度仍然是正面的。①

而正如这场辩论一样，对纳吉布的审判也变得愈发戏剧化。在纳吉布等待终审期间，其贪腐案的初审法官穆罕默德·纳兹兰（Mohd Nazlan）因为接受了一笔来源不明的款项而受到了马来西亚反贪污委员会调查。② 反贪污委员会的这一举动很快受到了来自司法界的质疑，数百名司法界人士随后走上街头，抗议反贪污委员会干预司法独立。③ 尽管如此，反贪会仍然在2022年9月完成了对纳兹兰的初步调查。④ 对此，马来西亚首席大法官东姑·麦润（Tengku Maimun）表示，反贪会的所作所为有损于司法公信力⑤，并且在程序上也存在不合规之处。⑥ 尽管如此，反贪会还是在2023年3月认定

① "'Cakes and Cash' Feature in Rare Malaysia TV Debate Between 1MDB-tainted Ex-PM Najib and Opposition Leader Anwar," *South China Morning Post*, May 14, 2022, https://www.scmp.com/week-asia/politics/article/3177698/cakes-and-cash-feature-rare-malaysia-tv-debate-between-1mdb（访问时间：2023年4月12日）。

② "Malaysia 1MDB Scandal: Backlash as Judge Who Convicted Najib Razak Investigated for Corruption," *South China Morning Post*, April 26, 2022, https://www.scmp.com/week-asia/politics/article/3175483/malaysia-1mdb-scandal-backlash-judge-who-convicted-najib-razak（访问时间：2023年4月12日）。

③ "Hundreds of Malaysian Lawyers Gather to Protest Treatment of Senior Judge," *The Straits Times*, June 17, 2022, https://www.straitstimes.com/asia/se-asia/hundreds-of-malaysian-lawyers-gather-to-protest-treatment-of-senior-judge（访问时间：2023年4月12日）。

④ "Kertas siasatan Hakim Mohd Nazlan kini kembali berada di SPRM," *Berita Harian*, September 8, 2022, https://www.bharian.com.my/berita/nasional/2022/09/997839/kertas-siasatan-hakim-mohd-nazlan-kini-kembali-berada-di-sprm（访问时间：2023年4月12日）。

⑤ "CJ: MACC's Statement on Justice Nazlan before Probe Conclusion Has Harmed Public Trust in Judiciary," *New Straits Times*, November 10, 2022, https://www.nst.com.my/news/crime-courts/2022/11/849078/cj-maccs-statement-justice-nazlan-probe-conclusion-has-harmed（访问时间：2023年4月12日）。

⑥ "Chief Justice: MACC Probe Against Justice Nazlan Not According to Protocol; Timing Is Suspect," The Edge Markets, February 24, 2023, https://www.theedgemarkets.com/node/656625（访问时间：2023年4月12日）。

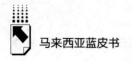

纳兹兰与纳吉布所涉案件存在利益冲突，并将这一情况对纳吉布的代理律师和马来西亚政府做了说明。①

无论司法界怎样看待反贪会的这一举动，不可否认的是，对纳吉布的审判本身就极具政治色彩。毫不夸张地说，纳吉布的审判进程直接决定了第十五届大选的具体日期。在柔佛州选举结束后，国阵内部就有声音呼吁尽早举行大选。② 依据马六甲和柔佛的选举结果，当时的国阵的确很有希望赢得大选，甚至在巫统和国阵内部有声音称国阵有可能独自组织联邦政府。因此，对于纳吉布及扎希德来说，在纳吉布终审之前举行大选，更有可能帮助他们摆脱来自司法部门的压力。然而，时任总理伊斯迈尔并不是巫统和国阵主席，其总理职位的获得也有赖于已然破碎的国阵和国盟的联盟；一旦提前大选，即使国阵胜选，其地位也会受到纳吉布和扎希德的威胁。

纳吉布也试图拖延其终审的时间，希望能够在大选后获得更多转机。与此同时，由于初审法官纳兹兰正在接受反贪会调查，纳吉布及其诉讼团队基于此也向法院提出了完全重审这一案件、更换法官等请求。但马来西亚联邦法院拒绝了所有提案。③ 最终在2023年8月23日联邦法院维持原判，纳吉布被即刻送往加影监狱服刑。纳吉布也由此成为马来西亚历史上第一个因罪入狱的政府前最高领导人。④

纳吉布入狱后，这一事件的影响并没有结束。最明显的是纳吉布仍有

① "Penjelasan Azalina mengenai isu Hakim Datuk Mohd Nazlan," *Berita Harian*, April 6, 2023, https：//origin. bharian. com. my/berita/nasional/2023/04/1086938/penjelasan-azalina-mengenai-isu-hakim-datuk-mohd-nazlan（访问时间：2023 年 4 月 12 日）。

② "Malaysia's PM Ismail Sabri Yaakob Faces Mounting Pressure to Call for Snap Polls, But Will He Cave?" *South China Morning Post*, June 3, 2022, https：//www. scmp. com/week - asia/politics/article/3180222/malaysias-pm-ismail-sabri-yaakob-faces-mounting-pressure-call（访问时间：2023 年 4 月 12 日）。

③ "Malaysia 1MDB Case: Najib 'Bitterly Disappointed' After Court Rejects Last-ditch Bid for Retrial," *South China Morning Post*, August 16, 2022, https：//www. scmp. com/week - asia/politics/article/3189113/malaysia-1mdb-case-najib-bitterly-disappointed-after-court（访问时间：2023 年 4 月 12 日）。

④ "Rayuan gagal, bekas PM Malaysia Najib akan jalani hukuman penjara 12 tahun," *Berita Harian Singapura*, Ogos 23, 2022, https：//www. beritaharian. sg/berita - utama/rayuan - gagal - najib - ke-penjara（访问时间：2023 年 4 月 14 日）。

机会在未来得到马来西亚统治者会议的赦免，重返政坛。① 然而，这件事更深层次的意义是，纳吉布入狱见证了马来西亚传统政治文化的崩塌。无论是在历史上，还是在当代，马来西亚政治一直保持着相对森严的等级制度。论资排辈的人物谱系、血脉相传的家族政治、不可挑战的王室权威，都是马来西亚政治文化的一部分。在第一个总理任期内，马哈蒂尔曾经试图审判王室成员、边缘化传统政治贵族、破格提拔政治新人，他的一系列行为在很大程度上改变了这一文化。但是，在他第一个总理任期末期，其所作所为又再一次重新确立了这些制度。无论是监禁挑战马哈蒂尔权威的安瓦尔、重新接纳曾被他打压的巫统元老穆沙·希淡（Musa Hitam）和东姑·拉沙里（Tengku Razaleigh），还是培养马来西亚第二任总理阿卜杜尔·拉扎克（Abdul Razak）之子纳吉布以及自己的儿子慕克里兹·马哈蒂尔（Mukhriz Mahathir）为接班人，马哈蒂尔都在重新确立这些曾被他打破的政治惯例。②

马哈蒂尔与纳吉布的纷争也并非完全起源于"一马公司"贪腐丑闻。事实上，马哈蒂尔在总理任期内也曾通过私有化国家资产帮助其家人与政治盟友。③ 例如，马哈蒂尔的长子莫札尼·马哈蒂尔（Mokhzani Mahathir）创立了马来西亚第二大石油公司肯嘉纳石油（Kencana Petroleum），该公司经历并购后成为此前纳吉布呼吁政府援助的沙布拉能源公司。④ 马哈蒂尔的政治盟友、财政部前部长达因·再努丁（Daim Zainuddin）的家族拥有 1.41

---

① "UMNO akan mohon rayuan Agong beri pengampunan kepada Najib," Radio Televisyen Malaysia, April 7, 2023, https：//berita. rtm. gov. my/~ berita/index. php/semasa/61154 - umno - akan - buat-rayuan-pengampunan-najib（访问时间：2023 年 4 月 12 日）。

② "The Never-Ending Political Game of Malaysia's Mahathir Mohamad," Brookings, October 30, 2020, https：//www. brookings. edu/blog/order - from - chaos/2020/10/30/the - never - ending - political-game-of-malaysias-mahathir-mohamad/（访问时间：2023 年 4 月 12 日）。

③ Edmund Terence Gomez, "Political Business in Malaysia：Party Factionalism, Corporate Development, and Economic Crisis," in Edmund Terence Gomez, ed. , *Political Business in East Asia*, London：Taylor and Francis, 2004.

④ "Mokhzani Mahathir," Forbes, https：//www. forbes. com/profile/mokhzani - mahathir/? sh = 4c30c 00474b3（访问时间：2023 年 4 月 14 日）。

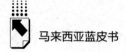

亿林吉特（约合人民币 220 亿元）的资产。① 相反，马哈蒂尔与纳吉布的纠纷起源于 2013 年巫统党选；马哈蒂尔之子慕克里兹在竞争巫统副主席一职时败给了纳吉布支持的候选人。② 马哈蒂尔与纳吉布之间也一直在抢夺政商资源。③

因此，马哈蒂尔退出巫统，一部分考量是希望为其家族谋求更为持续的政治资源。④ 无论纳吉布是否真的有罪，马哈蒂尔在第二个总理任期内坚持将纳吉布送上法庭，其动机无疑是极具政治性的。⑤ 对纳吉布的审判意味着，利用司法系统进行政治斗争重新成为马来西亚政治中的一种可能性。事实上，在纳吉布受审之后，马来西亚政治人物也越来越多地利用司法来打压政治对手，例如，安瓦尔与穆希丁⑥、行动党前主席林冠英与穆希丁⑦以及

① "I Have 'No Control' of Companies, Trusts Linked To Family, Says Daim," *Free Malaysia Today*, October 4, 2021, https：//www. freemalaysiatoday. com/category/nation/2021/10/04/i-have-no-control-of-companies-trusts-linked-to-family-says-daim/（访问时间：2023 年 4 月 12 日）。

② "Mahathir's Son Becomes Najib's Latest Victim in Malaysia's 'Game of Thrones'," *Reuters*, February 3, 2016, https：//www. reuters. com/article/uk - malaysia - politics - mukhriz - idAFKCN0VC0XF（访问时间：2023 年 4 月 12 日）。

③ "PM Najib Slams Mahathir over Son's Interview：'He Should Stop This Distraction for Malaysia'," *South China Morning Post*, April 23, 2016, https：//www. scmp. com/news/asia/southeast - asia/article/1937967/pm-najib-slams-mahathir-over-sons-interview-he-should-stop（访问时间：2023 年 4 月 12 日）。

④ "Mahathir mahu Mukhriz jadi PM-Puad Zarkashi," *Berita Harian*, Mac 7, 2016, http：// origin. bharian. com. my/berita/politik/2016/03/131542/mahathir - mahu - mukhriz - jadi - pm - puad-zarkashi（访问时间：2023 年 4 月 13 日）。

⑤ "Dr M：Najib Could Be Charged Soon," *New Straits Times*, May 15, 2018, https：// www. nst. com. my/news/nation/2018/05/369709/dr-m-najib-could-be-charged-soon（访问时间：2023 年 4 月 13 日）。

⑥ "Analysis：With Another Ex-Prime Minister Charged, Malaysia Risks Further Turmoil," *Reuters*, March 10, 2023, https：//www. reuters. com/world/asia-pacific/with-another-ex-prime-mini ster-charged-malaysia-risks-further-turmoil-2023-03-10/（访问时间：2023 年 4 月 13 日）。

⑦ "After Days of Warning, Guan Eng Sues Muhyiddin for Defamation over Yayasan Albukhary Tax Comments," *Malay Mail*, March 27, 2023, https：//www. malaymail. com/news/malaysia/ 2023/03/27/after-days-of-warning-guan-eng-sues-muhyiddin-for-defamation-over-yayasan - albukhary-tax-comments/61731（访问时间：2023 年 4 月 13 日）。

安瓦尔与马哈蒂尔①之间的司法纠纷等。所以，对纳吉布的审判究竟是增强还是削弱了马来西亚的司法独立性，似乎是一个难以回答的问题。

三　精英政治的代际更替与精英网络的力量

纳吉布并不是 2022 年马来西亚唯一黯然退场的政治人物。马来西亚历史上从未有任何一场选举像第十五届大选这样见证了如此多政治巨星的陨落。这些精英的退场并不是在一朝一夕发生的；相反，他们的离开是 2018 年以来马来西亚政治动荡的结果。近两年马来西亚政治精英的快速轮替，可能会对未来相当长时间内的政治发展产生重要的影响。

这是因为马来西亚有着全世界范围内联系最为紧密的政治精英网络，它是马来西亚得以实现执政党轮替的关键。2018 年第十四届大选后国阵首次失去联邦政权，当时有许多人担忧纳吉布不会交出权力。事实上，败选之后，纳吉布第一个联系的人正是当时的反对党领袖安瓦尔。纳吉布与安瓦尔有着数十年的紧密联系。早在 1983 年两人就搭档竞选巫统青年团（简称"巫青团"）正副团长职位。1998 年安瓦尔被革职之前，纳吉布是安瓦尔在党内重要的政治盟友。而当时的安瓦尔、纳吉布和穆希丁都已经担任过青年与体育部（简称"青体部"）部长一职，担任该职位也一直被视为成为马来西亚总理的必修课。因此，三人也是当时巫统和国阵内部除马哈蒂尔以外最重要的政治人物。② 而安瓦尔被迫离开巫统前，其另外一位重要的政治盟友便是时任巫青团团长扎希德。在安瓦尔被监禁以后，扎希德仍然召开集会

---

①　"Malaysia's Mahathir Mohamad Threatens to Sue PM Anwar Ibrahim for Libel, Reigniting Political Feud," *South China Morning Post*, March 28, 2023, https: //www.scmp.com/week-asia/politics/article/3215135/malaysias-mahathir-mohamad-threatens-sue-pm-anwar-ibrahim-libel-reigniting-political-feud（访问时间：2023 年 4 月 13 日）。

②　"Exclusive: Malaysia's Anwar Says 'Shattered' Najib Called Him Twice on Election Night," Reuters, May 17, 2018, https: //www.reuters.com/article/us-malaysia-politics-anwar-malaysia/exclusive-malaysias-anwar-says-shattered-najib-called-him-twice-on-election-night-idUSKCN1II1U2（访问时间：2023 年 4 月 13 日）。

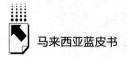

支持安瓦尔，直至他自己也被捕入狱。①

因此，马来西亚主要政治人物之间的关系并非如新闻报道中所描绘的那样水火不容。相反，这些政治精英即便身处不同政党，也仍然有着相对良好的互动。例如，2020年纳吉布的母亲去世之前，马来西亚最高元首、穆希丁和安瓦尔还先后前往医院探望，马哈蒂尔也参加了葬礼；并且他们都与纳吉布有过公开互动。② 这种精英网络的力量在政权更替时显得格外重要。在第十五届大选结束后，三大政党联盟都未能获得简单多数选票。这时安瓦尔与扎希德的私人关系，以及公正党高层与巫统高层间的长期互动，很快促成了希盟与国阵的联合。马来西亚最高元首也从中斡旋，促使东马主要政党加入希盟与国阵，最终使得团结政府执政成为可能。③

但这一切并不意味着权力斗争本身并不存在，政治精英之间的裂痕往往也十分明显。例如，第十五届大选后，土团党和伊斯兰教党组成的国民联盟坚决拒绝与国阵、希盟组成团结政府。④ 穆希丁本人是希盟马哈蒂尔内阁倒台的重要推手之一，而土团党党员中也有包括阿兹敏·阿里（Azmin Ali）在内的因与安瓦尔意见不合而退出公正党的党员。巫统党内也一直有呼吁让穆希丁重新执掌国阵的声音，但遭到了扎希德的坚决反对。⑤ 扎希德也

① "Behind the Anwar-Zahid Relationship," Free Malaysia Today, December 11, 2022, https://www.freemalaysiatoday.com/category/opinion/2022/12/11/behind-the-anwar-zahid-relationship/（访问时间：2023年4月13日）。

② "Dr M Pays Last Respect to Najib's Mother," Yahoo News, December 18, 2020, https://malaysia.news.yahoo.com/dr-m-pays-last-respect-025300179.html（访问时间：2023年4月13日）。

③ "Agong Says Consensus in Unity Govt Ensures Political Stability, Generate Economic Growth," Malay Mail, February 13, 2023, https://www.malaymail.com/news/malaysia/2023/02/13/agong-says-consensus-in-unity-govt-ensures-political-stability-generate-economic-growth/54704（访问时间：2023年4月13日）。

④ "PN tolak cadangan tubuh Kerajaan Perpaduan bersama PH," Berita Harian, November 22, 2022, https://www.bharian.com.my/berita/nasional/2022/11/1030010/pn-tolak-cadangan-tubuh-kerajaan-perpaduan-bersama-ph（访问时间：2023年4月13日）。

⑤ "Muhyiddin: Saya tidak akan kembali semula ke pangkuan Umno," Malaysia Kini, November 20, 2021, https://www.malaysiakini.com/news/600057（访问时间：2023年4月13日）。

暗示国盟政府曾试图解散他所领导的巫统。① 此外，伊斯兰教党主席哈迪·阿旺（Hadi Awang）也与希盟有着明显的不合。哈迪一直指控希盟成员行动党曾试图干预伊斯兰教党党内选举，并出资支持其竞争对手②，以促成伊斯兰教党内部政变。③

精英之间的合作与争斗促成了马来西亚如今的政治格局，一代精英的衰落也必然会重塑马来西亚的未来。2022 年，马哈蒂尔一代的退场令人叹惋。但实际上，在 2021 年底马哈蒂尔就曾短暂地住院。④ 2022 年 1 月 7 日，马哈蒂尔第二次住院。虽然很快他就被允许回家疗养并接受健康检查，但其健康状况仍旧令人担忧。⑤ 尽管如此，此时已 96 岁的马哈蒂尔仍然决定参加第十五届大选。早在 2020 年，马哈蒂尔就与自己的儿子慕克里兹以及曾与他争夺巫统主席职位的元老东姑·拉沙里一同组建祖国斗士党（简称"斗士党"）。在此届大选中，马哈蒂尔也以斗士党的旗号上阵他的传统选区兰卡威（Langkawi）。但是，马哈蒂尔只获得了 4566 张选票，甚至未能赎回自己的保证金。而他所带领的斗士党党员也无一当选。这也宣告在 2020 年的马来西亚政治危机以后，马哈蒂尔最终失去了对选民的吸引力。⑥

---

① "Malaysia's Ahmad Zahid Claims 'Someone Saved Umno from Being Banned'," *South China Morning Post*, December 12, 2022, https：//www. scmp. com/news/asia/southeast-asia/article/3202965/malaysias-ahmad-zahid-claims-someone-saved-umno-being-banned（访问时间：2023 年 4 月 13 日）。

② 这一部分遭到哈迪指控的伊斯兰教党成员组成了诚信党。

③ "Prove that We're Meddling in Your Business, DAP Tells PAS," *Malay Mail*, June 3, 2015, https：//www. malaymail. com/news/malaysia/2015/06/03/prove-that-were-meddling-in-your-business-dap-tells-pas/908569（访问时间：2023 年 4 月 13 日）。

④ "Malaysia's Ex-PM Mahathir Discharged from Hospital after 'Medical Investigations'," *South China Morning Post*, December 23, 2021, https：//www. scmp. com/news/asia/southeast-asia/article/3160 851/malaysias-ex-pm-mahathir-discharged-hospital-after-medical（访问时间：2023 年 4 月 13 日）。

⑤ "Malaysia's Ex-PM Mahathir Allowed Home But Still Receiving Hospital Treatment," *South China Morning Post*, February 4, 2022, https：//www. scmp. com/news/asia/southeast - asia/article/3165868/malaysias-ex-pm-mahathir-allowed-home-still-receiving（访问时间：2023 年 4 月 13 日）。

⑥ "End of An Era：Mahathir Loses Deposit in Langkawi, Narrow Defeat for Ku Li in Gua Musang," The Edge Markets, November 20, 2022, https：//www. theedgemarkets. com/article/end-era-mahathir-loses-deposit-langkawi-narrow-defeat-ku-li-gua-musang（访问时间：2023 年 4 月 13 日）。

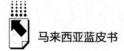
当然，也有一些老生代政治人物选择自行淡出政治舞台。马来西亚最重要的华人政治人物之一、从政近60年的林吉祥在2022年行动党全国大会上宣布引退，不再竞选议员，也不再担任任何党内职务。其子林冠英也主动宣布不再担任行动党全国总秘书长一职。而行动党中生代的重要领袖陆兆福则接任林冠英的党内职务。这也意味着马来西亚华人的政治谱系进入了新的年代。①

与这些老生代政治人物所面临的局面不同，许多仍处于政治生涯中期的精英在脱离了政党的支持后显得力不从心，也在选举中失利。巫青团前团长凯里·嘉马鲁丁（Khairy Jamaluddin）因为与扎希德的冲突而未获政党提名。在与扎希德沟通后，凯里被迫在他并不熟悉的双溪毛糯（Sg Buloh）选区参选，最终落败。之后他也因批评巫统高层而被开除党籍。事实上，凯里的晋升路并不顺利，其在巫统党内的政治资本主要来源于他的岳父、马来西亚前总理阿卜杜拉·巴达维（Abdullah Ahmad Badawi）。而阿卜杜拉远离政坛多年，且罹患失智症，并不能够对凯里提供足够的支持。②

安瓦尔的女儿努鲁依莎（Nurul Izzah）也未能成功连任峇东埔（Permatang Pauh）议员。在安瓦尔入狱之前，峇东埔一直是他所占据的选区。"烈火莫熄"运动后，安瓦尔的妻子旺·阿兹莎（Wan Azizah Wan Ismail）继承了该选区，并在2018年将选区交付给了他们的女儿努鲁依莎。努鲁依莎此番失利，标志着安瓦尔家族占据这一选区40年的历史宣告终结。峇东埔选民对努鲁依莎的败选并不感到意外，有不少选民表示努鲁依莎的重心完全在吉隆坡，没有为选民提供足够的服务。显然，努鲁依莎依赖安瓦尔的影响力并不能保证她的政治生涯一帆风顺。③

① "Lim Guan Eng Vacates DAP Secretary-General Post; Lim Kit Siang Retires from Politics," Channel News Asia, March 20, 2022, https：//www.channelnewsasia.com/asia/lim-guan-eng-vacates-dap-secretary-general-post-lim-kit-siang-retires-politics-2575661（访问时间：2023年4月13日）。

② "Khairy: Pak Lah Is Suffering from Dementia," New Straits Times, September 11, 2022, https：//www.nst.com.my/news/nation/2022/09/830354/khairy-pak-lah-suffering-dementia（访问时间：2023年4月13日）。

③ "Harapan Blindsided in Permatang Pauh But Voters Not Surprised," Malaysia Kini, November 21, 2022, https：//www.malaysiakini.com/news/645220（访问时间：2023年4月13日）。

也有一些政治人物因为脱离原先的政党而败选。在第十四届大选后，马来西亚的议员跳槽现象极为严重。他们的这种行为也引发了巨大的争议：议员往往以政党成员而非个人身份参选，其选举结果不仅是选民对议员本人也是对政党的认同。也正因此，2022 年 10 月，马来西亚联邦议会终于通过了"反跳槽法"，以遏制这一现象。① 在这届大选中，在"喜来登政变"后脱离公正党的阿兹敏·阿里、祖莱达·卡玛鲁丁（Zuraida Kamaruddin）双双败选。②

在马来西亚"政治明星"败选的同时，安瓦尔内阁的部长名单也耐人寻味。在此届团结政府安瓦尔内阁中，除了副总理扎希德和沙捞越政党联盟党鞭法迪拉·尤索夫（Fadillah Yusof）外，安瓦尔大量启用了中青生代政治人物。同时，安瓦尔的另一大特点是，内阁部长大量选用在政党斗争中表现出政治忠诚的人选。如担任内政部长的赛夫丁·纳苏丁（Saifuddin Nasution）在第十五届大选中败选，但他在 2019 年底公正党内部斗争期间为安瓦尔做出了巨大贡献。因此，安瓦尔仍然通过将其任命为联邦议会上议员的方式召其入阁。③ 同时，安瓦尔的另一位得力助手拉菲兹·南利（Rafizi Ramli）也被委任为经济部长。

这种精英个人影响力式微而政党影响力增强的现象在第十五届大选中屡见不鲜。在中生代政治人物中，精英网络仍在发挥着巨大的作用；而对于中青生代政治人物而言，政党似乎是他们影响力和威望的最大来源。马来西亚政治这种微妙的转变，似乎也预示着未来数年马来西亚政治的走向。

---

① "Undang-undang anti-lompat berkuat kuasa esok, kata Menteri," Free Malaysia Today, Oktober 4, 2022, https：//www.freemalaysiatoday.com/category/bahasa/tempatan/2022/10/04/undang－undang－anti-lompat-berkuat-kuasa-esok-kata-menteri/（访问时间：2023 年 4 月 13 日）。

② "'Momentary Pause' in Politics for Former Malaysia Senior Minister Azmin Ali," Channel News Asia, February 13, 2023, https：//www.channelnewsasia.com/asia/malaysia－azmin－ali－former-senior-minister-break-politics-3273791（访问时间：2023 年 4 月 13 日）。

③ "Four Senators Sworn in Today Including Ministers Saifuddin Nasution, Tengku Zafrul," *Malay Mail*, December 3, 2022, https：//www.malaymail.com/news/malaysia/2022/12/03/four－senators-sworn-in-today-including-ministers-saifuddin-nasution-tengku-zafrul/43257（访问时间：2023 年 4 月 13 日）。

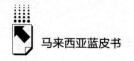

余　论

本报告以"选举""审判""迭代"为主线，全面地展现了2022年马来西亚政治局势中的变化与发展。对于马来西亚而言，自第十四届大选以来的政治动荡仍未结束。在2022年末，纳吉布是否会获得特赦悬而未决，穆希丁贪腐案仍在发酵，团结政府安瓦尔内阁面对的挑战也才刚刚开始。但是，在经历了三轮相对平稳的执政党轮替后，这个东南亚国家似乎已经步入了新的轨道。在这些政治风波之后，马来西亚政治逐渐走向成熟，各派政治力量也开始寻求合作与妥协。

B.3
2022年马来西亚经济形势

孔涛 高可妍[*]

摘 要： 2022年，马来西亚以国内需求为驱动、私人部门支出为主要动力，同时得到公共和私人投资显著改善的驱动，经济实现了8.7%的较快增长。2022年第一季度随着国内限制措施的放宽，经济活动继续正常化，经济环比增长3.9%；第二季度在劳动力市场状况稳步复苏与持续的政策支持下，4月和5月的增长尤为强劲，实现季度环比增长3.5%；第三季度在劳动力市场和收入状况的改善、入境旅游的恢复以及政策的支持、国内需求的持续扩大下，录得1.9%的环比增长；第四季度经济增长较为温和，季度环比下降2.6%。经济部门都实现了正增长，尤以服务业和制造业最为强劲，分别录得8.1%和10.9%的增长。贸易在2022年显示出较强韧性，贸易总额、进出口额和贸易顺差均表现突出，出口额达15517.36亿林吉特（增长25%），进口额达12966.36亿林吉特（增长31.3%），贸易顺差达2551亿林吉特。制造业、农业和采矿业的出口以两位数的增长创下历史新高，进口方面，包括初级燃料和润滑油在内的半成品占进口额的54.4%。2022年，马来西亚获批准的投资总额达2646亿林吉特，主要流入服务业、制造业领域。国际收支方面，马来西亚继续录得经常账户盈余，达472亿林吉特，占GDP的2.6%。外债风险控制较好，劳动力市场状况稳步改善。

---

* 孔涛，经济学博士，北京大学中国社会科学调查中心副研究员，主要研究方向为发展经济学和劳动经济学，关注中国和东南亚社会经济；高可妍，北京外国语大学亚非语言文学（马来语）专业硕士研究生，主要研究方向为马来语言文学。

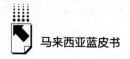

作为东南亚数字化程度最高的国家之一，马来西亚数字经济发展迅速且数字经济成为政府主导推进的重点。2023年全球经济环境具有挑战性和不确定性，预计2023年马来西亚的经济增长约为4.0%。

关键词： 马来西亚　宏观经济形势　公共政策

一　经济增长

2021年下半年，世界经济复苏开始呈现动力不足的迹象；进入2022年后，受地缘政治冲突升级、高通胀水平、金融环境趋紧、货币政策紧缩和疫情形势反复等不利因素影响，世界经济下行压力逐步加大，国际机构在过去的一年里也频频下调增长预期。① 2022年国际货币基金组织（IMF）已经连续四次下调世界经济增长预期。据其10月发布的《世界经济展望》（World Economic Outlook），IMF估计2022年全球GDP全年增长率为3.2%，相比2021年大幅下降2.8个百分点。② 需求强劲、劳动力市场紧张和大宗商品价格上涨的环境导致通胀升至历史高点，特别是在发达经济体（AEs）中。

此外，各国央行纷纷加息，导致金融环境普遍收紧，避险情绪升温。亚洲区域经济体的通货膨胀率小幅上升，但与发达经济体和世界其他地区相比仍然较低。除了少数东南亚国家的经济增速仍有上升外，世界上绝大部分经济体的经济增速都出现较大幅度的回落。2022年，美联储7次加息，美国GDP增速持续放缓，全年GDP增长从2021年的5.9%下降到2022年的

---

① 姚枝仲：《2022年世界经济形势：从动荡中涌起的全球通胀潮》，《光明日报》2022年12月28日，https://news.gmw.cn/2022-12/28/content_36262074.htm。

② 《世界经济展望》，IMF，2022年10月11日，https://www.imf.org/zh/Publications/WEO/Issues/2022/10/11/world-economic-outlook-october-2022。

2.1%①。2022 年欧元区 GDP 增长 3.5%，环比连续四个季度实现正向增长，其增长主要受益于欧盟的经济复苏计划、国际贸易形势转好以及工业生产与居民消费水平的提高②。发达经济体平均增速从 2021 年的 5.2%下降到 2022 年的 2.4%，新兴市场和发展中经济体的平均增速从 2021 年的 6.6%下降到 3.7%。③ 其中，中国在 2022 年的经济运行总体稳定，经济总量突破 120 万亿元，达到 121 万亿元，实现全年经济 3%的增长。④

　　东盟国家陆续公布的数据显示，东盟经济在 2022 年实现了较快复苏和增长。2022 年 12 月，亚洲开发银行在其发布的《2022 年亚洲发展展望》定期补充报告中预计东盟 2022 年的经济增长将达到 5.5%。⑤ 其中，根据马来西亚国家银行 2023 年 2 月公布的数据，在内需持续扩大、劳动力市场改善和电子产品出口等因素的推动下，该国 2022 年第四季度 GDP 同比增长 7.0%，全年增幅为 8.7%（2021 年为 3.1%，见图 1），显著高于 2021 年底预测的 6.5%~7%。这也是马来西亚自 2000 年以来最快的 GDP 增速。⑥

　　尽管 2022 年全年面临挑战，但马来西亚经济实现了较快增长。这得益于疫情防控措施的优化调整、出口（特别是大宗商品出口）的弹性增长、旅游活动的复苏以及持续的政策支持。然而，各部门的复苏步伐并不平衡。一些部门，如休闲服务业、采矿与采石业、农业以及建筑部门，其生产经营活动分别受到游客数量少、石油和天然气设施因维护而关闭、劳动力短缺以及投入价格上涨的限制，活跃度仍然低于新冠疫情前的水平。总体而言，

---

① 《美国去年第四季度经济增长率终值下调至 2.6%》，中国经济网，2023 年 3 月 31 日，http：//intl. ce. cn/sjjj/qy/202303/31/t20230331_ 38473125. shtml。

② 《欧洲经济增长面临考验（经济透视）》，人民网，2023 年 2 月 16 日，http：//world. people. com. cn/gb/n1/2023/0216/c1002-32624653. html。

③ 张宇燕、徐秀军：《2022~2023 年世界经济形势分析与展望》，载张宇燕主编《2023 年世界经济形势分析与预测》，社会科学文献出版社，2022，第 1 页。

④ 《2022 年我国 GDP 增长 3% 财政赤字率控制在 2.8%》，中国网，2023 年 3 月 5 日，http：//www. china. com. cn/lianghui/news/2023-03/05/content_ 85144514. shtml。

⑤ "ADB Lowers Growth Forecast for Developing Asia Amid Global Gloom," ADB, December 14, 2022, https：//www. adb. org/news/adb-lowers-growth-forecast-developing-asia-amid-global-gloom。

⑥ 《大马去年末季 GDP 成长 7.0% 全年增幅 8.7%》，〔马来西亚〕东方网，2023 年 2 月 10 日，https：//www. orientaldaily. com. my/news/business/2023/02/10/545597。

2022 年马来西亚经济的增长在很大程度上是由国内需求驱动的，私人部门支出是主要动力。同时，得到消费者被压抑的需求得到释放以及政府持续的政策扶持等因素的助力，马来西亚劳动力市场状况进一步改善，工资的增长也带动了家庭支出的增加。随着经济领域的重启，公共基础设施项目、建筑活动的恢复以及企业继续投资以实现业务的自动化和数字化，促进了公共和私人投资显著改善。外部需求也保持弹性。这些均为 2022 年的经济增长提供了支持。[①]

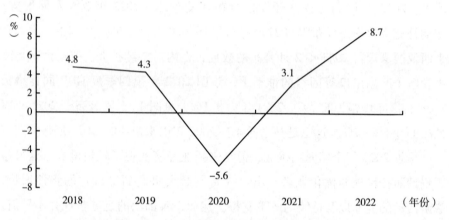

图 1　2018~2022 年马来西亚经济增长情况

资料来源：马来西亚央行。

具体看 2022 年内马来西亚的经济表现，第一季度随着国内限制措施的放宽，经济活动继续正常化，国内需求有所上升，劳动力市场持续复苏，加上政府持续的政策支持，经季节性调整，马来西亚 2022 年首季度经济环比增长 3.9%，同比增长 5.0%（见表 1）。此外，在全球科技持续创新的背景下，强劲的外部需求也进一步推动了经济增长。总体通胀在 2022 年第一季度有所放缓，主要是由于基数效应（Base Effects）的消散。核心通胀上升至 1.7%，整体通胀放缓至 2.2%。减少 30 亿林吉特的经常账户盈余，占

---

① "Economic & Monetary Review 2022," 马来西亚央行，2023 年 3 月 29 日，第 11 页，https://www.bnm.gov.my/publications/emr2022。

GDP 的 0.7%。①

马来西亚经济在 2022 年第二季度环比增长 3.5%，较 2021 年同期增长 8.9%（见表 1），为疫情以来单季增长率次高。尽管第二季度的经济增长在一定程度上受到 2021 年 6 月的全面行动限制令（Full Movement Control Order，FMCO）的低基数影响，但在劳动力市场状况稳步复苏与持续的政策支持下，2022 年 4~5 月的增长尤为强劲。这种增长也反映出随着新冠疫情在马来西亚逐渐过渡至地方性流行病阶段，马来西亚重新开放国家边境，经济活动趋于正常。在此期间，受到世界对机电产品强劲需求的带动，马来西亚出口也表现不俗。②

表 1　2022 年马来西亚分季度经济增长情况

单位：%

	第一季度	第二季度	第三季度	第四季度
季度环比	3.9	3.5	1.9	-2.6
同比	5.0	8.9	14.2	7.0

资料来源：马来西亚统计局、马来西亚央行。

马来西亚经济在 2022 年第三季度同比录得 14.2% 的强劲增长（见表 1）。虽然这一季度的强势反弹在很大程度上缘于 2021 年同期负增长的基数效应，但在劳动力市场和收入状况的改善、入境旅游的恢复以及政策的支持下，国内需求的持续扩大成为经济增长的推动剂。随着经济领域的重新开放及疫情迈入地方性流行病阶段，经季节性调整的季度环比增长 1.9%③。此外，按月

---

① "Quarterly Bulletin 1Q 2022," 马来西亚央行，2022 年 5 月 13 日，第 11 页，https://www.bnm.gov.my/-/quarterly-bulletin-1q-2022。

② "Quarterly Bulletin 2Q 2022," 马来西亚央行，2022 年 8 月 12 日，第 11 页，https://www.bnm.gov.my/-/quarterly-bulletin-2q-2022。

③ "Quarterly Bulletin 3Q 2022," 马来西亚央行，2022 年 11 月 11 日，第 11 页，https://www.bnm.gov.my/-/quarterly-bulletin-3q-2022。

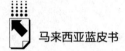
计，7月实现15.8%的增长，8月为15.3%，9月放缓至11.6%。^① 服务业、制造业、建筑业在第三季度较2021年同期都录得两位数的增长；但农业受限于劳动力不足的因素，较2021年同期增长1.2%。^②

尽管经济增长大幅放缓，但在私人部门的支持下，马来西亚经济在2022年第四季度实现了强劲扩张，使全年经济增长率高于市场预测，这也是2000年以来该国GDP增长的最高纪录。由于经济刺激措施和低基数效应减弱，马来西亚第四季度经济增长放缓至7.0%，与第三季度相比，下降了一半以上（见表1）。然而，这一季度的经济表现已远超新冠疫情发生前的水平，高出了7.2个百分点。^③ 经季节性调整，GDP按季度下降2.6%。第四季度的月度经济增长较为温和，10月增长7.0%，11月增长5.7%，12月进一步加速至8.3%。^④

总体而言，2022年全年马来西亚经济增长8.7%。这主要得益于经济全面恢复后国内需求的提振，其中家庭支出尤其强劲，消费需求强劲复苏。同时，随着机电产业新机械设备的购置和结构性投资的恢复，投资活动有所增加。公共部门支出仍然受到政府支出和公共公司资本支出增加的支持。此外，劳动力市场状况的改善以及持续的政策支持也都是经济回暖的重要原因。在外部方面，净出口出现收缩。尽管出口保持增长势头，但由于家庭支出强劲、投资活动增加以及企业准备缓冲库存以缓解供应链的中断问题，进口略高于出口。^⑤

2022年，就业和收入条件的改善提振私人消费，全年实现11.3%的强

① "Malaysia Economic Performance Third Quarter 2022," 马来西亚统计局，2022年11月11日，https：//www. dosm. gov. my/v1/index. php? r=column/cthemeByCat&cat = 100&bul_ id = VFRKcjBLcjdtaVlaRms1bm0xbStadz09&menu_ id = TE5CRUZCblh4ZTZMODZIbmk2aWRRQT09。
② 《马来西亚第三季度GDP同比增14.2%》，中国新闻网，2022年11月11日，http：//www. chinanews. com. cn/gj/2022/11-11/9892422. shtml。
③ "Quarterly Bulletin 4Q 2022," 马来西亚央行，2023年2月10日，第11页，https：//www. bnm. gov. my/-/quarterly-bulletin-4q-2022。
④ "Malaysia Economic Performance Fourth Quarter 2022," 马来西亚统计局，2023年2月10日，https：//www. dosm. gov. my/v1/index. php? r=column/cthemeByCat&cat = 100&bul_ id = RkhsOGEwclM4T1UxZ1Vmb0pwL1JlQT09&menu_ id=TE5CRUZCblh4ZTZMODZIbmk2aWRRQT09。
⑤ "Economic & Monetary Review 2022," 马来西亚央行，2023年3月29日，第27页，https：//www. bnm. gov. my/publications/emr2022。

劲增长（见表2）。2022年第二季度向地方性流行病阶段的过渡促进了消费者被压抑的需求的释放。家庭必需品支出上涨势头明显，而可自由支配支出（尤其是在高消费领域）也有所上升。与此同时，马来西亚政府为低收入家庭不断提供资金支持，措施包括发放现金、出台雇员公积金（Employees Provident Fund，EPF）相关政策以及上调最低工资标准。

表2 2021~2022年马来西亚经济发展情况

单位：%

	2022年份额	2021年		2022年				
		第四季度	2021年	第一季度	第二季度	第三季度	第四季度	2022年
国内需求	93.1	1.9	1.7	4.4	13.0	13.1	6.8	9.2
私人部门支出	75.6	2.5	2.0	4.4	15.4	14.7	7.9	10.4
消费	60.2	3.7	1.9	5.5	18.3	15.1	7.4	11.3
投资	15.4	-2.8	2.6	0.4	6.3	13.2	10.3	7.2
公共部门支出	17.5	0.1	0.6	4.8	2.8	6.3	3.5	4.3
消费	13.2	1.6	5.3	6.7	2.6	4.5	2.4	3.9
投资	4.4	-3.4	-11.3	-0.9	3.2	13.1	6.0	5.2
商品与服务净出口	5.4	0.8	-4.1	-26.5	-28.7	18.7	23.4	-1.8
出口	71.7	13.0	15.4	8.0	10.4	23.9	9.6	12.9
进口	66.3	14.5	1	11.1	14.0	24.4	8.1	14.2
实际GDP	100.0	3.6	3.1	5.0	8.9	14.2	7.0	8.7
GDP（环比增长，季度调整）	—	4.6	—	3.8	3.5	1.9	-2.6	—

资料来源：马来西亚统计局、马来西亚央行。

私人投资录得7.2%的增长（见表2），特别是制造业和服务业的资本支出增加。企业扩大了对自动化和数字化技术的采用，促进了机电领域的高投资。值得注意的是，投资意向依然强劲——2022年在信息与通信技术、电气与电子等关键行业的批准投资总额达2646亿林吉特。此外，建筑活动的恢复，特别是在非住宅部门，也体现了结构性投资的复苏。①

---

① "Economic & Monetary Review 2022，"马来西亚央行，2023年3月29日，第28页，https：//www.bnm.gov.my/publications/emr2022。

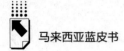

对比 2021 年（-11.3%），2022 年公共投资实现增长 5.3%（见表 2），这主要由公共公司的资本支出增加所驱动，集中在石油和天然气以及电信企业方面。现有的大型基础设施项目，如东海岸铁路（East Coast Rail Link，ECRL）、轻轨三号线（Light Rail Transit Line 3，LRT3）和泛婆罗洲高速公路（Pan-Borneo Highway）建设的持续推进也助力了增长。受到服务与供应品以及薪酬支出的影响，公共消费同比增长 3.9%。[①]

分季度来看，2022 年第一季度国内需求增长了 4.4%。经济活动的正常化推动消费增加和投资的改善。在外部方面，马来西亚的出口需求，特别是机电产品的出口需求强劲。私人消费同比增长了 5.5%，得益于必需品以及餐厅、酒店、娱乐服务和家居用品等非必需品消费支出的增加。消费支出的持续增加主要是由于劳动力市场的复苏以及工资和就业增长。"大马一家援助金"（Bantuan Keluarga Malaysia）等政策措施也为消费支出提供了额外支持。在新冠疫情相关支出（包括疫苗采购和物流支出）的持续推动下，公共消费在这一季度录得 6.7% 的增长。[②] 在服务业和制造业的资本支出的支持下，私人投资转为正向增长 0.4%（2021 年第四季度为-2.8%）。第一季度公共投资出现小幅下滑（-0.9%；2021 年第四季度为-3.4%），主要受到政府固定资产支出情况改善的影响。[③]

2022 年第二季度，国内需求录得 13.0% 的较高增长。在经济活动继续正常化的推动下，主要得益于交通、食品饮料以及酒店消费的增加，私人消费增长强劲，上涨到 18.3%。[④] 劳动力市场加速回暖和政策措施的支持，包括提高最低工资标准、雇员公积金（EPF）等也为消费支出提供了额外的动

① "Economic & Monetary Review 2022," 马来西亚央行，2023 年 3 月 29 日，第 28 页，https://www.bnm.gov.my/publications/emr2022。

② "Quarterly Bulletin 1Q 2022," 马来西亚央行，2022 年 5 月 13 日，第 15 页，https://www.bnm.gov.my/-/quarterly-bulletin-1q-2022。

③ "Quarterly Bulletin 1Q 2022," 马来西亚央行，2022 年 5 月 13 日，第 16 页，https://www.bnm.gov.my/-/quarterly-bulletin-1q-2022。

④ "Malaysia Economic Performance Second Quarter 2022," 马来西亚统计局，2022 年 8 月 12 日，https://www.dosm.gov.my/v1/index.php?r=column/cthemeByCat&cat=100&bul_id=VEdjcVNyZ1dkUlh1SHl2US9SMSs1Zz09&menu_id=TE5CRUZCblh4ZTZMODZIbmk2aWRRQT09。

力。私人部门是固定资本形成总额（Gross Fixed Capital Formation，GFCF）的主要贡献者，私人投资增长6.3%，公共投资的增长为3.2%。同时，受供应品与服务支出减少的影响，公共消费增长放缓至2.6%。在外部方面，马来西亚的出口和进口在这一季度都迎来了加速增长，分别为10.4%和14.0%，其中机电产品的出口需求仍然强劲。① 受服务业和制造业资本支出增加的支持，私人投资增长6.3%。第二季度各主要部门的企业恢复了投资项目，特别是非住宅部门，结构性投资有所增加。此外，制造业和信息与通信技术相关机械设备的资本支出继续推动投资增长，凸显企业的持续性需求与进一步使用自动化和数字化技术扩大产能的发展方向相一致。②

2022年第三季度，在私人消费支出和固定资本形成总额的推动下，支出的所有组成部分都实现了正增长。受到交通、餐饮和酒店以及娱乐服务和文化领域的消费增加的推动，私人消费总额占GDP的份额达到61.5%，实现了15.1%的大幅增长。此季度的强劲增长同时得益于各类型投资的带动——私人部门和公共部门都录得两位数的增长，分别为13.2%和13.1%。③ 私人投资的增长主要得益于由服务业和制造业公司推动的资本支出增加。随着所有房地产领域项目的继续推进，结构性投资有所增加。旺盛的需求推动产能扩张，这在机电行业的资本支出方面有明显体现。政府和公共公司的资本支出增加使得公共投资增长了13.1%，特别是在石油和天然气以及电信行业。④ 随着商品与服务贸易的增加，出口和进口都分别增长到23.9%和24.4%。

2022年第四季度，私人部门消费和投资支出受到利好因素的提振，马

---

① "Quarterly Bulletin 2Q 2022," 马来西亚央行，2022年8月12日，第15页，https：//www. bnm. gov. my/-/quarterly-bulletin-2q-2022。

② "Quarterly Bulletin 2Q 2022," 马来西亚央行，2022年8月12日，第16页，https：//www. bnm. gov. my/-/quarterly-bulletin-2q-2022。

③ "Malaysia Economic Performance Third Quarter 2022," 马来西亚统计局，2022年11月11日，https：//www. dosm. gov. my/v1/index. php? r=column/cthemeByCat&cat=100&bul_ id=VFRK cjBLcjdtaVlaRms1bm0xbStadz09&menu_ id=TE5CRUZCblh4ZTZMODZIbmk2aWRRQT09。

④ "Quarterly Bulletin 3Q 2022," 马来西亚央行，2022年11月11日，第16页，https：//www. bnm. gov. my/-/quarterly-bulletin-3q-2022。

来西亚的国内需求增长了 6.8%。在劳动力市场改善的推动下，第四季度私人消费对 GDP 的贡献为 58.2%，同比增长 7.4%，增速略低于上季度。① 马来西亚第四季度较为突出的是商品与服务净出口，同比增长 23.4%，而出口和进口均以温和的速度增长，分别为 9.6% 和 8.1%。与此同时，公共消费增长放缓至 2.4%。此季度私人投资和公共投资增长与上一季度相比明显放缓，分别增长了 10.3% 和 6.0%。

全年来看，2022 年马来西亚各经济部门都实现了正增长。尽管一些行业仍然低于新冠疫情前的水平，但服务业和制造业为马来西亚 2022 年国内生产总值的强劲增长提供了关键动力。②

其中，服务业取得了 10.9% 的强劲增长（见表 3）。如零售、外出就餐和娱乐活动等高接触服务以及运输和仓储子行业的活动持续复苏。在 2022 年 4 月 1 日国境重新开放的背景下，马来西亚的旅游活动有所升温。

表 3 2022 年马来西亚分行业经济增长状况

单位：%

领域	第一季度	第二季度	第三季度	第四季度	2022 年
服务业	6.5	12.0	16.7	8.9	10.9
制造业	6.6	9.2	13.2	3.9	8.1
农业	0.1	-2.4	1.2	1.1	0.1
采矿业	-1.1	-0.5	9.2	6.8	3.4
建筑业	-6.2	2.4	15.3	10.1	5.0
实际 GDP	5.0	8.9	14.2	7.0	8.7

资料来源：马来西亚统计局、马来西亚央行。

---

① "Malaysia Economic Performance Fourth Quarter 2022," 马来西亚统计局，2023 年 2 月 10 日，https：//www.dosm.gov.my/v1/index.php? r=column/cthemeByCat&cat=100&bul_ id=RkhsOG EwclM4T1UxZ1Vmb0pwL1JlQT09&menu_ id=TE5CRUZCblh4ZTZMODZIbmk2aWRRQT09。

② "Economic & Monetary Review 2022," 马来西亚央行，2023 年 3 月 29 日，第 23 页，https：// www.bnm.gov.my/publications/emr2022。

此外，伴随着在线零售贸易活动的旺盛发展，快递服务和电子商务也表现强劲。房地产和商业服务全年发展势头保持良好，与制造业和建筑活动的回暖趋势相一致。①

受到全球和国内需求的大幅提振，2022年该国制造业增长了8.1%。疫情影响的消退和"促消费、稳增长"政策为生产活动提供了支持。尽管全球半导体销售放缓，但马来西亚机电产业仍然具有强大竞争力。过去几年积压的订单和世界对电动汽车、人工智能、物联网等新兴技术需求的不断增加都发挥了"助推器"作用。

由于棕榈油产业的强劲表现，农业部门增长了0.1%。虽然马来西亚2022年受劳动力短缺持续影响，棕榈油产业营收锐减，使国家损失达200亿林吉特②，但是随着第四季度外国移民劳动力重返种植业，生产活动逐渐恢复，棕榈油产量有所增加。然而，在投入成本（尤其是动物饲料和化肥）上升的情况下，其他农业子部门的疲软表现在一定程度上抵消了棕榈油产业的增长。

在石油和天然气产量增加的情况下，采矿业增长3.4%。位于东马近海SK 320区块的Pegaga气田自2022年3月起投入运营、马来西亚国家石油公司第二艘浮式液化气船（Petronas FLNG2）产量的增加，都提振了采矿部门的表现。其他采矿业子部门的回暖也对增长做出了贡献。

在各行业的生产经营活动普遍恢复的同时，建筑业实现增长5.0%。由于大型商业房地产和工业项目的进展加快，非住宅部门较2021年反弹强劲。③ 在场地准备和安装等前期和后期工程以及继续开展小规模项目的支持下，特殊贸易子部门实现了较高增长。土木工程和住宅子部门的复苏速度稍有放缓，部分原因是劳动力的长期短缺和建筑材料成本的上升。

---

① "Economic & Monetary Review 2022," 马来西亚央行，2023年3月29日，第28页，https://www.bnm.gov.my/publications/emr2022。

② 《马来西亚2022年因缺乏劳动力，造成棕油产业营收锐减，导致国家损失约48.15亿美元》，经贸透视，2023年1月30日，https://www.trademag.org.tw/page/newsid1/? id = 7875154&iz = 1。

③ "Economic & Monetary Review 2022," 马来西亚央行，2023年3月29日，第29页，https://www.bnm.gov.my/publications/emr2022。

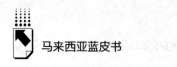

二 贸易

在 2022 年，马来西亚的贸易表现令人瞩目，贸易总额、进出口额和贸易顺差均创新高。这反映出尽管世界经济大环境充满挑战，但在外部需求增加和大宗商品价格走高的双重推动下，马来西亚的贸易具有较强韧性。马来西亚投资贸易及工业部发布的数据显示，2022 年，该国贸易总额连续两年超过 2 万亿林吉特，达到 28483.72 亿林吉特，较 2021 年增长 27.8%，并创下自 1994 年以来的最快增长；出口额为 15517.36 亿林吉特，增长 25%，提前 3 年达成"第 12 个马来西亚计划"的预期值目标；进口额首次突破 1 万亿林吉特大关，达 12966.36 亿林吉特，增长 31.3%；自 1998 年以来，连续 25 年出现贸易顺差，达 2551 亿林吉特，增长 0.6%。[①]

在市场方面，对主要贸易伙伴，特别是东盟、中国、美国、欧盟和日本的出口创下新高。对新兴市场，特别是埃及、斯里兰卡、莫桑比克、巴布亚新几内亚、多哥、吉布提和阿富汗等国的出口也有明显的增长。同样，对自由贸易协定（FTA）伙伴的出口也达到迄今为止的最高值。此外，对 2021 年生效的《区域全面经济伙伴关系协定》（RCEP）下市场的出口也实现了较快增长。

出口方面，制造业、农业和采矿业的出口以两位数的增长创下历史新高。这种富有韧性的增长主要是依靠电子电器产品、石油产品、液化天然气、棕榈油和以棕榈油为基础的农产品、原油，以及机械、设备和零件的强劲出口推动的，每种产品的出口额都超过 100 亿林吉特。除原油外，上述各类产品的出口额也创下历史新高。

具体而言，2022 年马来西亚前十大出口市场分别为新加坡、中国大陆、美国、日本、中国香港、泰国、印尼、韩国、印度及越南（见图 2）。主要出口产品仍为电子电器产品，占该国出口额的 38.25%，较 2021 年同期增长 30.2%。其

---

① 《马来西亚贸易额创 28 年来新高》，《经济日报》2023 年 1 月 31 日，http：//paper.ce.cn/pc/content/202301/31/content_ 267980. html。

他主要出口产品有石油产品，棕榈油，化学产品，液化天然气，金属制品，机械、设备和零件，光学及科学仪器，棕油制品，钢铁产品（见图3）。

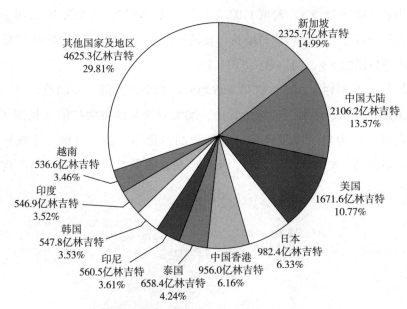

图2 2022年马来西亚出口主要对象国家及地区

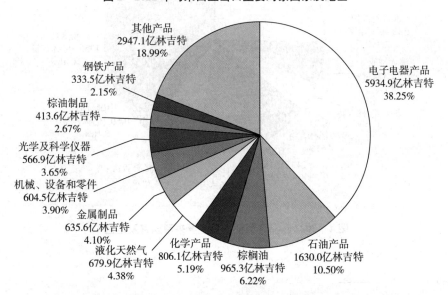

图3 2022年马来西亚主要出口产品

资料来源：马来西亚统计局；"Prestasi Perdagangan,"马来西亚对外贸易发展局，https://www.matrade.gov.my/en/choose-malaysia/industry-capabilities/trade-statistics#2022。

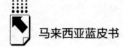

进口方面，包括初级燃料和润滑油在内的半成品占进口额的54.4%，价值7057.4亿林吉特，增长了29.3%；非运输资本货物进口的增长促使资本货物进口增长15.9%，价值1203.2亿林吉特，占进口额的9.3%；用于居民消费的进口加工食品和饮料增长也使消费品进口总额达到1041.3亿林吉特，占进口额的8%，同比增长了24.1%。①

2022年马来西亚前十大进口来源地分别为中国大陆、新加坡、中国台湾、美国、日本、印尼、韩国、泰国、澳大利亚及沙特阿拉伯（见图4）。主要进口产品为电子电器产品，石油产品，化学产品，机械、设备和零件，金属制品，原油，交通设备，钢铁产品，光学及科学仪器，加工食品（见图5）。

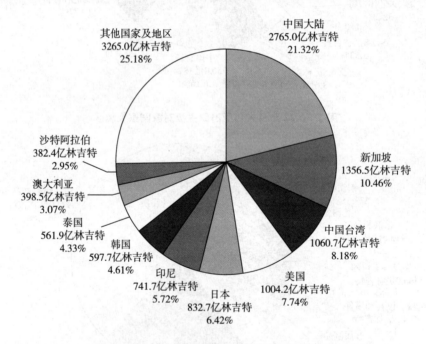

图4　2022年马来西亚进口主要来源国家及地区

---

① "Economic & Monetary Review 2022,"马来西亚央行，2023年3月29日，附录第7页，https：//www.bnm.gov.my/publications/emr2022。

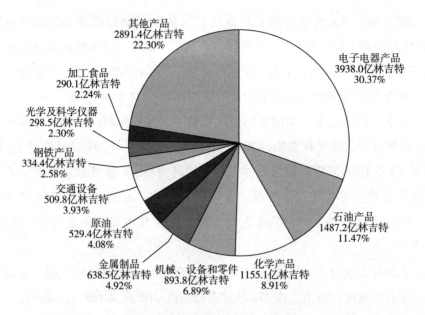

图5 2022年马来西亚主要进口产品

资料来源：马来西亚统计局；"Prestasi Perdagangan，"马来西亚对外贸易发展局，https：// www. matrade. gov. my/en/choose-malaysia/industry-capabilities/trade-statistics#2022。

三　投资

2022年，马来西亚获批准的投资总额达2646亿林吉特。其中，外国直接投资（FDI）占投资总额的61.7%，为1633亿林吉特，主要投资于制造业领域；国内直接投资则占38.3%，为1013亿林吉特。2646亿林吉特的投资总额涵盖4454个项目，预计将为马来西亚创造14万个就业机会。据马来西亚投资发展局的统计，服务业获批投资达1540亿林吉特，按年增长58.8%，是主要的贡献领域；其次是制造业843亿林吉特，占总投资的31.9%；剩余的领域贡献263亿林吉特投资。[1]

---

① 《大马去年获批投资额2646亿　外来直接投资占61.7%》，〔马来西亚〕东方网，2023年3月8日，https://www. orientaldaily. com. my/news/business/2023/03/08/551509。

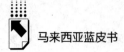

2022 年，马来西亚外国直接投资流入资金大幅提高至 733 亿林吉特（2021 年为 481 亿林吉特），而直接对外投资（DIA）的净流出资金也飙升至 573 亿林吉特（2021 年为 197 亿林吉特）。截至 2022 年底，外国直接投资总额为 8751 亿林吉特，直接对外投资总额为 6021 亿林吉特。①

在众多国家之中，中国是马来西亚最大的投资来源国，投资总额达到 554 亿林吉特，其次是美国（292 亿林吉特）、荷兰（204 亿林吉特）、新加坡（135 亿林吉特）以及日本（114 亿林吉特）。获得最多投资的 5 个州属是柔佛、雪兰莪、沙捞越、吉隆坡和槟城，分别吸引了 706 亿林吉特、601 亿林吉特、282 亿林吉特、250 亿林吉特和 163 亿林吉特的投资额。②

在国际收支方面，尽管 2022 年的全球经济形势充满挑战，但马来西亚继续录得经常账户盈余，达 472 亿林吉特，占 GDP 的 2.6%（见表 4）。

在商品账户中，进口相对于出口的增长速度更快，商品盈余较 2021 年略微收窄至 1693 亿林吉特。这主要是由于疫情防控措施进一步优化调整，马来西亚国内需求更加强劲，此外，企业也准备了缓冲库存以缓解供应链的中断问题。2022 年，服务账户与上年相比录得较小的赤字，为 454 亿林吉特（2021 年为 607 亿林吉特）。这主要反映了由于 2022 年 4 月 1 日国家边境重新开放导致入境游客增加，旅游账户赤字收窄，为 18 亿林吉特（2021 年为 146 亿林吉特）。③

在收入账户中，初级收入账户赤字扩大到 636 亿林吉特，主要是由于强劲的出口表现所带来的更高收益使外国投资者在马来西亚的应计投资收入增加。此外，受外籍劳工的汇出款项增加影响，次级收入账户赤字扩大到 131 亿林吉特（2021 年为 96 亿林吉特）。

---

① 《末季外来直接投资飙 57%》，〔马来西亚〕《南洋商报》2023 年 2 月 10 日，https：//www.enanyang. my/财经新闻/末季外来直接投资飙 57。
② 《马来西亚批准 2022 年总额近 600 亿美元的投资计划》，〔越南〕越通社，2023 年 3 月 9 日，https：//zh. vietnamplus. vn/马来西亚批准 2022 年总额近 600 亿美元的投资计划/183748. vnp。
③ "Economic & Monetary Review 2022," 马来西亚央行，2023 年 3 月 29 日，第 31 页，https：//www.bnm. gov. my/publications/emr2022。

2022 年，金融账户录得更高的净流入，达 148 亿林吉特（2021 年为 130亿林吉特），表现为直接投资和其他投资账户的资金流入超过了证券投资账户的资金流出。直接投资账户（DIA）录得 160 亿林吉特的净流入。值得注意的是，2022 年外国直接投资流入量大幅增加至 733 亿林吉特，占 GDP 的 4.1%，已超过疫情前的最高纪录。这反映了新冠疫情后全球经济和贸易的强劲复苏，刺激了跨国公司增加在马来西亚的投资以扩大产能。与疫情前水平相比，这些公司的利润再投资规模更大，通过股权注入的投资也达到新高。从行业角度来看，制造业仍然是年内外国直接投资流入的主要受益者，投资总额为 477 亿林吉特（占外国直接投资总额的 65.1%）。特别是因为马来西亚是主要的机电产品出口国（2022 年机电产品占出口额的 38.3%），在目前的技术大趋势下，电动汽车、人工智能和物联网等领域对机电产品部件的持续需求使马来西亚对投资者具有较大吸引力。[①]

DIA 资金外流也明显增加，达到了 573 亿林吉特。这些海外投资主要流向金融服务子部门以及制造业和采矿业。荷兰（占 2022 年净 DIA 的 25.0%）、印尼（20.4%）和新加坡（19.8%）是马来西亚 2022 年 DIA 的主要接收国。

证券投资账户录得 513 亿林吉特的净流出，主要体现了非居民变现国内债务证券的行为。这在很大程度上受制于全球货币政策的收紧（尤其是发达经济体）以及增长前景的不确定性。资金外流的另一个原因是居民继续在海外进行证券投资，其主要形式是国内机构投资者进行股权投资。这些流出的资金被流入国内股票市场的非居民投资部分抵消。其他投资账户扭亏为盈，录得 523 亿林吉特的净流入（2021 年为 -320 亿林吉特）。[②]

---

① "Economic & Monetary Review 2022," 马来西亚央行，2023 年 3 月 29 日，第 32 页，https：// www. bnm. gov. my/publications/emr2022。

② "Economic & Monetary Review 2022," 马来西亚央行，2023 年 3 月 29 日，第 33 页，https：// www. bnm. gov. my/publications/emr2022。

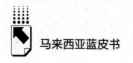
表 4　2021~2022 年马来西亚国际收支

单位：亿林吉特，%

	2021 年	2022 年
经常账户	587	472
经常账户占 GDP 比重	3.8	2.6
商品	1706	1693
服务	−607	−454
初级收入	−416	−636
次级收入	−96	−131
金融账户	130	148
直接投资	285	160
证券投资	188	−513
金融衍生品	−23	−22
其他投资	−320	523
净误差和遗漏	−255	−83
总体收支	457	533

资料来源：马来西亚统计局、马来西亚央行。

四　财政与货币

马来西亚国际投资头寸（IIP）连续三年录得净外部资产头寸，合计 630 亿林吉特，相当于 GDP 的 3.5%。外部资产在 2022 年增加了 1112 亿林吉特，一方面反映了企业进行了额外的海外投资组合和直接投资，另一方面也反映了林吉特对美元疲软带来的汇率估值效应。不过，这部分被年内全球股市不利表现带来的较低价格估值所抵消。对外负债增加了 1330 亿林吉特，主要反映了外国直接投资净流入、银行同业借款和非居民存款的增加。[1]

按以净外币计价的外部资产减去净外币外部负债来衡量，马来西亚外部资产为 1.2 万亿林吉特，相当于 GDP 的 64.9%。截至 2022 年底，马来西亚

---

[1]　"Economic & Monetary Review 2022,"马来西亚央行，2023 年 3 月 29 日，第 33 页，https://www.bnm.gov.my/publications/emr2022。

外债总额为 11440 亿林吉特，占 GDP 的 64.0%（见表 5）。外债的增加主要是由银行间借款增加和林吉特贬值，特别是对美元贬值的汇率估值效应所推动的。2022 年银行同业借款增加主要反映了在岸银行继续努力管理其外汇流动性。这部分被由企业偿还的国际债券和票据的净偿还部分所抵消。

考虑到马来西亚现有外债期限和币种的构成较为有利，其外债风险控制较好，加之马来西亚央行对企业和银行的审慎和对冲要求，外债仍处于可控范围。截至 2022 年底，企业和银行的外债分别为 166 亿林吉特和 859 亿林吉特。这些债务加总占马来西亚外债总额的 9.0%，相当于国际储备的 20.4%。

近三分之一的外债是以林吉特计价的，因此不受林吉特汇率波动的影响，主要以非居民持有的国内债务证券（占林吉特计价外债总额的 65.1%）以及非居民存款（17.1%）的形式存在。同时，其余以外币（FCY）计价的外债主要受制于流动性和资金风险管理的审慎要求。此外，集团内部借款占 FCY 外债的 34.3%，这些借款一般比较稳定，而且条件优惠。

截至 2022 年底，马来西亚国家银行的国际储备达到 1146 亿美元（见表 5），足以为 5.2 个月的商品和服务进口提供资金，是短期外债的 1.1 倍。[①] 需要强调的是，国际储备并不是偿还外债的唯一手段。特别是，马来西亚央行逐步放开外汇政策，促进了银行和企业积累 FCY 外部资产。这些资产中达 7995 亿林吉特的流动部分，可以用来偿还 4747 亿林吉特的短期外债，而无须对国际储备提出需求。

表 5　2021~2022 年马来西亚外债

		2021 年	2022 年
外债总额（亿林吉特）		10821	11440
期限构成 （亿林吉特）	中长期外债	6763	6623
	短期外债	4057	4817

---

① 《截至 2022 年 12 月 30 日　大马外汇储备金达 1146 亿美元》，〔马来西亚〕东方网，2023 年 1 月 9 日，https://www.orientaldaily.com.my/news/business/2023/01/09/539024。

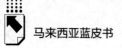

续表

		2021 年	2022 年
币种构成 （亿林吉特）	林吉特	3730	3787
	外币	7091	7654
国际储备（亿美元）		1169	1146
债务占 GDP 比重（%）		70.0	64.0
短期外债占外债总额（%）		37.5	42.1
国际储备／短期外债（倍）		1.2	1.1

注：因四舍五入，个别数据会有出入，此处以原统计数据为准。
资料来源：马来西亚财政部、马来西亚央行。

2022 年总体通胀率和基本通胀率呈上升趋势。总体通胀率上升至 3.3%（2021 年为 2.5%），除了食品价格外，马来西亚其他各类商品及服务价格也都出现上涨，包括房屋租赁业、餐饮业和酒店业。[①] 价格上涨的压力来自成本和需求因素的综合作用，包括全球大宗商品价格高涨、与供应有关的长期中断、美元兑林吉特汇率持续走强、国内食品供应和需求状况有所改善以及季节性因素等。

在国内经济复苏更加强劲的背景下，马来西亚的货币政策发生了一系列调整。从 2022 年 5 月开始，通过连续 4 次，隔夜政策利率（OPR）从 1.75% 的历史低点逐步上调至 2.75%。货币政策的关键是平衡——过度调整会对增长产生负面影响，而调整不足则可能导致通胀预期失控，对消费者的购买力和经济增长的可持续性产生破坏性影响。

五　劳动力市场

总体而言，2022 年马来西亚劳动力市场状况稳步改善，这得益于新冠疫情防控措施逐渐放宽、经济活动正常化和国境重新开放后所呈现的更强劲

---

① "Economic & Monetary Review 2022," 马来西亚央行，2023 年 3 月 29 日，第 11 页，https://www.bnm.gov.my/publications/emr2022。

的经济增长。就业状况改善，而失业率和就业不足率分别下降至3.9%（见表6）和1.3%（2021年为4.6%和2.1%）①。就业增长与2022年的劳动力扩张齐头并进，劳动力参与率超过疫情前的水平。尽管如此，妇女和青年等弱势群体仍存在就业问题。

表6 2017~2022年马来西亚部分劳动力市场指标

	2017年	2018年	2019年	2020年	2021年	2022年
就业（万人）	1445.9	1481	1512.6	1509.6	1529	1576.2
年度变化（%）	2.0	2.4	2.1	-0.2	1.3	3.1
失业率（占劳动力的百分比）	3.4	3.4	3.3	4.5	4.6	3.9
劳动力参与率（%）	67.8	68.4	68.9	68.4	68.5	69.3
裁员（人次）	35097	23168	29605	104432	63321	32683
非马来西亚公民就业（万人）	227.4	223.9	225.4	221.4	214.9	213.6

资料来源：马来西亚统计局、马来西亚人力资源部、马来西亚央行。

就业的增长主要由服务业推动，特别是批发和零售业及运输和仓储行业，分别受到消费和旅游相关活动的恢复及强劲出口的持续支持。制造业方面，出口导向型产业继续推动就业增长，特别是全球半导体需求强劲的电子部门。从技能角度来看，就业增长主要由零售商、旅游运营商和建筑工人等低技术劳工和半熟练工人（分别为7.7%和4.1%）推动。② 这些部门的高就业率增长也反映出，随着国境重新开放和对招聘移民工人的限制放宽，外籍劳工逐渐返回马来西亚境内。

私人部门的工资显著增长，2022年名义工资总额增长6.5%。服务业工资增长出现反弹（7.2%，2021年为-1.0%），主要归功于批发和零售、运输和仓储、信息和通信、专业服务等子行业的复苏，这些行业从消费者支出强劲反弹和国内旅游活动复苏中获得强有力的提振。制造业

---

① "Economic & Monetary Review 2022," 马来西亚央行，2023年3月29日，第29页，https://www.bnm.gov.my/publications/emr2022。

② "Economic & Monetary Review 2022," 马来西亚央行，2023年3月29日，第30页，https://www.bnm.gov.my/publications/emr2022。

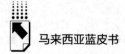

方面，工资增长 5.2%，主要受出口导向型产业带动，如机电和石化。与此同时，公共部门的工资增长略为温和，为 4.7%。与历史平均水平（2015~2019 年为 5.3%）相比，2022 年的工资总额增长高达 6.5%，这主要是由于自 2022 年第二季度以来经济活动回升，并进一步得到最低工资标准上调的支持。[①] 尽管如此，工资的增长速度超过了通胀，因此压低了实际工资。由于企业全年采取了各种提高效率的措施来应对劳动力短缺，因此与生产率的增长相比，工资增长也很低。

与 2021 年相比，2022 年经济活动的恢复使劳动力市场充满活力。截至 2022 年 12 月，马来西亚失业率维持在 3.9%，失业人数自 2020 年 3 月以来首次低于 60 万人。[②] 然而，新冠疫情后女性重返劳动力市场的速度缓慢，就业增长仍然低于男性，女性劳动力参与率（LFPR）仅为 55.5%，仍远低于其他一些东南亚国家（老挝为 74.8%，柬埔寨为 74%）。[③]

六　数字经济

在全球范围内，数字技术在促进增长、提升生产力、创造就业和实现减贫等诸多方面都发挥了关键性的作用。数字平台利用网络外部性、数据和颠覆性技术来提升市场效率、增加消费者福利，并提高企业生产力，而这也是马来西亚经济复苏的关键因素。数字经济是马来西亚增长最快的行业之一，仅在 2022 年第三季度就获得了 157 亿美元的投资。马来西亚的数字经济 2022 年同比增长 13%，商品总值（GMV）达到 210 亿美元。谷歌、淡马锡（Temasek）和贝恩公司（Bain & Company）联合发布的第七版《2022 年东

---

① "Economic & Monetary Review 2022," 马来西亚央行，2023 年 3 月 29 日，第 30 页，https://www.bnm.gov.my/publications/emr2022。

② 《马失业率维持 3.6%　疫后首次低于 60 万人》，〔马来西亚〕《星洲日报》2023 年 2 月 9 日，https://www.sinchew.com.my/20230209/马失业率维持-3-6-疫后首次低于 60 万人/。

③ 《统计局：性别差距指数降 0.7%　女性参政就业仍落后》，〔马来西亚〕《星洲日报》2022 年 11 月 29 日，https://www.sinchew.com.my/20221129/（有 1 表）统计局文告-2022 年大马女性特定领域赋权统/。

南亚数字经济报告》（e-Conomy SEA 2022）显示，电子商务部门在2022年上半年筹集了3.4亿美元，超过数字金融服务部门成为投资者的最爱。①

马来西亚也是东南亚数字化程度最高的国家之一，马来西亚统计局数据显示，2022年数字经济占该国GDP的22.6%，2021年则占23.2%，预计2025年将达到甚至超过25.5%，成为该国经济增长的主要驱动力之一。② 马来西亚出台的一系列政策文件强调了数字化对实现国家发展目标的重要性，包括《第12个马来西亚计划（2021~2025）》《马来西亚数字经济蓝图（2021）》《马来西亚金融行业蓝图（2022~2026）》《公共部门数字化战略计划（2021~2025）》等。

在新冠疫情期间，长期的行动限制导致互联网接入和使用扩大，加速了企业的数字化，特别是在数字平台的使用和数字支付方面，这是进入数字经济时代的一个关键切入口。虽然数字化发展迅速，但这种趋势在各企业之间并不同步。根据世界银行的调查，超过80%的大中型企业为数字解决方案投资，而对小型企业而言，这一比例仅为54%。③

马来西亚的政府服务数字化水平较高。在2022年，政府部门70%~90%的服务实现端到端（End to End，E2E）在线或完全数字化。在电子政务的几个方面，马来西亚与区域内的其他国家相比相对较好。然而，马来西亚在采用以公民为中心的数字解决方案方面落后于东南亚其他国家和高收入国家。④

---

① 《2022年东南亚数字经济报告》，谷歌，2022年10月27日，https：//economysea.withgoogle.com/report/。

② "Malaysia's Digital Economy to Contribute 22.6% to GDP, Create Half A Million Jobs by 2025," *The Star*, May 19, 2022, https：//www.thestar.com.my/business/business-news/2022/05/19/malaysia039s-digital-economy-to-contribute-226-to-gdp-create-half-a-million-jobs-by-2025.

③ "Malaysia Economic Monitor February 2023：Expanding Malaysia's Digital Frontier," 世界银行，2023年2月6日，https：//www.worldbank.org/en/country/malaysia/publication/malaysia-economic-monitor-february-2023-expanding-malaysia-s-digital-frontier。

④ "The State of Malaysia Digital Economy：Growth and Opportunity 2023," Twimbit, March 20, 2023, https：//twimbit.com/insights/the-state-of-malaysia-digital-economy-growth-and-opportunity-2023.

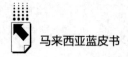
马来西亚的数字经济已经迅速改变了商业格局,不同行业都有显著的增长和投资。一方面,初创企业是推动数字经济发展的最前沿,以创新技术和新的商业模式来颠覆传统市场。目前,马来西亚有超过2000家初创企业,其中电子商务和市场平台占25%。2022年,马来西亚的初创企业在私人融资方面共筹集了6.65亿美元,其中电子商务和市场平台几乎占了一半。在这个领域表现突出的是Carsome,它筹集了高达2.9亿美元的资金。① 另一方面,金融服务是筹集资金的第二大部门,占私人融资总额的27%。电子商务和金融服务成为马来西亚数字经济的主要增长动力。这两个行业共占该国数字经济的90%。

马来西亚的电子商务主要集中在B2C交易方面,其商品交易总额已高达680亿林吉特。分析公司"全球数据"(Global Data)预测,马来西亚电子商务市场2022年将增长19.9%,价值达到92亿美元。② 在马来西亚,与其他东南亚国家一样,电商产生的大部分价值都来自第三方在线市场,其中国际巨头"虾皮"(Shopee)和"来赞达"(Lazada)处于领先地位。"虾皮"是马来西亚最大的综合电商平台之一。该平台拥有超过200万名带有"本地卖家"标签的卖家,覆盖了仓库和供应链,为消费者提供各种正宗的马来西亚制造产品。③ 尽管马来西亚的B2C电子商务市场规模惊人,但B2B电子商务市场在很大程度上仍未得到开发。它的规模只有B2C电子商务市场的一半。在大多数国家,它通常是B2C电子商务市场规模的两倍。这是因为马来西亚企业对数字技术的采用率很低,根据世界银行的数据,在马来西亚的企业中,数字技术大多被应用于前端的业务流程。只有

① "Malaysian Unicorn Carsome Raises $290 Million To Fund Southeast Asia Expansion Plans," Forbes, January 10, 2022, https://www.forbes.com/sites/simranvaswani/2022/01/10/malaysian - unicorn - carsome-raises-290-million-to-fund-southeast-asia-expansion-plans/? sh=2af8e7ae2c45.

② "Malaysia e-Commerce Market to Grow by 19.9% in 2022, Estimates Global Data," Global Data, October 26, 2022, https://www.globaldata.com/media/banking/malaysia-e-commerce-market-grow-19-9-2022-estimates-globaldata/.

③ 《Shopee马来站本地卖家超200万 新卖家业务规模增150%》,电商报,2022年3月22日,https://www.dsb.cn/180518.html。

约30%的企业在后端业务中采用了数字技术。商业机构的转型可以成为马来西亚数字经济的关键驱动力，因为它可以帮助企业优化内部流程和提高效率，开发新的商业模式，并推动创新，所有这些都可以促进数字经济的增长。①

数字金融服务部门是马来西亚数字经济的第二大部门，其增长主要由电子钱包交易推动，2022年共录得690亿林吉特的交易价值。马来西亚共有超过46家非金融机构获得央行许可，提供电子钱包手机应用程序。市场上较获得消费者青睐的电子钱包应用程序包括 Touch'n Go、Boost 及 GrabPay。②用户可以通过电子钱包支付享受许多有吸引力的激励措施，例如现金返还交易、折扣和积分，甚至可以领取政府的疫情援助金。在马来西亚政府的倡议计划下，e-Belia 2021 和 e-Pemula 2022 向所有 18~20 岁的青少年以及马来西亚高等教育机构的全日制本科生提供 150 林吉特的电子钱包资金。③

截至2022年底，马来西亚的 5G 网络已覆盖全国约50%人口稠密地区，覆盖人口约1500万人，涉及3900个基站，当全面落实之后将覆盖超过3000万人口。④ 第五代移动通信技术（5G）的运用可以促进马来西亚农村的数字经济发展。到2025年，农村电子商务市场规模有可能翻一番，从70亿林吉特增加到2025年的140亿林吉特。此外，5G在工业层面发挥着更重要的作用。政府预计70%的5G部署用于工业，以推动马来西亚的数字化转型。根据马来西亚统计局的统计数据，以及安永咨询公司的研究结果，到2030年，马来西亚实施5G技术可使国内生产总值增长5%

---

① "The State of Malaysia Digital Economy: Growth and Opportunity 2023," Twimbit, March 20, 2023, https://twimbit.com/insights/the-state-of-malaysia-digital-economy-growth-and-opportunity-2023.

② "How COVID-19 Shaped The E-Wallet Landscape in Malaysia," Oppotus, January 20, 2023, https://www.oppotus.com/how-covid-19-shaped-the-e-wallet-landscape-in-malaysia/.

③ "The State of Malaysia Digital Economy: Growth and Opportunity 2023," Twimbit, March 20, 2023, https://twimbit.com/insights/the-state-of-malaysia-digital-economy-growth-and-opportunity-2023.

④ 《马来西亚国家数字有限公司：5G网络已覆盖超50%》，《财经时报》2023年1月3日，https://businesstimescn.com/articles/600476.html。

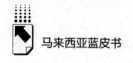
（1220 亿林吉特）。①

2023 年 2 月，马来西亚总理兼财政部长安瓦尔·易卜拉欣（Anwar Ibrahim）在宣布 2023 年财政预算案时指出，政府将成立特别部门改革机构（Special Task Force on Agency Reform，STAR），促进政府服务部门的技术和数字化改革。②政府还将通过在每一个州选区设立数字经济中心（Digital Economy Centre，PEDi）来提升小商家对新兴科技和电子商务的认知水平。另外，政府还推出了总值 1 亿林吉特的数字贷款项目，以供商家申请一对一补助，通过提升可持续性和数字化推动小型企业的增长和弹性提升。在农业方面，政府也通过数字经济发展局（MDEC）扩大数字农业科技（Digital AgTech）计划来训练小园主适应和应用科技。③未来继续以安瓦尔总理提出的"昌明大马"（Malaysia Madani）的可持续发展和创新愿景为指导，数字经济可以持续发挥力量，为马来西亚经济增长源源不断地注入动力。

七 展望

2022 年 11 月底，长期担任反对派领袖的安瓦尔·易卜拉欣宣誓就任马来西亚新总理。在 20 世纪 90 年代担任副总理兼财政部长期间，安瓦尔带领马来西亚实现了两位数的 GDP 增长，推动马来西亚崛起为"亚洲四小虎"之一。亚洲金融危机爆发后，他也在减缓危机蔓延等方面发挥了重要作用。他曾经的成绩和廉洁的表现让马来西亚人民充满信心，马来西亚人民希望马

---

① "Rangkaian 5G mampu memberdayakan ekonomi negara menjelang 2030," Januari 10, 2023, https：//belia. org. my/wp/2023/01/10/rangkaian－5g－mampu－memberdayakan－ekonomi－negara-menjelang-2030/.

② 《2023 预算案：设特别部门改革机构　推进政府服务部门技术和数码化改革》，〔马来西亚〕东方网，2023 年 2 月 24 日，https：//www. orientaldaily. com. my/news/nation/2023/02/24/548951。

③ 《郑荣信：财案数据以外的解读》，〔马来西亚〕东方网，2023 年 2 月 28 日，https：//www. orientaldaily. com. my/news/mingjia/2023/02/28/549610。

来西亚能够回到稳定的发展道路上，开辟更加繁荣美好的未来。

从全球经济的大背景来看，马来西亚央行预计2023年全球经济环境具有挑战性和不确定性，世界主要经济体的增长将继续疲软。然而，劳动力市场的韧性、供应链中断情况的缓解、中国的重新开放以及全球旅游活动的持续复苏，将促进全球经济增长。

全球通胀预计将有所缓和，原因是供应链中断情况缓解、大宗商品价格下跌和全球需求疲软。然而，由于大宗商品供应紧张，通胀可能会继续高于长期平均水平。通胀压力上升和货币政策的进一步调整，特别是一些发达经济体央行的货币政策调整，将继续给经济活动带来压力。这些调整将是2023年影响全球金融市场状况的主要因素。在此背景下，金融环境收紧和出口放缓将对新兴市场经济体产生溢出效应。[①]

地缘政治紧张局势的升级可能会扰乱全球贸易、供应链和大宗商品市场，甚至导致全球银行业的动荡，因此全球经济增长的风险倾向于下行。2023年的劳动力市场收紧和商品价格上涨，可能需要收紧货币政策来抑制通货膨胀。这可能使脆弱的新兴市场国家面临债务危机。此外，全球经济增长也可能存在上行风险，主要源于被压抑的需求强于预期，特别是在主要经济体中。[②]

马来西亚央行同时指出，在全球经济增长放缓所带来的挑战中，由于国内需求强劲，预计马来西亚经济将在2023年增长4.0%~5.0%。此外，对生活成本和投入成本上升及其对家庭和企业支出行为产生影响的持续担忧将加剧这些挑战。尽管如此，劳动力市场状况的进一步改善、多年期投资项目的继续落实以及旅游活动的增加，特别是中国出境游的恢复，预计将支持私人消费和投资增长。

在全面解除新冠疫情封控措施、出口（尤其是大宗商品出口）增长强

---

① "Economic & Monetary Review 2022," 马来西亚央行，2023年3月29日，第72页，https://www.bnm.gov.my/publications/emr2022。

② "Economic & Monetary Review 2022," 马来西亚央行，2023年3月29日，第12页，https://www.bnm.gov.my/publications/emr2022。

劲、旅游活动复苏,以及持续的政策支持的背景下,2022 年马来西亚的 GDP 录得 8.7% 的增长。马来西亚央行根据对其他经济体的观察,随着全球贸易活动更为疲弱,预计 2023 年出口额将温和增长 1.5%,而进口额增长可能在 2023 年放缓至 1.1%。消费和旅游相关次领域的持续扩张将推动增长,而出口导向型次领域,预计将随着全球增长减速而放缓。同时,供应链中断的情况好转和劳动力短缺问题的解决,也将为所有经济活动提供支持。服务业预计在 2023 年增长 5.0%,其次是制造业(4.0%)、农业(0.7%)、建筑业(6.3%),以及采矿业(2.0%)。①

2023 年马来西亚的下行风险主要源于外围因素,尤其是货币政策收紧或信心走低,将连带全球金融市场急剧收紧,导致全球增长低于预期。此外,地缘政治冲突的进一步升级,可能会削弱该国的贸易表现。此外,高于预期的通胀将降低家庭的购买力,而投入成本的急剧上升或许会影响企业的利润。马来西亚央行指出,优于预期的劳动力市场状况、旅游业活动的强劲复苏,以及项目的实施,包括 2023 年 2 月重新提交的 2023 年财政预算案中所提及的项目,将为国内增长前景带来上升动力。

根据世界银行发布的 2023 年 2 月马来西亚经济监督报告,在外部需求预期放缓的情况下,预计 2023 年马来西亚的经济增长约为 4.0%。基于原油价格放缓,世界银行预计马来西亚政府收入将在 2023 年继续呈下降趋势。由于需求和成本压力犹存,整体通胀和核心通胀预计在 2023 年将放缓,但仍处于较高水平。现有物价控制和燃料津贴以及尚未使用的产能,将继续局部抑制通胀上行风险。马来西亚央行通过 2023 年 3 月发布的货币政策声明表示,通胀前景的风险平衡倾向上行,且高度取决于津贴政策、物价管控,以及全球大宗商品价格走势。就目前利率水平而言,货币政策立场仍然是宽松的,并可支撑经济增长。② 鉴于货币政策对经济的滞后效应,马来西亚央

<hr>

① 《国行:大马今年经济料增 4% 至 5%》,〔马来西亚〕东方网,2023 年 3 月 29 日,https://www.orientaldaily.com.my/news/business/2023/03/29/556171。

② 《国行维持 2.75% 利率》,〔马来西亚〕东方网,2023 年 3 月 9 日,https://www.orientaldaily.com.my/news/business/2023/03/09/551792。

行指出，货币政策委员会依然对物价因素保持警惕，包括可影响通胀前景的金融市场发展。此外，市场变化及其对马来西亚国内通胀和经济增长前景的影响，将左右货币政策的调整幅度。货币政策委员会将持续调整货币政策，让国内通胀风险和持续性的经济增长变得更加平衡。[①]

此外，马来西亚央行预计 2023 年马来西亚劳动力市场状况将进一步改善，为家庭支出提供动力。2022 年就业的强劲增长预计将在 2023 年得以延续。然而，这一速度可能会放缓，更接近长期平均水平，反映出劳动力市场的正常化。在旅游相关活动的持续复苏与一些制造商和零售商的扩张计划的支持下，劳动力需求将继续增加。[②]

---

① "Monetary Policy Statement," 马来西亚央行，2023 年 3 月 9 日，https：//www. bnm. gov. my/-/monetary-policy-statement-09032023。

② "Economic & Monetary Review 2022," 马来西亚央行，2023 年 3 月 29 日，第 65 页，https：//www. bnm. gov. my/publications/emr2022。

B.4

2022年马来西亚外交形势

〔马来西亚〕蓝中华*

摘　要： 2022 年，时任总理伊斯迈尔·沙必里在应对与大国关系时秉持平衡接触政策，一方面积极寻求加入美国主导的"印太经济框架"以获得更多贸易优惠，另一方面拒绝在乌克兰危机问题上谴责和孤立俄罗斯，不愿明确表示加入日本倡导的"自由与开放的印太"构想，与中国关系逐渐升温。2022 年 11 月举行全国大选后，2023 年 3 月，新总理安瓦尔实现了首次访华，倡导与中国共建亚洲货币基金，以摆脱对美元的依赖。马来西亚还加强与东盟和伊斯兰世界的外交往来，同时继续反对澳英美建立的三边安全伙伴关系"奥库斯"（AUKUS）。

关键词： 伊斯迈尔·沙必里　安瓦尔　中马关系　马美关系　"奥库斯"

2020 年以来，因新冠疫情的肆虐，马来西亚实施了约两年的经济、交通和社会封锁措施，随着 2022 年新冠疫情趋缓，政府松绑了诸多封锁措施，而停摆了约两年的对外交流工作也得以恢复。后疫情时代马来西亚的外交工作主要围绕推动疫苗互相认证和出入境安排，以及延续或重启已停摆约两年的对外交流方面展开。2022 年，马来西亚除了要应对延续的缅甸政局变动，还要应对乌克兰危机、中美博弈、与东盟和伊斯兰世界的关系，以及吉隆坡日渐关注的国际人权议题。此外，马来西亚在 2022 年 11 月经历了第十五届

* 蓝中华（Lam Choong Wah），博士，马来亚大学国际与战略研究系高级讲师，主要研究方向为马来西亚外交和国防发展、南海主权争议、议会与国际事务关系。

全国大选，执政约 15 个月的第九任总理伊斯迈尔·沙必里于 11 月下台，来自在野党的安瓦尔当选第十任总理。尽管政权更迭没有导致外交政策出现颠覆性转变，但代表马来民族政党联盟的伊斯迈尔·沙必里政府与代表多元民族政党联盟的安瓦尔团结政府，肯定在施政方针方面会有不同点，这也会反映在马来西亚外交政策中。本报告将根据从内政至对外的主轴阐述 2022 年马来西亚外交行为的主要特点。

一　国内政治对外交政策及其实施的影响

回顾历史，2020 年 3 月，国民联盟（国盟）打着"成立真正的马来人政府"和"马来人大团结"的口号取代希望联盟（希盟）政府上台执政。执政后其政治论述走向保守化和去多元化，当时国盟内阁部长以马来人和土著为主，仅有两位非穆斯林土著部长。2021 年 8 月，伊斯迈尔·沙必里取代穆希丁成为第九任总理，其并无改变联邦政府日渐保守化和去多元化的趋势，毕竟无论是穆希丁还是伊斯迈尔，两者均是依靠着"马来人大团结"的意识形态获得权力的。再者，由于伊斯迈尔·沙必里政府在国会下议院仅掌握微弱多数席位，其政权稳固性饱受质疑。为了稳固政权，伊斯迈尔·沙必里将执政重心放在国内政治上，以争取政治基本盘，即马来选民的支持。由此逻辑延伸出来的是，伊斯迈尔·沙必里总理打破了过去 60 多年来的马来西亚外交传统，在国际重要外交场合放弃使用英语，而以马来语发言。他此举是为了向国内马来选民展示其捍卫马来民族文化的努力，进而达到巩固其马来领袖地位的目的。

伊斯迈尔·沙必里在 2022 年 2 月对柬埔寨和泰国展开官方访问时，就首次使用了马来语。2022 年 5 月，伊斯迈尔·沙必里访问华盛顿，其在出席在白宫举办的东盟-美国峰会、与拜登总统举行马美双边会晤时，也是使用马来语交谈的。[①] 9 月，伊斯迈尔·沙必里总理在出席第 77 届联合国大会

---

① "Successful Four-Day Working Visit to US, Says PM Ismail Sabri," *New Straits Times*, May 14, 2022.

时，没有使用英语，而是使用马来语进行了 22 分钟主旨演讲。① 在出席联合国大会之前，伊斯迈尔·沙必里曾说，政府向来贯彻在国际层面提升马来语使用率的政策，且政府于 2021 年推介的外交政策框架也指明了提升马来语的使用率是优先项目之一。② 伊斯迈尔·沙必里指出，马来西亚拟在所有国内外官方场合使用马来语，甚至未来会提议将马来语列为东盟第二官方语言。③ 伊斯迈尔·沙必里在联合国和白宫使用马来语发言并非没有引起国内的非议。反对意见认为，毕竟马来西亚只是一个小国，若要让其他国家聆听到吉隆坡的声音就最好使用国际通用的英语，但是伊斯迈尔坚持使用马来语。

安瓦尔于 2022 年 11 月成为新任总理后，其组织的团结政府在国会下议院掌握着接近三分之二多数席位，相比伊斯迈尔·沙必里政府，有更好的政治环境。同时，安瓦尔的团结政府代表多元民族政党联盟，这使他没有动机去推动具有马来民族主义的国内外政策。安瓦尔就任后就积极展开对外访问，并回归传统，在外交场合使用英语进行交流。

二 马来西亚的大国外交政策

（一）中马关系逐步回暖

中马关系的热度自希盟政府于 2020 年 2 月垮台后，就呈下滑状态。2020 年 3 月至 2022 年 11 月上台执政的穆希丁政府和伊斯迈尔·沙必里政府都是仅以国会下议院微弱多数席位执政的，两届政府均将执政焦点放在巩固自身的执政合法性上，加之新冠疫情肆虐和两位领导人缺乏外交经验，其没有把对华外交当成重要工作。

---

① "Bahasa Melayu Used for the First Time in UN HQ," *New Straits Times*, September 24, 2022.

② "Bahasa Melayu Used for the First Time in UN HQ," *New Straits Times*, September 24, 2022; *Focus in Continuity: A Framework for Malaysia's Foreign Policy in A Post-Pandemic World*, Malaysian Ministry of Foreign Affairs, 2021, p. 28.

③ "Martabatkan Bahasa Melayu dalam Setiap Urusan Rasmi Negara-Ismail Sabri," *Berita Harian*, Februari 26, 2022.

2022 年是马来西亚从新冠疫情中复苏的一年，与中国的外交交流在此年开始热络起来，但是受疫情影响，两国之间的人员往来陷入几乎停顿的状况。在此之前，马来西亚外长赛夫丁·阿卜杜拉于 2021 年 12 月访华，并与中国国务委员兼外长王毅共同主持"中马合作高级别委员会首次会议"。这是中马两国建立的新磋商机制，旨在为两国外交部门提供就贸易与投资、科技、数字经济、大宗商品与农业经济、卫生外交、文化外交、教育、旅游、区域与国际发展局势等问题磋商和讨论的平台。① 在此基础上，中国国务委员兼外长王毅于 2022 年 7 月回访马来西亚，此行的重点是筹备即将于 2023 年举行的庆祝中马全面战略伙伴关系建立 10 周年和2024 年庆祝两国建交 50 周年的活动。同时，马来西亚最高元首正式邀请中国国家主席习近平访马，习近平主席最近一次访问马来西亚是在 2013 年。②

2022 年 11 月，希盟主席安瓦尔当选总理，而霹雳州前州务大臣赞比里受委为新任外长。上任 12 天后，赞比里代表新政府与中国国务委员兼外长王毅举行视频会晤。除了强调加强两国的建设性接触和两国人员往来外，赞比里指出，"马方期待同中方加强文明交流互鉴，促进伊斯兰文明与儒家文化间的沟通对话"③。安瓦尔政府拟提倡国际文明对话，恰逢中国国家主席习近平于 2023 年 3 月 15 日提出"全球文明倡议"④。如果中马两国愿在推动国际文明对话方面合作，这将为两国关系注入新的和重要的共同元素，即促进全球不同文明之间的谅解。2023 年 3 月底，安瓦尔作为政府总理首次访华，取得了丰硕的成果，并与中国国家主席和总理展开亲切的会晤。除了见证中马企业签署 19 项价值 1700 亿林吉特的谅解备忘录，他也向习近平主

① *Official Visit of the Honourable Dato' Saifuddin Abdullah Minister of Foreign Affairs of Malaysia to The People's Republic of China 3 - 4 December 2021*, Malaysian Ministry of Foreign Affairs, December 3, 2021.

② "King Grants Audience to Chinese Foreign Minister Wang Yi," *Malay Mail*, July 12, 2022.

③ 《王毅同马来西亚外长赞比里视频会晤》，中华人民共和国外交部，2022 年 12 月 14 日，https://www.mfa.gov.cn/wjbzhd/202212/t20221214_ 10990482. shtml。

④ 《习近平出席中国共产党与世界政党高层对话会开幕式并发表主旨讲话》，《人民日报》官方微博，2023 年 3 月 15 日，https://weibo.com/ttarticle/p/show? id = 2309404879655214 907699。

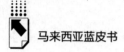
席提出成立亚洲货币基金的倡议，以减少对美元的依赖和降低汇率不稳定带来的风险。① 在访华期间，安瓦尔向中国国家领导人提及南海主权争议问题，表明马来西亚对与中国展开谈判保持开放的态度。值得一提的是，在访华之前，安瓦尔向来被媒体称为一位亲美的马来西亚领导人，但访华后安瓦尔摆脱了"亲美"标签，甚至让中马关系回暖。

（二）马美关系持续发展

马来西亚与美国的关系热度在 2022 年不仅获得维持，而且在经贸合作方面有新发展，例如马来西亚政府毫不掩饰积极参与和融入美国主导的"印太经济框架"的意愿。当今美国寻求与中国在科技领域脱钩的企图日益明显，尤其是在半导体供应链方面摆脱"中国制造"成为美国商务部的关切点。为了推进与中国在科技上脱钩，美国在全球寻找和打造取代中国的半导体制造商和供应链，占据全球半导体封测市场13%的马来西亚成为美国争取的对象。② 2021 年 11 月，美国商务部长雷蒙多专程访马，亲自考察马来西亚的半导体封测企业和车间，并与时任国际贸工部长阿兹敏·阿里会晤，探讨签署"半导体供应链弹性合作备忘录"的事宜。③ 6 个月后，雷蒙多的努力转化为成果，马来西亚与美国签署了《美马半导体供应链弹性合作备忘录》，预示着马来西亚加入了美国主导的新半导体供应链。④

此外，马来西亚于 2022 年 9 月参加在华盛顿举办的"印太经济框架"部长级会议。国际贸工部长阿兹敏·阿里指出，马来西亚积极加入"印太经济框架"并成为创始成员国，是为了争取让美国取消施加在马国部分产

---

① "Anwar：Malaysia, China to Discuss'Asian Monetary Fund'to Cut Dollar Dependency," The Edge Markets, April 4, 2023.

② "Chip Industry Outlook Remains Bright, Says Expert," *The Star*, February 14 , 2023.

③ *Joint Statement by U. S. Secretary of Commerce Gina Raimondo and Malaysian Senior Minister of International Trade and Industry Mohamed Azmin Ali*, U. S. Department of Commerce, November 18, 2021.

④ "US, Malaysia Ink Memorandum of Cooperation to Strengthen Semiconductor Supply Chain Resilience," Bernama, May 11, 2022.

品上的暂扣令（Withhold Release Orders），获得美方的投资，以及获得美国对其重要经济体地位的承认。① 美国主导的半导体供应链和"印太经济框架"，是美国针对中国的"一带一路"倡议和没有美国参与的《区域全面经济伙伴关系协定》（RCEP）的回应。马来西亚积极加入排除中国的美国经济圈，可能会引起中国的疑虑。阿兹敏·阿里在回应中表示，尽管中国不在"印太经济框架"内，但马来西亚与中国在其他平台上已有很好的经济联系，如《区域全面经济伙伴关系协定》和中国正在申请加入的《全面与进步跨太平洋伙伴关系协定》（CPTPP）。同时，正在谈判中的中国-东盟自由贸易协定定案后，将加强东盟与中国的经济联系。②

美国拉拢马来西亚加入"印太经济框架"，是为了加强这个排除中国的经济圈，但马来西亚的加入并不针对中国，而是为了寻求更多的经济利益，这一点可从新任国际贸工部长东姑·扎夫鲁的谈话中看出。2023年2月，美国贸易代表戴琪访马以推进"印太经济框架"。戴琪表示，"美国认为'印太经济框架'的成果应是务实和具有前瞻性的，毕竟这不是传统的贸易协议"③。东姑·扎夫鲁在回应戴琪时表示，"'印太经济框架'概述出在印太地区实现共同贸易与投资目标的具体成果，是至关重要的"。言下之意是马来西亚要求美国在促进贸易和投资方面做出更多具体的解说。④

在政治层面，总理伊斯迈尔·沙必里于2022年两次访美。第一次访美

① "Malaysia Hails US-led IPEF as Good Platform to End Export Bans," Malaysia Now, September 9, 2022.

② Penyata Rasmi, Dewan Rakyat Parlimen Keempat Belas Penggal Kelima Mesyuarat Ketiga, Parlimen Malaysia, Oktober 6, 2022, p. 18.

③ The Bilateral Meeting Between YB Minister MITI with H. E. Ambassador Katherine Tai, The United States Trade Representative (USTR): United States Trade Representative (USTR) and MITI Minister Reaffirm Commitment to Strengthen Malaysia-US Bilateral Economic Ties, Malaysian Ministry of International Trade and Industry, February 16, 2023.

④ The Bilateral Meeting Between YB Minister MITI with H. E. Ambassador Katherine Tai, The United States Trade Representative (USTR): United States Trade Representative (USTR) and MITI Minister Reaffirm Commitment to Strengthen Malaysia-US Bilateral Economic Ties, Malaysian Ministry of International Trade and Industry, February 16, 2023.

是出席第二次东盟-美国峰会，马美发表的联合声明指出，双方将在经济复苏、加强经济合作、促进海事合作、促进人员往来、支持次区域发展、利用科技与促进创新、应对气候变化、维护和平与建设信任等领域进行广泛的合作。在促进海事合作方面，美国愿意帮助东盟增强海上执法力量，以应对非法、未报告和无管制的捕捞活动。第二次访美是9月伊斯迈尔·沙必里率团出席第77届联合国大会，其在大会上发表了主旨演讲，但没有与美国总统会晤。在演讲中，他要求联合国进行改革以废除否决权、建立国际货币合作机制、协助发展中国家应对气候变化和为巴勒斯坦寻求正义。①

在伊斯迈尔·沙必里两次访美之间，美国众议院议长佩洛西对马进行首次官方访问。伊斯迈尔·沙必里表示，在他于5月完成对美访问后，佩洛西就来马访问，这巩固了美国与马来西亚的关系，也让马来西亚与美国更亲近。② 除了佩洛西访马，美国国务卿布林肯于2021年访马一次，并于2022年与马外长举行3次电话会议。马美高级官员之间的频繁联系，维持了马美的政治关系。

（三）马日关系稳步发展

马来西亚与日本2022年的双边关系发展以日本前首相安倍晋三访马为开局。当时安倍晋三是以日本首相岸田文雄的特使身份访马的，除了转达岸田文雄的特别信息，安倍晋三访马是为了庆祝马来西亚"向东学习"政策实施40周年和马日建交65周年。通过"向东学习"政策，马来西亚从日本学习到先进的科学技术和人力资源培养方法。同时，马日双边贸易于2021年达到了360亿美元，日本是马来西亚第四大贸易伙伴，同时是其最大的投资国，截至2021年12月，日本对马投资了276亿美元。安倍晋三访

---

① "Ucapan Perdana Menteri Ismail Sabri Yaakob di Perhimpunan Agung Pertubuhan Bangsa-Bangsa Bersatu（UNGA）ke - 77," Bernama's Facebook Page, September 24, 2022, https：// www. facebook. com/bernamaofficial/posts/pfbid0fGGsmAEDzdnSKs7BPTDpL5Ky1cGArcEd1rMkp TzbtSZdT9jr4Y5B4JHgE2Kuyi8Bl.

② "Malaysia, AS terus pererat Kerjasama," *Harian Metro*, Ogos 9, 2022.

马期间，马来西亚最高元首苏丹阿卜杜拉亲自向安倍晋三颁授政治经济学荣誉博士学位。①

2022年5月，马来西亚总理伊斯迈尔·沙必里访问日本，以庆祝马日建交65周年和"向东学习"政策实施40周年。日本首相岸田文雄在与伊斯迈尔·沙必里举行双边政府首脑会议时强调，日本坚决反对单方面改变东海和南海现状，谴责俄罗斯违反了《联合国宪章》《东盟宪章》，愿与马在海事安全方面进行合作，同时洽商推动"自由与开放的印太"构想。对于这些事项，伊斯迈尔·沙必里没有做出具体的回应，但伊斯迈尔指出，马来西亚愿与日本维持和加强基于法治的自由和开放国际秩序，相互协调应对联合国改革、朝鲜半岛问题和缅甸危机，以及针对美国推动的"印太经济框架"交换意见。在双边合作方面，伊斯迈尔已指示官员处理在马来西亚开办筑波大学分校的事宜，以及愿意加深马日战略伙伴关系。②

2022年10月，日本外相林芳正访马以跟进马日政府首脑会议所讨论的事项，林芳正重申，坚决反对单方面使用武力改变以规则为基础的东海和南海现状，重视维持与加强自由和开放国际秩序以及应对经济胁迫。马日外长共同表示，确定双边合作的重要性，如共同与第三国展开海事安全训练，以及加强安全合作。马来西亚实施"向东学习"政策已有40年，双方同意加快推动日本筑波大学在马来西亚开设分校。对于日方一直关注的维持南海现状等问题，马来西亚外长仅愿意与日方展开意见交流，没有给予任何实质性回应。马日达成共识的领域有实施《全面与进步跨太平洋伙伴关系协定》、推动缅甸和平进程、核裁军和核不扩散、加强联合国及其安全理事会改革，筹办庆祝东盟-日本友好合作50周年活动等。③

在安瓦尔于2022年11月当选为第十任总理后，日本首相岸田文雄发出

---

① *Malaysia menerima Lawatan Khas TYT Shinzo Abe, Mantan Perdana Menteri Jepun 10 - 12 Mac 2022*, Malaysian Ministry of Foreign Affairs, Mac 11, 2022.

② *Japan-Malaysia Summit Meeting*, Ministry of Foreign Affairs of Japan, May 27, 2022.

③ *Japan-Malaysia Foreign Ministers' Meeting and Meeting with H. E. Dato' Seri Mohamed Azmin Ali, Senior Minister and Minister of International Trade and Industry*, Japanese Ministry of Foreign Affairs, October 9, 2022.

贺电，重申日方冀望与马方合作推动实施"自由与开放的印太"构想。① 新外长赞比里就任。在日本政府通过新版《国家安全保障战略》后，日本外相林芳正于 12 月 22 日与赞比里举行了电话会议，讨论日方向马方寻求稳定的液化天然气供应、经济和安全领域合作的事宜。对日方坚持推动的"自由与开放的印太"构想，马日外长仅进行交换意见。对于推动筑波大学在马开设分校、推动缅甸和平进程、维持东海和南海现状、乌克兰危机、朝鲜核武和导弹试验、核裁军和核不扩散、加强联合国及其安全理事会改革等议题，双方表示将进行合作。②

（四）与英澳新和"奥库斯"关系

2022 年，马来西亚最高元首对英国进行的两次特别访问成为当年的外交焦点。其实，最高元首苏丹阿卜杜拉曾于 2021 年 9 月访问英国，加上 2022 年的两次访问，苏丹阿卜杜拉创下在约 1 年时间连续访问英国 3 次的纪录。2021 年 9 月，苏丹阿卜杜拉对英国进行特别访问，主要是巩固两国君主之间的联系。③ 2022 年 9 月，英女王病故，苏丹阿卜杜拉出席英国女王伊丽莎白二世国葬。10 月，苏丹阿卜杜拉再次访问英国，与英国新国王查尔斯会晤，双方进行了友好的交流。④

除了王室外交外，澳大利亚、英国和美国积极推动三边安全伙伴关系"奥库斯"（AUKUS）也是 2022 年的热门议题。澳大利亚、英国和美国于 2021 年 9 月宣布建立三边安全伙伴关系"奥库斯"，英美计划为澳大利亚提供建造 8 艘核

---

① *Congratulatory Message from Prime Minister Kishida to Prime Minister of Malaysia Anwar*, Japanese Ministry of Foreign Affairs, November 25, 2022.

② *Japan-Malaysia Foreign Ministers' Telephone Talk*, Japanese Ministry of Foreign Affairs, December 22, 2022.

③ *Lawatan Khas oleh KDYMM Seri Paduka Baginda Yang Di-Pertuan Agong Al-Sultan Abdullah Ri'Ayatuddin Al-Mustafa Billah Shah Ibni Almarhum Sultan Haji Ahmad Shah Al-Musta'in Billah Dan KDYMM Seri Paduka Baginda Raja Permaisuri Agong Tunku Hajah Azizah Aminah Maimunah Iskandariah Binti Almarhum Al-Mutawakkil Alallah Sultan Iskandar Al-Haj ke United Kingdom Bermula 17 Hingga 27 September 2021*, Malaysian Ministry of Foreign Affairs, September 17, 2021.

④ "Al-Sultan Abdullah bertemu Raja Charles III di London," *Kosmo*, Oktober 13, 2022.

动力潜艇的技术。"奥库斯"协议内容引起了东盟国家的反弹，特别是印尼和马来西亚。为了缓解马来西亚对"奥库斯"的担忧，澳大利亚政府派遣特使戴维·约翰斯顿海军中将访马，以及让国防部长彼德·达顿与马来西亚时任国防部长希沙慕丁举行电话会议。随后澳大利亚外交部长玛丽斯·佩恩和英国外交大臣特拉斯前后于11月上旬对马来西亚进行了特别访问。

关于"奥库斯"，时任国防部长希沙慕丁指出，马来西亚的立场是避免被卷入大国的地缘政治斗争，马来西亚向来坚持贯彻东南亚是和平、自由和中立区的原则，澳大利亚应该尊重此原则，以及马来西亚政府依据《联合国海洋法公约》《东南亚无核武器区条约》处理核动力潜艇在该国海域运作的原则。关于战舰和核动力潜艇拟进入马来西亚海域、在马港口停靠或与马举行联合演习的问题，希沙慕丁指出，马来西亚政府贯彻的政策有两点，一是个案审核，二是必须得到国防部长的特别批准。①

"奥库斯"建立约1年后，马来西亚维持一贯的立场，继续在公开外交场合反对"奥库斯"。2022年3月，防长希沙慕丁指出，马来西亚已在东盟国防部长非正式会议（ADMM Retreat）上提出了"奥库斯"问题。② 10月，时任马来西亚副外长卡马鲁丁·贾法尔重申马来西亚是不结盟运动的成员国，仍秉持1955年"万隆精神"10项原则。③ 2023年3月，外交部称马来西亚感激澳英美提前告知其有关"奥库斯"的最新进展和远景目标，但吉隆坡对"奥库斯"维持一贯的立场，并要求各方自我克制，勿采取可能引发军备竞赛和危害本区域和平及安全的行为。④

---

① *Penyata Rasmi Parlimen : Dewan Rakyat*, *Parlimen Keempat Belas Penggal Keempat Mesyuarat Pertama*, Bil. 17, Parlimen Malaysia, Oktober 12, 2021, p. 2, http：//parlimen. gov. my/files/hindex/pdf/DR-12102021. pdf.

② *Jawapan-Jawapan Bagi Pertanyaan-Pertanyaan Jawab Lisan Yang Tidak Dijawab Di Dalam Dewan*, Parlimen Malaysia, Mac 7, 2022, http：//parlimen. gov. my/files/jindex/pdf/JDR07032022. pdf.

③ *Penyata Rasmi Parlimen : Dewan Rakyat*, *Parlimen Keempat Belas Penggal Kelima Mesyuarat Ketiga*, Bil. 29, Parlimen Malaysia, Oktober 3, 2022, pp. 25–28, http：//parlimen. gov. my/files/hindex/pdf/DR-03102022. pdf.

④ *Enhanced Trilateral Security Partnership Between Australia*, *The United Kingdom and The United States of America*（*AUKUS*）, Malaysian Ministry of Foreign Affairs, March 14, 2023.

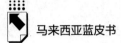

马来西亚对"奥库斯"采取反对的立场，对其和英国、澳大利亚、新西兰、新加坡组成的"五国联防"却采取支持和全力配合的态度。2022年6月，希沙慕丁表示中美在南海的博弈导致局势紧张，而"五国联防"协助成员国避免卷入"意外事故"，如果局势恶化和即将失控，"五国联防"将是马来西亚可用以应对事件走向失控的机制。① 10月，"五国联防"在新加坡举行"苏曼保护者"联合军演，来自五国的261名官兵参与了演习。②

关于马来西亚与新西兰和澳大利亚的双边关系，新西兰外交部长马胡塔于2022年8月对马进行工作访问，两国讨论的优先事项之一是探索适合的双边机制以加强联系，双方还探讨了与土著社区相关的合作事宜。③ 2023年2月，澳大利亚外长黄英贤访马以巩固两国的全面战略伙伴关系，双方讨论了东盟、缅甸和"奥库斯"等问题。同时，双方将在全面战略伙伴关系框架下举行第二次年度领导人会议和第五次年度外长会议。④

在与英联邦的关系上，马来西亚于2022年3月积极参与庆祝英联邦成立73周年活动。时任总理伊斯迈尔·沙必里委派外长赛夫丁·阿卜杜拉出席在卢旺达举办的英联邦政府首脑会议。会议通过了3份文件，即《基加利儿童保护和照顾改革宣言》《英联邦居住用地宪章：英联邦生活用地行动呼吁（CALL）》《可持续城市化宣言》。⑤ 2023年3月，马来西亚庆祝英联邦成立74周年，2023年的主题是"打造永续及和平的共同未来"，强调国际社会必须一起合作以达至永续增长和应对后疫情时代挑战。⑥

---

① "FPDA Countries Say They Want to Give 50-year-old Defence Pact 'Modern Relevance'," Channel News Asia, June 11, 2022.

② "Panglima Tentera Darat Malaysia hadiri Persidangan Panglima Angkatan Tentera FPDA Ke-21," Buletin TV3, Oktober 11, 2022.

③ Working Visit of Her Excellency the Hon. Nanaia Mahuta Minister of Foreign Affairs of New Zealand to Malaysia 6-9 August 2022, Malaysian Ministry of Foreign Affairs, August 6, 2022.

④ YB Dato' Seri Diraja Dr. Zambry Abd Kadir to Host the Working Visit of the Minister for Foreign Affairs of Australia Senator the Hon. Penny Wong 27-28 February 2023, Malaysian Ministry of Foreign Affairs, February·27, 2023.

⑤ "Foreign Minister Saifuddin to Attend 26th CHOGM in Rwanda," The Star, June 21, 2022.

⑥ Malaysia Celebrates Commonwealth Day 2023, Malaysian Ministry of Foreign Affairs, March 13, 2023.

三 马来西亚与东南亚国家及东盟关系

东盟是马来西亚的首要外交支柱，随着新冠疫情趋缓，2022年初马来西亚解除出访限制措施，马来西亚外交官和总理立即积极出访东盟各国和接待来访的外国政府显要，以延续因疫情打击而停摆的外交工作。2022年2月中旬，总理伊斯迈尔·沙必里首先对文莱展开官方访问，这也是他自2021年8月就任总理以来首次与其他东盟国家领袖进行面对面会晤，访问目的主要是让两国领袖互相熟悉对方和讨论后疫情时代的疫苗认证和出入境安排事宜。① 2月下旬，伊斯迈尔·沙必里对柬埔寨和泰国进行官方访问，马柬和马泰双边政府首脑会议聚焦在后疫情时代的疫苗认证和出入境安排，以及关于东盟的合作、共同关心的区域及国际问题上。② 接着，伊斯迈尔·沙必里于3月下旬出访越南，与越共中央总书记、越南国家主席、越南政府总理和国会主席会晤。马越在司法、劳工、外交培训和官方媒体领域达成了共同合作的协议，并检讨《2021—2025年马越战略伙伴关系行动计划》的执行进展情况。③

2022年6月中旬，马来西亚外长赛夫丁·阿卜杜拉出席在印度举行的东盟-印度外长特别会议，东盟与印度在会议上商讨加强印太合作，而赛夫丁·阿卜杜拉也与印度外长进行双边会晤。赛夫丁说，马来西亚与东盟相信可持续的世界和平是基于多极而不是两极的框架，而与印度合作很重要，特别是在区域贸易合作领域。④ 11月举行的东盟峰会恰逢马来西亚国会解散和

---

① *Official Visit of YAB Dato' Sri Ismail Sabri Yaakob Prime Minister of Malaysia to Negara Brunei Darussalam 14-15 February 2022*, Malaysian Ministry of Foreign Affairs, February 13, 2022.

② *Official Visits of the Prime Minister of Malaysia YAB Dato' Sri Ismail Sabri Yaakob to the Kingdom of Cambodia and the Kingdom of Thailand 23-26 February 2022*, Malaysian Ministry of Foreign Affairs, February 23, 2022.

③ *Joint Press Statement Between the Socialist Republic of Vietnam and Malaysia (20-21 March 2022)*, Malaysian Ministry of Foreign Affairs, March 21, 2023.

④ "'India Respects ASEAN Way of Doing Things,' Says Saifuddin," *The Star*, June 19, 2022.

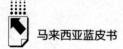

进行全国大选，整个看守内阁和总理伊斯迈尔·沙必里忙着竞选事务，这促使政府决定委派官职级别不亚于部长的国会下议院议长爱资哈尔代表总理出席年度东盟峰会。① 爱资哈尔在峰会上发言时指出，马来西亚呼吁"东盟+3"成员国继续推动以规则为基础的多边贸易体系，并利用现有的自由贸易协定和《区域全面经济伙伴关系协定》。② 在东盟-中国峰会上，爱资哈尔表示，鉴于自 2020 年起，中国和东盟互相是对方最大的贸易伙伴，马来西亚敦促东盟与中国进行更深入的经济合作，支持经济自由化和多边贸易体系，并期待中国-东盟自由贸易协定升级和《区域全面经济伙伴关系协定》获得全面落实。③

2022 年 12 月，新外长赞比里出席在比利时举办的东盟-欧盟纪念峰会，代表马来西亚与欧盟签署《欧盟-马来西亚伙伴关系与合作协定》，为马欧双边自由贸易协定的谈判奠定基础。④ 新总理安瓦尔就任后，就展开密集的东盟穿梭外交。2023 年 1 月上旬，安瓦尔选择了马来西亚最大的邻国印尼为首个出访国，鼓励马各行各业参与印尼新首都建设是马印领导人会晤的关键议题。关于参与建设新首都事宜，两国领导人见证了马企业移交 11 份意向书的仪式，以及 8 项价值 11.6 亿林吉特的谅解备忘录签署仪式。⑤ 1 月下旬，安瓦尔对文莱展开官方访问，马文领导人的会晤议题主要为检讨双边合作进展情况和探索新合作领域，特别是可以惠及两国的贸易和投资。⑥ 1 月底，安瓦尔对新加坡展开官方访问，以加大马新在数字安全、

① "More Effective International Monetary Mechanism Needed, Malaysia Tells ASEAN Partners," *The Malaysian Reserve*, November 13, 2022.

② "More Effective International Monetary Mechanism Needed, Malaysia Tells ASEAN Partners," *The Malaysian Reserve*, November 13, 2022.

③ "25th ASEAN-China Summit: 11 November 2022," Malaysian Ministry of Foreign Affairs' Instagram, November 22, 2022, https://www.instagram.com/p/ClQPmEYp7D3/.

④ *ASEAN-EU Commemorative Summit 14 December 2022, Brussels, Belgium*, Malaysian Ministry of Foreign Affairs, December 12, 2022.

⑤ *Official Visit of YAB Dato' Seri Anwar Ibrahim, Prime Minister of Malaysia to the Republic of Indonesia, 8-9 January 2023*, Malaysian Ministry of Foreign Affairs, January 7, 2023.

⑥ *Official Visit of YAB Prime Minister Dato' Seri Anwar Ibrahim to Negara Brunei Darussalam, 24-25 January 2023*, Malaysian Ministry of Foreign Affairs, January 24, 2023.

网络安全、数字经济和绿色经济方面的合作力度。① 2月上旬，安瓦尔对泰国展开官方访问，双方讨论在能源和数字经济领域展开合作。② 3月初，安瓦尔对菲律宾展开官方访问，双方讨论在安全、清真食品和数字经济领域展开合作。安瓦尔在菲律宾大学发表了《亚洲复兴30年后：东盟的战略收获》的公开演讲，以延续他在30年前担任副总理和财政部长时积极推动的亚洲复兴运动。③ 安瓦尔的穿梭外交主要是对与马来西亚接壤的东盟邻国展开访问，他在不到两个月的时间内访问了5个东盟国家，除了介绍新政府的施政方向，也成功让新政府获得东盟其他国家领导人的认可。

四 马来西亚与伊斯兰世界的关系

参与伊斯兰世界发展是马来西亚外交的重点之一。尽管马来西亚的综合国力偏弱，地理位置远离伊斯兰世界中心的西亚地区，但这不阻碍马来西亚积极参与伊斯兰世界事务。为参与伊斯兰世界事务，马来西亚与西亚各国建立了政府首脑会晤机制、成为伊斯兰合作组织成员国，以及为消除"伊斯兰恐惧症"和解决以巴冲突提供长久的道义支持。

2022年3月下旬，总理伊斯迈尔·沙必里对卡塔尔和阿联酋展开官方访问，主要讨论后疫情时代的疫苗认证和出入境安排事宜。④ 7月，伊斯迈尔对土耳其展开首次官方访问，马土领导人讨论了后疫情时代的疫苗认证和出入境安排事宜，评估了2014年启动的《马土战略合作框架宣言》的进展

---

① *Official Visit of the Prime Minister of Malaysia YAB Dato' Seri Anwar Ibrahim to the Republic of Singapore 30 January 2023*, Malaysian Ministry of Foreign Affairs, January 29, 2023.

② *Official Visit of the Prime Minister of Malaysia*, *YAB Dato' Seri Anwar Ibrahim to the Kingdom of Thailand 9-10 February 2023*, Malaysian Ministry of Foreign Affairs, February 8, 2023.

③ *30 Years After the Asian Renaissance : Strategic Takeaways for ASEAN*, University of Philippines Media and Public Relations Office, March 2, 2023.

④ *Official Visits by the Prime Minister of Malaysia YAB Dato' Sri Ismail Sabri Yaakob to the State of Qatar and the United Arab Emirates 27-31 March 2022*, Malaysian Ministry of Foreign Affairs, March 26, 2022.

情况，探讨了在国防和航空工业领域进行广泛合作的事宜。① 值得一提的是，土耳其在伊斯兰国家中拥有相对完善的国防工业，马来西亚对与土耳其在国防领域的合作有很大的热诚。9月，伊斯迈尔·沙必里对阿联酋展开工作访问，与阿联酋新任总统穆罕默德会晤，双方就数字经济、粮食安全、数字化教育、再生能源、在迪拜世博会方面的合作，以及国际穆斯林社会事务展开广泛交流。② 2023年3月，新总理安瓦尔对沙特阿拉伯展开官方访问，但由于双方沟通和安排不恰当，马沙两国没有举行政府首脑会议。③

在国际社会消除"伊斯兰恐惧症"是马来西亚的外交工作之一。瑞典极右翼党派领导人帕鲁丹（Rasmus Paludan）公开焚烧《古兰经》，引起了马来西亚的外交抗议④，马来西亚甚至于2023年1月召见瑞典驻马临时代办发出外交抗议。⑤ 2022年6月，尼日利亚发生针对翁多州奥沃市圣方济各天主教堂（St. Francis Catholic Church）的恐怖袭击，导致50人罹难。马来西亚立即发表声明谴责对基督徒的袭击，这证明了马来西亚的消除宗教歧视和偏见的立场并不仅限于伊斯兰教，也包括其他宗教。⑥

处理以色列与巴勒斯坦冲突是马来西亚外交工作重点之一，马来西亚向来在道义上和实质上支持巴勒斯坦建国，并拒绝承认以色列，而伊斯兰合作组织是马来西亚参与西亚事务的平台。2022年4月，马来西亚参加了在沙特阿拉伯吉达举行的伊斯兰合作组织常驻代表级别开放性特别会议，并对以

---

① *Official Visit of the Prime Minister of Malaysia, YAB Dato' Sri Ismail Sabri Yaakob to the Republic of Türkiye 5-8 July 2022*, Malaysian Ministry of Foreign Affairs, July 4, 2022.

② *Working Visit of the Prime Minister of Malaysia YAB Dato' Sri Ismail Sabri Yaakob to the United Arab Emirates 26-29 September 2022*, Malaysian Ministry of Foreign Affairs, September 25, 2022.

③ *Lawatan Rasmi YAB Perdana Menteri ke Arab Saudi 22-24 Mac 2023*, Malaysian Ministry of Foreign Affairs, Mac 28, 2023.

④ *Malaysia Strongly Condemns the Provocative Burning of Holy Qur'an in Sweden*, Malaysian Ministry of Foreign Affairs, April 17, 2022.

⑤ *The Ministry of Foreign Affairs Summons the Charge D'affaires Ad Interim of the Swedish Embassy in Kuala Lumpur*, Malaysian Ministry of Foreign Affairs, January 26, 2023.

⑥ *Malaysia Strongly Condemns Church Attack in Ondo State, Nigeria*, Malaysian Ministry of Foreign Affairs, June 7, 2022.

色列军队突袭阿克萨清真寺的行为发表最为强烈的谴责。[①] 6月，沙特阿拉伯外交部长访马，马沙就双方感兴趣的经贸、国防领域和西亚局势进行了广泛的交流。[②]

五　马来西亚在全球热点问题上的态度

（一）施压缅甸军政府

2021年2月，缅甸政局突变，军方重新掌握了国家政权，更将民选的民族团结政府列为非法和恐怖组织来镇压，引起了包括马来西亚在内的东盟其他成员国的反对。2021年4月24日，东盟领导人会议达成的"五点共识"成为东盟的基本对缅政策。[③] 东盟委任特使以促进缅甸各方进行对话和推进落实"五点共识"，但缅甸军政权冷待东盟特使，迄今东盟特使仅获准访问缅甸两次。[④] 虽然马来西亚支持和尊重"五点共识"，但希望东盟对缅甸采取更强硬的措施。例如，马来西亚反对军方的夺权行为和不承认军政权，并希望说服东盟其他成员国认同其主张。马来西亚不赞成将缅甸剔除出东盟，但马来西亚也反对邀请军政权代表出席东盟峰会。马来西亚坚持除非东盟提倡的"五点共识"获得贯彻，否则马来西亚坚决反对允许军政权代表参与东盟峰会。[⑤] 马来西亚更认为东盟应该接触利益相关者，将缅甸民族团结政府和民族团结协商委员会列为东盟对话团体，但此建议无法获得东盟

① *Open-Ended Extraordinary Meeting of the OIC Executive Committee at the Level of Permanent Representatives to Discuss the Ongoing Israeli Aggression Against the Blessed Al-Aqsa Mosque 25 April 2022, Jeddah, Kingdom of Saudi Arabia*, Malaysian Ministry of Foreign Affairs, April 27, 2022.

② *Official Visit of the Minister of Foreign Affairs of the Kingdom of Saudi Arabia to Malaysia 7 to 8 June 2022*, Malaysian Ministry of Foreign Affairs, June 7, 2022.

③ *Chairman's Statement on the ASEAN Leaders' Meeting*, ASEAN's Official Portal, April 24, 2021.

④ *Outcomes of the Second Visit of the Special Envoy of the ASEAN Chair on Myanmar to the Republic of the Union of Myanmar, on 30 June-02 July 2022*, Cambodian Ministry of Foreign Affairs, July 4, 2022.

⑤ "Malaysia Jemput Hanya Wakil Bukan Politik Myanmar," *Berita Harian*, Januari 25, 2022.

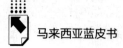

其他成员国的一致支持。① 截至 2023 年 4 月，东盟的共识是不邀请缅甸所有政治团体出席峰会，无论是军政权还是民族团结政府的代表。同时，马来西亚非常关注和抨击"缅甸军政权侵犯人权的事件"，甚至带头与缅甸民族团结政府的外交部长进行非官方会晤，并积极在东盟-印度外长特别会议上提出缅甸问题。② 外交部长赛夫丁·阿卜杜拉提议在应对缅甸危机时，东盟应重新审视不干涉内政的东盟原则。③ 2022 年 11 月就任总理的安瓦尔更建议将缅甸剔除出东盟，以向缅甸显示东盟一致和强大的信息。④

当今的马来西亚对缅政策，与以往截然不同。马来西亚政府于 20 世纪 80 年代开始形成的对缅政策，以东盟秉持的互不干涉内政政策为主，而拒绝向缅甸军政权进行公开施压。然而，经过数次执政党轮替后，马来西亚政府放弃了不公开向缅甸军政权施压的政策。这是有其原因的，毕竟希盟的核心成员党，即人民公正党和民主行动党在野期间，素以反对缅甸军政权和捍卫人权、自由和民主等西方主流价值观闻名，故将人权等价值观融入官方政策是预料之中的事情。

（二）平衡处理乌克兰危机

2022 年 2 月 24 日，俄罗斯对乌克兰发动特别军事行动后，马来西亚的第一反应是安排撤侨和确保所有在乌克兰的马来西亚公民获得安全保障，但是拒绝对此发表明确的立场。俄罗斯对乌克兰发动特别军事行动的当天，伊斯迈尔·沙必里总理发表声明，仅称马来西亚对乌克兰的局势发展表示遗憾，冀望俄乌两国能寻找到和平解决方案，而马来西亚最优先的工作是撤侨

① "Myanmar Crisis: Malaysia Reiterates Its Position for ASEAN to Engage NUG, NUCC," *New Straits Times*, September 20, 2022.
② "Malaysia's Saifuddin and Myanmar's NUG Foreign Minister Meet in Washington," *The Star*, May 15, 2022; "Malaysia to Raise Myanmar Issue at ASEAN-India Foreign Ministers' Meeting," *The Star*, June 12, 2022.
③ "ASEAN Should Rethink Non-Interference Policy amid Myanmar Crisis, Malaysia FM Says," Reuters, October 21, 2021.
④ "Anwar Says ASEAN Should 'Carve' Myanmar Out for Now," *The Straits Times*, February 11, 2023.

和确保在乌马来西亚公民的安全。① 马来西亚拒绝对乌克兰危机发表立场，引起了乌克兰政府和马来西亚国内反对党领袖安瓦尔的失望。② 3月1日，30多个驻马来西亚的外国大使在吉隆坡举办一场声援乌克兰的聚会，乌克兰驻马大使在聚会上透露，他曾联系马来西亚外交部询问吉隆坡的立场，但没有得到清晰的答案。③ 隔日，外交部长赛夫丁·阿卜杜拉发表声明，称马来西亚呼吁有关各方尊重主权和领土完整原则，同时立即采取措施缓和紧张局势，但赛夫丁仍然不愿表达立场。④

3月1日，联合国大会召开第11届紧急特别会议讨论关于乌克兰局势的决议草案时，马来西亚驻联合国代表发表谈话，敦促各方遵守和尊重《联合国宪章》和国际法所载的各国主权和领土完整原则，马来西亚不会接受任何违反该项神圣原则的行为，并对联合国安全理事会未能行使其维护国际和平与安全的首要责任表示遗憾。虽然他的谈话没有直接谴责俄罗斯，但他代表马来西亚投票赞成关于乌克兰局势的决议草案。⑤ 马来西亚代表解释投赞成票的原因是该国重视"尊重各国主权和领土完整以及和平解决争端等基本原则不容违反"，且马来西亚"对其中一些措辞有所关切，但作为一个原则问题，并基于我们对我所提到的原则的坚定信念，马来西亚对该决议投了赞成票"。⑥ 3月24日，马来西亚在联合国大会投票赞成关于乌克兰局势的人道主义后果的决议草案。⑦

---

① "Malaysia Dukacita Perkembangan di Ukraine," *Berita Harian*, Februari 24, 2022.

② "Krisis Ukraine-Rusia：PM perlu perjelas Pendirian Malaysia," *Sinar Harian*, Februari 24, 2022.

③ "Lebih 30 Ketua, Perwakilan Misi Diplomatik di Malaysia Bersolidariti bersama Ukraine," *Harian Metro*, Mac 1, 2022.

④ "Konflik Ukraine：Hormati Prinsip Asas Kedaulatan, Integriti Wilayah," *Sinar Harian*, Mac 2, 2022.

⑤ *General Assembly Official Records*, *11th Emergency Special Session：3rd Plenary Meeting*, United Nations' Official Portal, March 1, 2022, pp. 18-19.

⑥ *General Assembly Official Records*, *11th Emergency Special Session：5th Plenary Meeting*, United Nations's Official Portal, March 2, 2022, p. 20.

⑦ *General Assembly Official Records*, *11th Emergency Special Session：9th Plenary Meeting*, United Nations' Official Portal, March 24, 2022, p. 15.

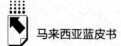
尽管马来西亚支持谴责俄罗斯和维护乌克兰人道主义需求的决议草案，但不支持将俄罗斯排除在国际组织之外。例如，2022 年 4 月，马来西亚投票反对将俄罗斯剔除出联合国人权理事会。① 马来西亚认为必须有大国或利益相关者的参与，这样才会有一个有效的国际秩序，贸然将涉及方剔除出对话和沟通的机制，并不会对解决纠纷或冲突有好处。2023 年 2 月 23 日，适逢乌克兰危机一周年，西方各国在联合国大会推动谴责俄罗斯的决议草案，马来西亚代表给予了支持，但是其代表重申马来西亚敦促涉及方立即停止敌对和展开和平谈判，为了启动有意义的对话和谈判，在复杂的地缘政治局势下，各方必须考虑到乌克兰和俄罗斯的合法安全关切。② 必须说明的是，在马来西亚一架民航客机 MH17 于 2014 年在乌克兰被击落后，马来西亚无论是在MH17 客机问题上还是在乌克兰危机问题上，都一直保持克制的态度。即使海牙国际法庭于 2022 年 11 月裁定是亲俄武装击落 MH17 客机，但是马来西亚仅表示支持裁决，没有谴责或要求制裁俄罗斯。③ 因为马来西亚对大国采取的应对方针是平衡对待，不"选边站"，不寻求激化矛盾，也希望大国能投桃报李，保持良好行为。

结　语

2022 年，许多外交工作均是围绕协调和统筹马来西亚与其他国家的疫苗认证和出入境安排展开的。恢复外交往来后，马来西亚领导人优先访问东盟各国，重建和重启停摆的领导人之间的交流和外交工作，同时在缅甸问题上扮演施压角色。在处理与大国的关系方面，马来西亚仍然采取平衡态度对

---

① *General Assembly Official Records*，*11th Emergency Special Session：10th Plenary Meeting*，United Nations' Official Portal，April 7，2022，p. 16.

② *Explanation of Vote by Mr Sofian Akmal Abd Karim Deputy Permanent Representative / Cda a. i Permanent Mission of Malaysia to the United Nations at the Eleventh Emergency Special Session of the General Assembly（Resumed：18th Plenary Meeting）*，Malaysian Ministry of Foreign Affairs，February 23，2023.

③ "Malaysia Supports Dutch Court's Decision in MH17 Trial，" *The Sun Daily*，November 18，2022.

待各大国，在维持与中国的关系的同时，也积极融入美国主导的"印太经济框架"，冀望获得更多的贸易优惠。日本一直想要招揽马来西亚加入美日主导的海上安全体系，但吉隆坡多次拒绝给予清晰的回应，总结来说是不拒绝参与讨论，但不加入。对于影响深远的乌克兰危机，马来西亚采取了谨慎的态度，不愿意直面谴责俄罗斯，不赞成将俄罗斯驱逐出联合国组织。虽然马来西亚支持联合国大会通过谴责俄罗斯的决议草案，但也要求各方必须考虑到乌克兰和俄罗斯的合法安全关切。在伊斯兰世界事务方面，马总理访问了卡塔尔、阿联酋和土耳其，并致力于消除国际社会的"伊斯兰恐惧症"。澳英美发起的"奥库斯"引起了马来西亚的激烈反对。即使英澳多次派遣高官访马以进行说服工作，但吉隆坡仍然维持反对的立场，其关注的是"奥库斯"将引起区域军备竞赛和分化东盟。马来西亚外交部逐渐看重国际社会的人权价值，同时安瓦尔通过首次访华摆脱了"亲美"标签，这显示安瓦尔将自己定位成一个可以游走于中美大国之间，而不是"选边站"的东盟国家领导人。总体而言，马来西亚外交工作展示出延续以往方针，平衡对待大国，融入伊斯兰世界，积极使用东盟框架处理缅甸和"奥库斯"问题的气象。

专题报告
Special Reports

B.5
马来西亚第十五届大选与政治体系的
转型与重塑*

刘 勇　范彬莎**

摘　要： 2020年"喜来登事件"后，在马来西亚政治陷入动荡的同时，
东马、西马的政治生态分别呈现出不同的特点，推动着国家政治
体系进入转型期。第十五届大选后，团结政府在选举结果出炉后
通过政党联盟间的合作而产生，标志着马来西亚政治体系正式过
渡到"拼盘"政治时期。拼盘政治体系呈现出新的特点：君主
的政治影响力增大，政权建立从政党合作发展成为政党联盟合
作，选举的可预测性和选民的代表性降低，权力平衡中体现出
"分肥政治"的特点。拼盘政治的形成是马来西亚政党分裂、社

* 本报告受国防科技大学2023年度青年自主创新科学基金项目"印太战略背景下南海周边国家
安全战略研究"（项目编号：SK23-06）资助。
** 刘勇，博士，国防科技大学马来语专业讲师，主要研究方向为马来西亚政党政治、国家文化
与语言教育政策等；范彬莎，国防科技大学亚非语言文学专业硕士研究生，主要研究方向为
马来西亚政治与文化。

会高度分裂的结果，也是以"反跳槽法"为代表的新政治制度出台导致权力体系转型的结果。拼盘政治形成后，马来西亚政治权力体系从动荡期的四级权力体系演变为新的三级权力体系，相比于前两年的政治混乱，新的权力体系将在短期内趋向政治稳定。

关键词： 马来西亚　政治体系　转型与重塑　权力体系　"反跳槽法"

2022年11月24日下午5点6分，希盟主席安瓦尔·易卜拉欣在国家皇宫面对最高元首宣誓就任马来西亚第十任总理，在"烈火莫熄"运动24年后终于圆梦，也宣告着马来西亚自"喜来登事件"以来的政治乱局暂时告一段落。① 回顾过去四年，马来西亚政局发生了巨大变化，混乱的政局是近年来政治生态的缩影，也是新的政治体系形成的前奏，无休止的政党斗争使得国家难以建立稳定的政府，政权几经更迭。② 纵观马来西亚建国以来的政治发展进程，国家政治体系几经变更，从联盟党时期的多元竞争到国民阵线时期的一家独大，再到反对党联盟整合后开启的两线制。2018年大选中，希盟在与国阵的对垒中实现执政党轮替意味着民众日夜期盼的两线制正式形成。然而，希盟胜选后国阵迅速瓦解，各政党相继退出后，国阵重回联盟党时期，加上大量巫统议员退党跳槽，国阵实力严重下降，不再具备抗衡希盟的实力；而希盟在接纳大量跳槽议员后，实力不断增强。此后，反对党巫统和伊斯兰教党基于相同的宗教立场和族群代表性成立"全民共识"，重新展开合作并回归族群政治逻辑，加剧了族群间的紧张局势。2020年初"喜来

---

① "Rohaniza Idris. Anwar Angkat Sumpah Perdana Menteri ke-10," *Berita Harian*, November 24, 2022, http://www.bharian.com.my/berita/nasional/2022/11/1031051/anwar-angkat-sumpah-perdana-menteri-ke-10（访问时间：2023年2月23日）。

② "12 Pilihan Raya Kecil, Empat Pilihan Raya Negeri Diadakan Selepas PRU14," Astro Awani, Oktober 10, 2022, https://www.astroawani.com/berita-malaysia/12-pilihan-raya-kecil-empat-pilihan-raya-negeri-diadakan-selepas-pru14-385203（访问时间：2022年10月20日）。

登事件"后希盟分裂，穆希丁领导的国盟成立等一系列事件造成政党之间的关系盘根错节，加上议员频繁跳槽形成"青蛙政治"文化，马来西亚政治出现前所未有的动荡和混乱。

一　第十五届大选前马来西亚政治体系的转型

穆希丁政府在勉强维持一年多以后倒台，2021年8月伊斯迈尔总理上台，在其执政的一年多时间内，基于政府与希盟签署的谅解备忘录，马来西亚政治获得了短暂的稳定，国家经济也迅速走上正轨。但是随着2022年初国内政治风向的变化，马来西亚政治生态呈现出新的特点，酝酿着新政治体系。

（一）西马地区呈三足鼎立之势

巫伊在"全民共识"框架下的合作破产，伊斯兰教党倒向国盟。第十四届大选后，巫统与伊斯兰教党合作成立"全民共识"，高举"马来人大团结"的旗帜对希盟展开反攻，之后快速逆转颓势，重新赢得选民支持，在补选中连战连捷，逐渐找回了马来族群第一大党的风采，直到"喜来登事件"前，巫统与伊斯兰教党都保持着紧密的联系。国盟成立后，两党从反对党盟友共同成为执政联盟成员，由于在与土团党的关系问题上产生分歧，虽然合作继续，但关系逐渐疏远。在2021年9月举行的马六甲州选举中，巫统在国阵框架下单独参与选举，伊斯兰教党则与土团党在国盟框架下参选，最终以国阵大胜告终。自此之后，巫统与伊斯兰教党间就若即若离，关于"全民共识"已经破产的说法也不绝于耳。2022年10月2日，巫统主席扎希德向伊斯兰教党提出三项要求，将之作为继续合作的前提：离开国盟，切断与土团党的政治联系，正式宣布世俗化。① 由于伊斯兰教党并未满足上述要求，"全民共

---

① "Tiga Syarat UMNO Jika Pas Mahu Bekerjasama-Zahid," Malaysia Gazatte, Oktober 2, 2022, https：//malaysiagazette.com/2022/10/02/tiga-syarat-umno-jika-pas-mahu-bekerjasama-zahid/（访问时间：2022年10月20日）。

识"在第十五届大选中不再延续，并且巫统与伊斯兰教党还在多个重叠选区展开激烈竞争。10月13日，伊斯兰教党主席哈迪·阿旺正式宣布与国盟合作，推迟解散吉打、吉兰丹以及登嘉楼的州议会。基于穆斯林团结的原则，伊斯兰教党期待与国盟以及东马政党组建联合政府，捍卫马来人及土著的领导权，传统强党巫统则决定在国阵框架下单独参与选举。

希盟联手马来西亚民主联合阵线（MUDA）。针对第十五届大选，除了国阵单独参选外，其他政党联盟间的合作直到最后一刻才得以确定。9月30日，马来西亚民主联合阵线正式向希盟提交加入申请。10月12日，双方就合作事宜达成一致，但由于大选日期临近，双方决定暂时采取党外合作的方式。10月13日，希盟主席安瓦尔表示，只要其支持改革、坚持反腐、杜绝种族主义和极端宗教主义政策，希盟愿与包括国盟和祖国行动联盟（Gerakan Tanah Air）在内的任何政党联盟合作。其中，祖国行动联盟是前总理马哈蒂尔组建的新的政党联盟，成员党包括祖国斗士党（Perjuang）、泛马伊斯兰阵线（Berjasa）、土著权威党（Putra）和印度裔穆斯林国民联盟政党（IMAN），此外该阵线还有非政府组织、学者和个人参与。但随后，民主行动党主席林冠英和人民公正党宣传主任法赫米·法齐尔立即澄清道，安瓦尔的话被媒体曲解，希盟早已决定不会和"叛徒"（国盟或者祖国行动联盟）展开合作。① 10月15日，国盟也表达了不会与希盟展开合作的立场。总的来说，大选前西马地区政治格局呈现出国阵、国盟和希盟三足鼎立的态势。

（二）东马政治呈现出地方化趋势

沙捞越政党更趋铁板一块。2018年国阵大选失利后，土著保守党率领沙捞越人民党、沙捞越人民联合党、民主进步党退出国阵，组建沙捞越政党联盟（GPS），自此以后GPS便一直掌握沙捞越州的绝对领导权。在2021年的沙捞越州选举中，该联盟更是一举获得了82个席位中的76个席位（其

---

① "PH X Kerjasama Muhyiddin. PAS Pilih PN，UMNO sendiri，" Ibnu Hasyim，Oktober 13，2022，http://www.ibnuhasyim.com/2022/10/ph-x-kerjasama-muhyiddin-pas-pilih-pn.html（访问时间：2022年10月20日）。

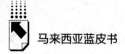

中 1 个席位为延后计票的选区后期公布的结果）。① 国会解散以后，沙捞越政党联盟主席阿邦·佐哈里多次表示该联盟目前只会专注自身的大选议程，与其他政党的合作将基于大选结果而定。

沙巴州沦为各方角逐场。相比于沙捞越日趋稳定的政治局势，沙巴的政局深受西马政党政治的影响，充斥着不稳定因素。2018 年 5 月 10 日，沙巴国阵主席慕沙阿曼宣誓就职首席部长，然而仅在 24 小时之内，国阵中便有 7 名议员跳槽，转而支持民兴党（WARISAN），国阵沙巴政府由此垮台，2018 年 5 月 12 日，民兴党主席沙菲益宣誓就职沙巴首席部长，但沙菲益政府于 2020 年 9 月受到国盟挑战，在随后举行的沙巴州选举中，穆希丁领导组建的沙巴人民联盟（GRS）与国阵达成合作，成功从民兴党手中赢得沙巴州政权。国会解散后，各个政党开始在沙巴州展开角逐，沙巴州的政治竞争再一次成为关注焦点，沙巴州目前的政治格局同西马相似，呈现出三足鼎立的特点。2022 年 10 月 5 日，沙巴国阵主席邦莫达表示，国阵将和沙巴人民联盟合作，共同竞选沙巴州的 25 个国会议席。② 沙巴人民联盟主席哈芝芝·诺尔也多次表达期待与国阵继续合作的意愿。同时，沙巴民兴党主席沙菲益宣布将独立竞选沙巴州的 25 个国会议席。③ 而希望联盟则选择联手马来西亚民主联合阵线共同对抗沙巴人民联盟。④

① "Pilihan Raya Negeri Sarawak Ke-12 Statistik Keseluruhan," Astro Awani, Disember 18, 2021, https：//pru.astroawani.com/prnsarawak? utm_ source=prn-sarawak-2021&utm_ medium=data-click&utm_ campaign=20221021%20PRN%20Sarawak&_ ga=2.131664015.1667677450.1666012401-550096944.1623589087（访问时间：2022 年 10 月 20 日）。

② "PRU15：BN, GRS Sedia Kerjasama Sebagai Satu Pasukan," Astro Awani, Oktober 5, 2022, https：//www.astroawani.com/berita-malaysia/pru15-bn-grs-sedia-kerjasama-sebagai-satu-pasukan-384335（访问时间：2022 年 10 月 20 日）。

③ "Warisan Gerak Solo, Sedia Hadapi PRU-15," Utusan Malaysia, Oktober 6, 2022, https：//www.utusan.com.my/nasional/2022/10/warisan-gerak-solo-sedia-hadapi-pru-15/（访问时间：2022 年 10 月 20 日）。

④ "PRU15：MUDA, Pakatan Harapan kerjasama hadapi GRS," Astro Awani, Oktober 14, 2022, https：//www.astroawani.com/berita-malaysia/pru15-muda-pakatan-harapan-kerjasama-hadapi-grs-385823 #：~：text=Dalam% 20masa% 20sama% 2C% 20kerjasama% 20yang% 20terbentuk% 20di% 20antara, pengiktirafan% 20kepada% 20MUDA% 20sebagai% 20pesaing% 20politik%20yang%20signifikan（访问时间：2022 年 10 月 20 日）。

总的来说，大选前的马来西亚政治延续了近年来的混乱与动荡，政治格局已经不再是两线制时期的两方对阵，而是进入政党联盟多边竞争的"战国时代"。政治体系进入转型期，东马和西马呈现出不同的特点，酝酿着新的变局。

二 第十五届大选与政治体系的重塑

2022年11月19日，马来西亚举行第十五届大选。在第十四届国会履职期间，马来西亚的政党不断分裂重组，政党实力格局发生显著变化。大选前，各政党联盟在竞争中保持相对克制，为后续的合作预留了空间；大选结果出炉后，马来西亚首次产生悬峙议会，没有一个政党联盟成功获得半数以上议席。随即，各政党联盟进入了通过拼盘合作组建政府的阶段。最终，希盟、国阵、沙巴人民联盟、沙捞越政党联盟、马来西亚民主联合阵线、民兴党、马来西亚民族党、社会民主和谐党成功组建联合政府。11月24日，希盟领导人安瓦尔正式宣誓就任马来西亚第十任总理。① 如果说第十四届大选结果是马来西亚两线制政治体系的体现，那么第十五届大选则标志着政治转型的深入发展和政治体系的重塑。

（一）第十五届大选简况及结果

2022年10月10日，马来西亚总理伊斯迈尔在党内外的多重压力下宣布解散第十四届国会并择期举行大选。实际上，朝野之间自2022年初起就不断传出要求解散国会并举行大选的声音。自伊斯迈尔就任总理以来，国阵在马六甲、柔佛州选举以及几次补选中接连取得胜利，巫统党内不断响起提前举行大选的呼声。2022年8月23日，对于前总理纳吉布的"一马公司"前子公司——SRC国际公司4200万林吉特洗钱案，马来西亚联邦法院宣布

---

① "Kerajaan Perpaduan: Pemuafakatan PH, BN, GPS, GRS, Warisan dimeterai," *Suara Merdeka*, Disember 16, 2022, https://suaramerdeka.com.my/kerajaan-perpaduan-pemuafakatan-ph-bn-gps-grs-warisan-dimeterai/（访问时间：2023年3月5日）。

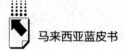

驳回其上诉，维持对其监禁 12 年和罚款 2.1 亿林吉特的判决。[①] 该事件引起了巫统内部官司派的担忧和纳吉布支持者的不满，伊斯迈尔面临的党内压力加大。9 月 30 日，巫统最高理事会通过将大选提前至 2022 年举行的议案，但具体时间由总理确定。然而，伊斯迈尔政府内阁却存在不同的声音。10 月 5 日，12 名来自国盟的内阁部长越过总理向最高元首呈递请愿书，请求在年内不要解散国会，举行大选。[②] 此举在引发巫统领导层强烈批评的同时也引起了伊斯迈尔的不满，造成了外界对伊斯迈尔政权合法性的质疑，成为国会解散的导火索。最终，为了避免国家政治再次陷入动荡和无止境的纷争中，伊斯迈尔宣布解散国会，第十五届大选的帷幕正式拉开。

不同于以往的大选，此届大选中马来西亚的主要政党联盟间并未组建规模庞大的选举联盟，而是以单独竞选的方式参选。尽管各政党联盟均宣称能够独立赢得选举，但根据马来西亚默迪卡中心（Merdeka Center）、伊尔哈姆中心（Ilham Center）、援引（Invoke）、埃米尔（EMIR）等民调中心的选前调查，第十五届大选难以避免产生悬峙议会的结果。[③] 因此，各政党联盟心照不宣地选择以先选举再联合的方式参选。在联邦层面，第十五届大选的角逐主要在国阵、希盟、国盟三个政党联盟间展开，马哈蒂尔领导的祖国行动联盟也摩拳擦掌，沙捞越和沙巴的本土政党及政党联盟则集中竞选东马区域的国会议席。国阵以"稳定与繁荣"（Kestabilan dan Kemakmuran）为竞选宣言，将自己宣传为结束马来西亚政治动乱，恢复政治稳定的唯一选择。希盟则喊出"我们可以！"（Kita Boleh）的口号，带有回击对希盟执政能力质

① "Kes SRC: Mahkamah Kekal Sabitan dan Hukuman, Najib Dipenjara 12 Tahun, Denda RM210 Juta," Astro Awani, Ogos 23, 2022, https://www.astroawani.com/berita-malaysia/kes-src-mahkamah-kekal-sabitan-dan-hukuman-najib-dipenjara-12-tahun-denda-rm210-juta-377537（访问时间：2023 年 2 月 25 日）。

② "12 Menteri PN Utus Surat kepada Agong Nyata Pendirian Jangan Adakan PRU15 Tahun Ini," Utusan Malaysia, Oktober 6, 2022, https://www.utusan.com.my/nasional/2022/10/pru15-12-menteri-pn-utus-surat-kepada-agong/（访问时间：2022 年 10 月 20 日）。

③ "Hung Parliament in GE15, As Both Pakatan and Perikatan in Race to Form Govt," Merdeka Center, November 20, 2022, https://merdeka.org/v2/hung-parliament-in-ge15-as-both-pakatan-and-perikatan-in-race-to-form-govt/（访问时间：2023 年 3 月 16 日）。

疑的意味，意图激起民众的信心。希盟在宣传中表示，由于其政权是被窃取的，选民应当选择希盟，以恢复人民的授权。① 国盟以"关怀、干净、稳定"（Prihatin，Bersih dan Stabil）为竞选宣言，强调"干净"，表达其反腐倡廉的决心。② 祖国行动联盟承诺会建立一个廉洁、高效和值得信赖的政府，并复苏马来西亚经济，使其再次成为"亚洲之虎"。③ 东马政党及政党联盟的竞选宣言则以本土利益与发展为中心。11 月 19 日，联邦大选以及彭亨、霹雳、玻璃市三州州选举的结果正式出炉，在国会、彭亨以及霹雳州议会中均没有政党联盟获得半数以上的席位，产生了悬峙议会的结果。在国会中，希盟获得 82 个席位，国盟获得 74 个席位，国阵则获得 30 个席位（见表 1）；在彭亨州议会中，国盟获得 17 个席位，国阵获得 16 个席位，希盟则获得 8 个席位；在霹雳州议会中，国盟获得 26 个席位，希盟获得 24 个席位，国阵获得 9 个席位。无论是在联邦层面还是在州层面，选举结果都呈现出国盟和希盟相互竞争的特点，第三方联盟的支持成为关键。这加剧了联盟间的竞争与博弈，使得马来西亚在大选后进入了为期数天的僵持阶段。

表 1　马来西亚第十五届大选结果

单位：个

政党联盟	政党	席位数	总数
希盟	人民公正党	31	82
	民主行动党	40	
	国家诚信党	8	
	卡达山民族统一机构	2	
	马来西亚民主联合阵线(未加入希盟)	1	

① James Chin，"Anwar's Long Walk to Power：The 2022 Malaysian General Elections," *The Round Table*，Vol. 112，No. 1，2023，pp. 1-13.

② "Manifesto Perikatan Nasional（Tawaran PN BEST PRU15）," eCentral，November 7，2022，https：//ecentral. my/manifesto-perikatan-nasional-pn-pru15/（访问时间：2023 年 3 月 1 日）。

③ "GTA Launches Manifesto，Pledges 5 Key Reforms," *New Straits Times*，November 10，2022，https：//www. nst. com. my/news/politics/2022/11/849292/gta-launches-manifesto-pledges-5-key-reforms（访问时间：2023 年 3 月 1 日）。

续表

政党联盟	政党	席位数	总数
国盟	土著团结党	25	74
	伊斯兰教党	49	
国阵	巫统	26	30
	马华公会	2	
	马来西亚印度人国大党	1	
	沙巴人民团结党	1	
沙捞越政党联盟	土著保守党	14	23
	沙捞越人民党	5	
	沙捞越人民联合党	2	
	民主进步党	2	
沙巴人民联盟	沙巴土团党	4	6
	沙巴团结党	1	
	沙巴立新党	1	
	沙巴民兴党	3	3
	马来西亚民族党	1	1
	社会民主和谐党	1	1
	独立议员	2	2
总计		222	222

资料来源：*The Star*，https：//election. thestar. com. my/。

（二）体系重塑与拼盘政治的形成

大选结束后，希盟和国盟作为大选中获得议席数最多的两个政党联盟，都开始争取多数支持的努力，争取国阵以及沙捞越政党联盟的支持成为破局的关键。11月21日，在与各政党联盟领导人会面之后，穆希丁宣称已经将115名议员的宣誓书递交至最高元首，其中包含沙捞越政党联盟、沙巴人民联盟议员以及10名国阵议员。基于东马的支持，国盟在与希盟的竞争中已经占据绝对优势，但来自国阵的支持却充满争议。国阵议员在大选前曾签署过协议，协议规定国阵主席作为政党领袖拥有就组建政府进行谈判的绝对授权。因此，国阵最高理事会以此为由要求这10名议员撤回了对穆希丁的支持。而在国阵与希盟的会面中，国阵也并未与希盟达成支持安瓦尔作为总理的合作。① 由于各政党联盟无法在最高元首规定的时限内成功组建政府，11月22日，最高元首向安瓦尔和穆希丁提出希盟和国盟组建联合政府的建议，但穆希丁拒绝了这一提议。11月23日起，最高元首开始逐一会见国阵、沙捞越政党联盟、沙巴人民联盟的领袖，向他们下达与希盟组建联合政府的命令。② 11月24日，最高元首宣布安瓦尔获得多数支持，成为马来西亚第十任总理。最终，新政府在希盟、国阵、沙巴人民联盟和沙捞越政党联盟的合作下成立。实际上，大选后悬峙政府的协商过程就是组建政治拼盘的过程。2022年11月20日大选结果公布后，马来西亚媒体就对新政府的组建进行了预测，如表2所示。基于大选中各政党联盟获得议席的多少以及大选前政党联盟之间的态度和立场，媒体预测了6种可能的未来政府构成方式，在人民中间引发了激烈讨论。这是马来西亚历史上首次没有政党联盟获得超过半数议席，也就意味着政权的最终组成依靠多个联盟的调配和拼接，这创造了马来西亚新的历史。在最高元首的主导下，团结政府的构成方式与媒体预测的第六种方式相似，国阵、沙捞越政党联盟和沙巴人民联盟决定支持希盟组建政府，标志着马来西亚拼盘政治的最终形成。

表2 马来西亚媒体对新政府组建的预测

单位：个

马来西亚政府			席位数
政府方案一	希望联盟	国民联盟		155
政府方案二	希望联盟	国民阵线		112
政府方案三	希望联盟	国民阵线	民兴党	115

① "Kronologi Peristiwa Terbentuknya Kerajaan Perpaduan Malaysia Atas Kebijaksanaan YDP Agong," UMNO Online, November 30, 2022, https：//umno - online. my/2022/11/30/kronologi - peristiwa-terbentuknya-kerajaan-perpaduan-malaysia-atas-kebijaksanaan-ydp-agong/ （访问时间：2023年3月2日）。

② "GRS Akur Titah Agong Wujud Kerajaan Perpaduan," Buletin TV3, November 24, 2022, https：//www. buletintv3. my/politik/grs-akur-syor-titah-agong-wujud-kerajaan-perpaduan/ （访问时间：2023年3月16日）。

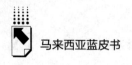
续表

马来西亚政府				席位数
政府方案四	国民联盟	国民阵线	沙捞越政党联盟	沙巴人民联盟	131
政府方案五	希望联盟	沙捞越政党联盟	沙巴人民联盟	民兴党	113
政府方案六	希望联盟	国民阵线	沙捞越政党联盟	沙巴人民联盟	140

注：马来西亚国会下议院席位共 222 个，当天由于天气等特殊原因有 3 个国会下议院席位的结果未出炉。在 219 个席位中，希望联盟获 82 个，国民联盟获 73 个，国民阵线获 30 个，沙捞越政党联盟获 22 个，沙巴人民联盟获 6 个，民兴党获 3 个，马来西亚民族党获 1 个，独立议员获 2 个。

资料来源：马来西亚国内媒体。

（三）拼盘政治的特点

经历了"烈火莫熄"运动以后两线制的过渡和形成期以及"喜来登事件"后的政治体系转型期，马来西亚进入拼盘政治的新时期，也呈现出新的特点。

1. 马来君主的政治影响力增大

继 2020 年"喜来登事件"后，此届大选是马来西亚最高元首近年来第三次参与确定总理的人选。在第一次和第二次大选中，穆希丁和伊斯迈尔都是通过最高元首的直接任命，而非通过选举或议会投票成为总理的。[1] 在第十五届大选中，虽然进行了投票，但总理人选仍然受到最高元首主导。无论是告知临时总理伊斯迈尔国阵有 10 名议员已经递交宣誓书[2]，还是规劝国阵、沙捞越政党联盟、沙巴人民联盟等政党联盟加入由希盟领导的团结政府，最高元首在第十任总理的确定中都发挥了重要作用。实际上，最高元首参与政治的行为不符合君主立宪制下君主不得干

---

[1] 廖博闻、〔马来西亚〕阿兹哈尔·易卜拉欣：《2021 年马来西亚联邦—州属关系及发展动态》，载苏莹莹、翟崑主编《马来西亚发展报告（2022）》，社会科学文献出版社，2023，第 94 页。

[2] 巫统最高理事会的一名成员说，11 月 21 日下午，伊斯迈尔在会见最高元首时得知已有 10 名国阵议员向最高元首递交宣誓书，表达对任命穆希丁为总理的支持。随后国阵最高理事会才要求以上党员重新递交宣誓书，撤回对穆希丁的支持。

涉政治的规定，但在上述三次总理任命中君主都不得不参与，君主的参政行为都是被动的。最高元首在 2022 年 10 月 11 日接受媒体采访时表示，他对马来西亚的政治感到失望，只能接受总理伊斯迈尔解散国会的申请。[①] 不可否认，近年来最高元首在决定国家政治走向和维护政治稳定上发挥了重要作用，名义上的君主权力产生了实际的政治影响，左右了政局走势和政权归属。在没有政党联盟获得过半数议席的情况下，马来君主的参与是维护政治稳定的无奈之举。在政党联盟之间分裂严重而无法达成一致的情况下，君主的意愿和作用对国家政治走向产生了巨大的影响。但长此以往，如果每次民选政府陷入僵持之时，都不是重新举行选举或者由政党间提出解决方案，而是由最高元首来主导最终结果的话，那么马来西亚的民主程序就会受到破坏，马来君主对政府的影响力也会逐渐扩大，从而阻碍马来西亚的民主化进程。

2. 从政党间的合作发展成为政党联盟间的合作

自独立起，马来西亚就没有过单一政党执政的经历，执政党一直以政党联盟的形式存在，从最早的巫华联盟到巫华印联盟，直到国阵和 2018 年希盟时期，都是由政党组成的单一政党联盟获得政权。相对来说，政党之间基于政治理念契合组建政党联盟后，相互关系相对容易调和，利益分配也较为简单。但 2022 年大选中，没有一个单一的政党联盟能够获得足够的议席来组建政府。最终，政府的组建只能在最高元首的主导下通过促成联盟间的合作来实现。政党合作组成联盟，联盟在选举结果已经出炉的情况下再合作组建政府，联盟之间的合作更多是压力妥协或者利益交换下的权宜之计。例如，团结政府正是在最高元首主导下建立的，东马沙捞越政党联盟在大选结果揭晓后曾与穆希丁会面，表示支持国盟组建政府，但其在最高元首的主导下改变了观点，改为支持希盟，这才促使安瓦尔成功上位，沙巴人民联盟的

---

① Farahin Fadzil, "Agong Perkenan Bubar Parlimen Kerana Kecewa Dengan Politik Malaysia," *The Rakyat Post*, Oktober 11, 2022, http://www.therakyatpost.com/trpbm/berita/2022/10/11/agong-perkenan-bubar-parlimen-kerana-kecewa-dengan-politik-malaysia（访问时间：2023 年 2 月 25 日）。

情况也与此类似。相比于政治理念,政党联盟间的合作更多是出于政治稳定以及权力与利益的考虑,而基于不同政治理念组建的政府在执政过程中需要兼顾各方利益,难以实现新的改革和突破。比如希盟与国阵的合作,安瓦尔领导的希盟为了获取政权,不顾国阵主席扎希德身陷贪腐官司且国阵内部普遍存在对扎希德的不满,毅然决定与国阵合作并且将扎希德任命为内阁副总理。这一做法有违人民公正党一直以来公正、清廉、民主和进步的形象,也难以体现政府的进步性。

3. 选举结果的可预测性和选民的代表性降低

随着马来西亚政党联盟不断分裂重组以及选票的分散,单一的政党联盟不再拥有独立组建政府的能力,马来西亚政府的组建方式也从"一步式"走向"多步化"①,选民在选举前无法预知未来的政府形式,选民通过一次选举只能够选择自己支持的候选人或者政党以及政党联盟,却无法决定政党联盟后续会跟谁合作组建政府。各政党联盟基于所获议席数进行拼盘合作,共同组建政府,降低了选举结果的可预测性和选民的代表性。选民可以基于党派的意识形态、竞选宣言进行自主投票,但却无法控制政党联盟后续的合作方向,极有可能出现两个意识形态、斗争路线以及选民基础差异巨大甚至对立的政党互相合作共同执政的局面,而这违背了选民最初投票的初衷。例如,现在的巫统、马华公会和民主行动党等在执政联盟内部的关系就较为复杂,巫统一直以来强调维护马来人特权,民主行动党则致力于推动全民平等,而马华公会历来也与民主行动党意见不合,有媒体在联合政府成立后就质疑马华公会与民主行动党在政府内部将如何相处。而就选民来说,大选前在巫统与人民公正党之间、在马华公会与民主行动党之间的抉择,从大选后的结果来看也是无意义的。假如拼盘政治体系得以延续,政权组成形式更多依靠的是政治家的妥协而非选民的投票,那么将会在一定程度上影响选民的参政投票热情,也将降低选举的公信力

---

① 刘勇:《马来西亚联邦政治与东马政治的双向互动》,《南亚东南亚研究》2022 年第 6 期,第 44~56 页。

甚至政权的合法性。

4. 权力平衡中体现出"分肥政治"的特点

在由政党联盟合作组成的团结政府中，各政党联盟都是政权的"造王者"，各方的支持对于维护政权的合法性至关重要。因此，在拼盘政府组成后，政府需要平衡各方的利益，只有各方形成权力和利益共同体才能实现政府的相对稳定。在安瓦尔领导的团结政府成立后，内阁部长职位的分配就体现出通过权力换取支持的意味。除了内阁总理安瓦尔外，内阁的两名副总理分别是来自国阵的巫统主席扎希德和来自沙捞越政党联盟土保党的法迪拉。大选后在东、西马各任命一名副总理是希盟竞选宣言中的承诺，但将人选分别确定为国阵和沙捞越政党联盟代表则是安瓦尔的选择。要知道，上述两个联盟在大选结果揭晓之初都曾明确表示不会与希盟合作，最后是在最高元首的主导下两个联盟才决定支持希盟组建团结政府的，因此希盟在上述两个联盟中各任命一名副总理的做法可以被看作争取其支持的表现。此外，在政党的部长职位分配上，内阁 28 个部长职位（含总理和副总理）中，人民公正党以 31 个国会席位坐拥 9 个内阁部长职位［含希盟的沙巴盟友基纳巴卢团结进步党（UPKO）1 个］；巫统则凭借 26 个国会席位拥有 6 个内阁部长职位；民主行动党拥有的国会席位数最多，达到 40 个，但其部长职位只有 4 个；沙捞越政党联盟仅有 23 个国会席位，却拥有 5 个内阁部长职位；其他 4 个部长职位则是国家诚信党 2个，沙巴人民联盟 1 个和专业人士 1 个。[①] 内阁部长职位分配结果明显与各政党的国会席位比例不匹配，特别是对民主行动党而言。这体现出安瓦尔在抓住核心权力的同时也在平衡各党权力。此外，内阁几个重要部长职位则分别由人民公正党和巫统议员担任，例如财政部长、经济部长、内政部长、教育部长由人民公正党议员担任，而国防部长、外交部长、国际贸工部长则由巫统议员担任。将上述重要部长职位交由巫统党员担任，也确

---

① "Senarai Menteri Kabinet Malaysia 2022 Terkini Dikemaskini," Permohonan. my, Disember 2, 2022, https: //www. permohonan. my/senarai－menteri－kabinet－malaysia－terkini（访问时间：2023 年 3 月 14 日）。

保了巫统能够坚定支持希盟政权，不再出现半途撤回支持的情况。① 当然，在各取所需的情况下，政党联盟之间权力的平衡也就能够保持政权的稳定。

三　拼盘政治的形成动因

第十五届大选标志着拼盘政治这一新政治体系的形成，在选民选择多样的情况下，政权的稳定与否也将与政党联盟之间的关系密切相关，而政治体系从两线制过渡到拼盘政治，背后充斥着各方面的因素。

（一）社会分裂加剧推动政党力量格局的变化

2018 年以前，随着社会的发展，国阵的一党独大制逐渐瓦解，执政党联盟与反对党联盟的两线制逐渐形成，并在第十四届大选中首次实现政权轮替。希盟政府上台后，由于国阵的分崩离析以及希盟内部的矛盾，马来西亚的两线制迅速瓦解，其政党政治格局加速演变，政治体系也呈现出新的特点。其中，马来西亚政治体系的重塑与随着社会分裂加剧而不断倾向于多元化的选民和政党密切相关。

独立之初，马来西亚社会的分裂结构主要是以族群和宗教为界限的纵向分裂结构。随着经济社会的发展，马来西亚的工业化和城市化水平以及公民的受教育程度不断提高，继而扩大了城市中产阶级，推动了市民社会的崛起和公民权利意识的觉醒。"公正、民主、自由、平等"等普世价值逐渐在社会中扩散，民众开始对国阵长期威权统治所带来的专制、贪腐、裙带政治以及特权阶级对经济社会资源的垄断表示抗议。此外，地区间尤其是东马与西马之间经济发展和资源分配的不平衡也使得沙巴、沙捞越的民众提升区域地位、谋求区域发展的呼声日益增强。马来西亚社会基于阶级和地区差异的横

---

① 2020 年穆希丁领导的国盟执政时期，正是由于扎希德等巫统领导官司缠身，穆希丁不愿意向巫统主席扎希德等委任内阁职务，因此扎希德在后期撤回对穆希丁的支持，导致穆希丁下台。2021 年，伊斯迈尔上台后，也并未向扎希德等委任相关职务，导致巫统不断催促解散国会并提前举行大选。

向分裂日渐明显。社会分裂结构的变迁影响着马来西亚政党的发展，在基于族群和宗教差异的保守型政党之外，催生了以普世价值为意识形态的政党，同时东马区域型政党的影响力也正随着社会的发展不断增强。

新冠疫情发生之后，马来西亚的旅游业、制造业以及进出口贸易等产业受到重创，中小企业发展面临严峻挑战，就业机会大幅减少。自 2020 年 3 月起马来西亚的失业率逐步上升，2020 年 5 月达到历史最高数值 5.3%。在 2022 年 4 月马来西亚开放国境之前，其失业率一直维持在 4%以上。[①] 与此同时，政治精英的权力博弈也使得马来西亚政局陷入无休止的动荡之中。在经济衰退和政治剧变的双重压力之下，选民的心理和偏好发生变化，马来西亚社会的分裂愈加趋于明显，这进一步加剧了选票的分散，改变了第十五届大选中各党派和政党联盟的力量格局。首先，西马政党的进一步分裂强化了沙捞越选民"造王者"的认知。2018 年以来，随着西马政党分裂的加剧以及沙捞越政党联盟的成立，沙捞越民众逐渐意识到本土政党联盟在联邦层面政治格局中影响力的增强，同时也切实感受到本区域地位的提升。这使得沙捞越选民在大选中更倾向于选择以沙捞越政党联盟为主的本土政党。在第十五届大选中，沙捞越政党联盟赢得的国会议席总数也由 18 个上升至 23 个。[②] 这体现出沙捞越选民对本土政党的偏好不断加深的趋势。其次，在经济和健康威胁的重压之下，民众更加关心社会经济生活的实际问题，对不断挑起政治斗争和煽动对立情绪的议员和政党厌恶加剧。2022 年 11 月 18 日，马来西亚默迪卡中心数据显示，民众最希望选举候选人或政党谈论的问题的前三名分别是通货膨胀和生活成本（47%）、促进经济增长（17%）以及腐败问题

---

① " Malaysia-Tingkat Pengangguran，" Trading Economics，https：//id. tradingeconomics. com/malaysia/unemployment-rate（数据实时更新，访问时间：2023 年 3 月 16 日）。

② "PRU-15：GPS Menang 21 Kerusi Parlimen Di Sarawak，Kerusi Parlimen Limbang & Parlimen Baram Akan Diumum SPR，" UKAS Portal，November 20，2022，https：//ukas. sarawak. gov. my/2022/11/20/pru-15-gps-menang-21-kerusi-parlimen-di-sarawak-kerusi-parlimen-limbang-parlimen-baram-akan-diumum-spr/（访问时间：2023 年 2 月 25 日）。

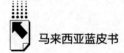
（14%），而政治动荡和马来人特权或种族平等分别仅有 5% 和 4% 的关注度。[1] 选民利益关切的变化直接影响其支持政党的偏好，宣称聚焦马来人问题的祖国斗士党及其联盟祖国行动联盟在此届大选中颗粒无收。同时，包括阿兹敏在内的几乎所有从人民公正党中跳槽的引发"喜来登事件"的议员都在此届大选中失去议席。巫统不考虑汛期影响而执意提前举行大选的行为以及纳吉布贪腐案件的终审结果也使得其选民基础进一步流向了同样奉行马来保守主义的国盟。

2018 年以来，原本主要集中于国阵和希盟的选票随着社会政治经济的变化以及政党联盟的分裂重组，分散到了国盟、希盟、国阵、沙捞越政党联盟、沙巴人民联盟等多个政党联盟中，改变了马来西亚政党以及政党联盟的力量格局，推动了政治体系的重塑。

（二）政治制度的变化导向新的权力体系

除了马来西亚社会存在多样化社会分裂从而导致政党分裂并随之产生新的政治体系外，政治体系变化实际上与国家政治制度的变化密切相关。根据学界的观点，政治文化是政治体系中的基本倾向或心理方面，它包括一个特定民族在特定时期内普遍奉行的一整套政治态度、信仰、情感、价值等基本取向，是政治关系在人们精神领域内的投射形式。[2] 同时，政治文化与政治制度共同构成政治体系的两个方面，并且遵循不同的发展规律。通常政治文化和政治制度是大体匹配的，且当两者中的任意一方发生变化时，另一方必须产生相应变化，否则两者之间的张力过大就会导致政治体系的不稳定。2018年后，正是新的政治文化的出现及其与旧的政治制度的不协调，导致政治体系的动荡，然后推动旧的政治制度发生变化，最终形成新的政治体系。

2018 年大选中，虽然希盟成功战胜国阵，但希盟的国会议席数刚刚过半，政权尚不稳定，并且巫统仍然是国会中议席最多的政党。国阵败选后，

---

① "15th Malaysia General Election Survey," Merdeka Center, November 18, 2022, https：//merdeka. org/v2/15th-malaysia-general-election-survey-results/（访问时间：2023 年 2 月 28 日）。

② 刘良菊：《政治稳定的思想基础——政治文化》，《知识经济》2009 年第 1 期，第 75~76 页。

各成员党纷纷退出，造成了国阵的实力不断削弱，13 个成员党仅剩 3 个。随后，巫统党内产生大量"青蛙议员"，14 名议员退出并跳槽到土团党，使土团党的国会议席增加到 26 个，而 3 名独立议员加入人民公正党后，该党掌握 50 个国会议席并成为国会第一大党。[①] 从巫统议员的跳槽开始，马来西亚形成了"青蛙政治"的政治文化，国会议员和州议员跳槽之风盛行。据统计，自 2018 年以来，马来西亚政坛共出现了多达上百次的议员跳槽事件，导致联邦政权和州政权多次出现转换。穆希丁和阿兹敏从希盟退出，导致希盟政权垮台；最高元首支持穆希丁就任总理一年多以后，由于巫统 15 名国会议员变节，其被迫辞职。实际上，正是由于在马来西亚政治制度大体保持不变的情况，产生了"青蛙政治"这一新的政治文化，马来西亚政治生态呈现出前所未有的动荡和混乱。

在执政党与在野党力量相对平衡的情况下，议员们在政党之间来回跳槽，导致权力天平左右摇摆，最终引发政局的不稳定。伊斯迈尔上台后，为了防止政权的再次变更，他领导的国盟与希盟签署《政治稳定和转型谅解备忘录》，暂时搁置争议，以稳定政府，复苏国家经济。在该谅解备忘录中，朝野双方达成协议，将会在新政府建立后制定"反跳槽法"以杜绝"青蛙政治"现象。2022 年 7 月，在伊斯迈尔的主导下，"反跳槽法"草案在国会下议院顺利通过，并呈最高元首御准。[②] 随着国会"反跳槽法"的通过，各州也陆续推动州层面"反跳槽法"的制定。正是该法的制定杜绝了马来西亚的"青蛙政治"文化，推动拼盘政治的最终形成。由于"反跳槽法"限制了议员随意在政党间跳槽，政党中央的权力得到了进一步巩固。

在 2018 年以前马来西亚的政治体系中，由于从来没有单一政党执政的历史，权力单位通常存在三级，分别是议员、政党和政党联盟。议员是决定

---

① 刘勇、李卓：《近年来马来西亚"青蛙政治"现象与"反跳槽法"的制定》，载苏莹莹、翟崑主编《马来西亚发展报告（2022）》，社会科学文献出版社，2023，第 110 页。

② Muhammad Azizul Osman, "RUU Anti Lompat Parti untuk Kestabilan Politik Negara-PM," Malaysia Gazette, Julai 27, 2022, https://malaysiagazette.com/2022/07/27/ruu－anti－lompat－parti－untuk－kestabilan－politik－negara-pm（访问时间：2022 年 10 月 20 日）。

权力归属的最小单位，权力中间单位是政党，而政党联盟则是权力最高单位。议员的权力通过政党交予政党联盟，由政党联盟凭此组建政府进行执政。在这个权力体系中，作为最小权力单位的议员可以通过跳槽影响政党的实力，政党也可以通过改变合作联盟影响政党联盟的实力，这在2018年大选后频繁发生，甚至导致政权更替。但在2020年"喜来登事件"后，由于没有一个政党联盟有足够支持，能够组建政府，马来西亚开启了政党联盟间的合作尝试。三级权力体系升级成四级，影响政党联盟合作政府稳定的因素增多，议员、政党和政党联盟都可以影响政治稳定，政治稳定性自然就会降低，这增加了政治动荡的概率，穆希丁领导的国盟政府正是在此情况下下台的。但在"反跳槽法"出台后，议员在当选后失去了重新选择归属政党的权力，四级权力体系重新变为三级，议员这一最大的不确定因素被限制，政党成为决定权力归属的最小单位，如果政党联盟能够获得足够议席，那么政权就会相对更加稳固。在第十五届大选中，没有一个单一的政党联盟能够获得足够议席来组建政府，政党联盟只能向上谋求组建更高的权力单位，因此政党联盟成为权力中间单位，最高权力单位是由政党联盟所组成的政治拼盘。在社会高度分裂且限制议员行为的情况下，政党联盟的相互合作就塑造了拼盘政治这一新的政治体系。可以说，正是新的政治制度的产生，抑制了"青蛙政治"这一政治文化，从而形成了政党—政党联盟—政治拼盘这一新的三级权力体系，并塑造了拼盘政治这一新的政治体系。

四 拼盘政治的发展前景

由于团结政府是由最高元首主导形成的，而且安瓦尔也顺利通过了国会的信任投票，政权在一段时间内会保持合法性和稳定，特别是在政府在内阁安排上已经兼顾了东马、西马以及各个政党联盟利益的情况下。① 如今，安

---

① Siti Nur Zawani Miscon, "Anwar Lulus Undi Percaya, Dapat Sokongan Majoriti sebagai PM," Malaysia Dateline, Disember 19, 2022, http：//malaysiadateline.com/anwar－lulus－undi－percaya－dsapat-sokongan-majoriti-sebagai-pm（访问时间：2023年2月20日）。

瓦尔领导的团结政府是由政党联盟组成的政治拼盘，如果说"喜来登事件"后，国盟时期政坛的"造王者"是东马的沙捞越政党联盟，那么在第十五届大选后，国阵、沙捞越政党联盟、沙巴人民联盟等都是希盟政权的"造王者"，高度碎片化的政党联盟使得政府只能呈现政治拼盘形式。但需要注意的是，各"造王者"的内部关系是影响拼盘政府未来的不稳定因素。根据上述权力体系理论，在马来西亚新的三级权力体系中影响拼盘政府政权稳定的主要因素有政党和政党联盟。

在政党层面，不确定因素主要来自国阵的巫统。大选后，巫统内部如希沙慕丁等人坚决表示不支持希盟而支持国盟，此举导致了巫统内部的团结隐忧。2023年1月，巫统最高理事会根据党纪对凯里·嘉马鲁丁、希沙慕丁、诺·奥马尔等进行了开除党籍、冻结党籍等不同类型的处罚，引起大家广泛关注，也体现了巫统内部的不合。① 2023年举行的巫统党选也将在一定程度上影响政党走向从而影响拼盘政府的稳定。

在政党联盟层面，沙巴人民联盟同样存在隐忧。在最高元首的主导下联盟主席哈芝芝表示支持安瓦尔领导的希盟政权，但是沙巴人民联盟是由沙巴土团党、沙巴立新党、沙巴团结党、沙巴进步党和沙巴人民团结党组成的政党联盟，哈芝芝作为沙巴土团党党员，其意见明显与沙巴土团党中央作为反对党的意见相左。因此，哈芝芝在宣布支持安瓦尔政权不久后，就宣布退出沙巴土团党，以个人身份领导沙巴人民联盟，但随即沙巴人民联盟内部国阵党员产生了对哈芝芝作为联盟主席以及沙巴首席部长的合法性地位的质疑，沙巴州也发生了试图夺权的"哥打基纳巴卢行动"，虽然哈芝芝的地位暂时得以保全，但沙巴州未来政治发展也存在不稳定因素。② 国阵内部，由于在第十五届大选结果揭晓后巫统成员党如马华公会等曾逼扎希德辞职，联盟内

---

① Mohd Nasaruddin Parzi, "Pecat, Gantung Ahli UMNO Sah Ikut Perlembagaan Parti," *Berita Harian*, Januari 29, 2023, https：//www.bharian.com.my/berita/nasional/2023/1/1057370/pecat-gantung-ahli-umno-sah-ikut-perlembagaan-parti（访问时间：2023年3月10日）。

② "Kedudukan Hajiji sebagai Ketua Menteri Sabah terus Jadi Tumpuan," *Berita Harian*, Januari 8, 2023, http：//www.bharian.com.my/berita/nasional/2023/01/1049041/kedudukan－hajiji－sebagai－ketua-menteri-sabah-terus-jadi-tumpuan（访问时间：2023年3月10日）。

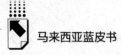

部的裂痕也是影响政治稳定的重要因素。

但总的来说，在如今政党和选民都高度分裂的情况下，短期内很难有一个能够获得足够议席的政党联盟来单独执政，拼盘政治或许会在民主化进程中存在一段时间。由于形成新的三级权力体系，国家政局应该会摆脱过去两年的极度动荡状态，呈现出一段时期的相对稳定，但会否实现长期的稳定，仍然有待观察。

B.6

马来西亚第十五届大选半岛主要华基政党的参选

钟大荣　刘金雨*

摘　要： 2022 年 11 月 19 日，马来西亚第十五届大选出现悬峙议会。在这届大选中，半岛主要华基政党①分属不同的政党联盟——民主行动党（希盟）、马华公会（国阵）、民政党（国盟），在其中扮演了不同角色。本报告从第十五届大选前的政治经济形势、三大政党联盟以及半岛华基政党的竞选数据、大选后的政党政治与半岛华基政党发展趋势等多个方面进行分析，剖析半岛主要华基政党在第十五届大选中的表现，对它们未来的发展趋势做出预测。

关键词： 马来西亚　第十五届大选　华基政党　团结政府

2022 年 11 月 19 日，马来西亚第十五届大选掀起了"马来海啸"。由巫统兼国阵主席的扎希德领导的国阵创下最差成绩，仅获得 30 个国会议席。而反对党希望联盟在安瓦尔的领导下，成功拿下 82 席，成为拥有国会议席数最多的政党联盟。由土团党兼国盟主席穆希丁领导的国盟获得 74 席，成

---

* 钟大荣，博士，华侨大学马来西亚研究中心主任、副教授、硕士研究生导师，主要研究方向为马来西亚、中国与东南亚、华侨华人；刘金雨，华侨大学国际关系学院硕士研究生。

① 华基政党，马来西亚描述华人政治现象时约定俗成的一种说法，指华人党员占多数、以华人影响力为主、主要领导是华人、以华人特色为基础的政党组织，如多元族群的民主行动党、民政党，以及单一族群的马华公会。

为拥有国会议席数第二的政党联盟。这是马来西亚人民厌倦"种族政治、贪腐政治"的结果。如果说2018年第十四届大选中，希盟在马哈蒂尔的带领下成功夺取执政权，打破了以巫统为首的国阵长达60年的执政地位，完成了马来西亚历史上首次政权轮替，那么2022年第十五届大选后希盟联合国阵、沙捞越政党联盟、沙巴人民联盟、沙巴民兴党以及其他若干政党和独立人士组成的团结政府，则是开始了马来西亚建国以来首次组成联合政府的实践。在这之前，均是政党联盟执政的形式，但第十五届大选后成立的团结政府，由政党联盟和若干政党与独立人士组成。不过，团结政府成立后，受到了各种挑战。如，2023年1月，沙巴州巫统主席邦莫达宣布国阵撤回对州政府的支持，州政府倒台，后来沙巴首席部长哈芝芝宣布政局能保持稳定，可见中央政府层面的团结合作与地方层面的情况存在差异；再如，马来西亚反贪污委员会在安瓦尔上台后不久宣布，将调查穆希丁政府时期新冠纾困计划的5000亿林吉特是否有贪污问题，2023年3月9日，前总理穆希丁被捕，安瓦尔则被国盟指控利用政治优势打压反对党，双方各执一词，而国盟成员党之一的伊斯兰教党主席哈迪·阿旺，也趁机散布"预言"，称团结政府将解散，安瓦尔不久将下台……综上，虽然马来西亚政坛开创了联合执政的新局面，但种族政治、极端政治的"浓烟"依旧没有散去，相关政党与政客依旧在打"种族牌""宗教牌"，此外，安瓦尔也面临众多未着手的改革措施，未来能否一帆风顺，将考验安瓦尔团队的政治智慧。

一 第十五届大选前的政治经济形势

2018年大选后希盟政府成立，但因联盟内部诸多矛盾最终解体。随后穆希丁担任总理、国盟政府成立，后来以巫统为首的国阵以抗击"新冠疫情"不力为由，撤回对穆希丁的支持，导致国盟政府解体，最终通过谈判，巫统副主席伊斯迈尔·沙必里担任总理，巫统重回执政地位。一届国会出现三届政府，导致民众对马来西亚民主的稳健发展产生忧虑。

在政治方面，由于国阵撤回对穆希丁国盟政府的支持，穆希丁下台，由巫统副主席伊斯迈尔组阁，似乎形成了一个稳定的政府，实际上仅是总理之位由国盟的土团党主席替换成了国阵的巫统副主席，各个部长、副部长，以及高级官员主要还是由国盟成员党党员出任。这就导致马来西亚政府出现了弱总理（Weak PM）、强内阁（Strong Cabinet）的局面，这样的政府在意见一致时能够团结对外，但在意见有分歧的时候，内阁部长们的党派背景与执政理念的矛盾之显现，不仅会影响中央政府施政效果，更关键的是会导致中央政府的稳定性无法得到保障。此外，巫统高层领导的贪腐案也成为拉低国阵胜率的重要因素。巫统的贪腐问题由来已久，由于前总理纳吉布被判入狱，以及濒海战斗舰的丑闻，很多马来人更加厌倦巫统。在第十五届大选前，越来越多的马来选民认为国阵与巫统已不能代表马来人的利益，因此选择将选票投给国盟。① 时任总理伊斯迈尔反复推迟大选也造成了国阵内部的分裂以及错过最佳的大选时机。无论是在面对巫统"法庭帮"不断催促解散国会、阻止政府和希盟签署新的合作协议之时，还是在国盟一再要求让土团党代表出任副总理，否则就撤回对政府支持之时，伊斯迈尔都选择迎合、退让的态度，先避免与对方撕破脸，但最后又委婉拒绝，让对方不得不知难而退。伊斯迈尔担心太早提前举行大选，自己会丧失总理之位，所以为了整合巫统内部以及保全自己的权力，宁愿在季风季节进行大选。

在经济方面，受新冠疫情的影响，尽管马来西亚在 2021 年经济逐步复苏，但当年国内生产总值（GDP）仍比疫情前减少了 3072 亿林吉特。这对除制造业以外的所有主要经济领域产生了不利影响。② 疫情期间国内消费急剧减少，投资萎缩，旅游和商务旅行减少，需求减弱，生产、贸易、供应中断；国民健康也受到影响，民众患病和死亡率增加，保健支出大幅提升。这些负面影响无形中增加了政府压力，政府在民众中的支持度也受到波及。再

---

① 蔡可涵：《受访政治学者：柔佛州选战希盟声势看涨，国盟或从国阵丑闻中受益》，〔新加坡〕8world 新闻网，2022 年 11 月 15 日，https：//www.8world.com/southeast－asia/msia－elex-johor-ge-analysis-1975261（访问时间：2023 年 2 月 21 日）。

② Department of Statistics Malaysia, May 13, 2022, https：//www.dosm.gov.my/v1/index.php? r=column/cthemeByCat&cat=153&bul_id=UWFBZkhFZDBhanN5ZEUxRS96T2VRdz09&menu_id=TE5CRUZCblh4ZTZMODZIbmk2aWRRQT09（访问时间：2023 年 2 月 22 日）。

者，受 2022 年乌克兰危机的影响，全球经济陷入了不稳定状态，马来西亚也不例外。虽然马来西亚与俄罗斯、乌克兰的直接经济往来有限，但这场危机的溢出效应增加了马来西亚食品和能源价格压力。尽管新冠疫情后国际经济市场重新开放、劳动力供应增加，但乌克兰危机给全球经济、马来西亚经济带来的冲击在短时期内仍无法消除。[①]

二 第十五届大选及半岛华基政党成绩

总体来看，第十五届大选显示出民众积累已久的求变诉求以及对"种族政治、贪腐政治"的厌倦。由于此届大选采用了 18 岁自动登记制度，大幅增加了年轻选民的数量，选民人数增至 2117 万人。截至 2022 年 11 月 19 日下午 3 时，投票人数就已经高达 1358 万人，超过了上届大选投票人数，总投票率高达 73.89%，创下马来西亚历届大选投票人数之最。[②]

11 月 20 日凌晨，第十五届大选结果陆续揭晓，希盟共获得 82 个国会议席（加上马来西亚民主联合阵线 1 席），成为国会最大政党联盟。在其竞选的 219 个国会议席中，希盟中选率为 37.44%，远高于国阵。希盟中民主行动党获得的国会议席最多（有 40 席），人民公正党以 31 席位居第二，国家诚信党和沙民统分别获得 8 席、2 席，相比其他政党联盟，希望联盟获得的国会议席最多。在同时举行改选的三州（霹雳、彭亨和玻璃市）州议会（共 115 席）中，希盟拿下 33 席。在霹雳州，希盟拿下 24 席，国阵得 9 席，国盟得 26 席，无一阵营获得 30 席简单多数议席以组建政府；不过在开票日两天后，国阵和希盟协商，以两方阵营相加的 33 席共组州政府。在彭亨州，国阵赢得 16 席，希盟得 8 席，国盟得 17 席，没

① Azanis Shahila Aman, "Spillover Effects of Russia-Ukraine Conflict on Malaysia," *New Straits Times*, October 8, 2022, https：//www.nst.com.my/business/2022/10/838554/spillover-effects-russia-ukraine-conflict-malaysia（访问时间：2023 年 2 月 22 日）。
② 〔马来西亚〕《星洲日报》2022 年 11 月 19 日，https：//myelection.sinchew.com.my/20221119/下午 3 时投票率 65-已超过上届大选投票人/（访问时间：2023 年 2 月 25 日）。

有任何政党获得简单多数议席，导致产生了悬峙议会，彭亨希盟同意与彭亨国阵合作①，通过谈判，国阵、希盟组成了联合政府。

此届大选中的另一个"赢家"则是国盟。其竞选 170 个国会议席，中选 74 个，中选率为 43.53%。在其竞选的 115 个州议席中，中选 56 个，中选率为 48.7%。国盟取得了耀眼成绩，引发舆论关注。在玻璃市，由于玻州政治强人沙溪淡与巫统不合，加入国盟中的伊斯兰教党，再加上伊斯兰教党在玻州有扎实的基层支持，当地刮起"穆斯林大团结"旋风，伊斯兰教党赢得玻州州选举中的 13 个议席，只有一个议席让希盟获得。在国会选举中，伊斯兰教党也取得了辉煌的成绩，竞选 65 个议席，中选 49 个，中选率高达 75%，相比于上届大选，增加了 27 个，一跃成为国会第一大党。由于大量马来人不满国阵、巫统多年难以整治的贪腐问题，对国阵失去信心，加上此届大选 800 万名"首投族"的不明确投票，以及伊斯兰教党在东海岸和北部多年经营的基层优势，该党在此届大选中异军突起，获得了大量马来人的选票。

国阵是此届大选中最大的输家，在其竞选的 177 个国会议席中，仅中选 30 个，中选率为 16.95%（见表 1），相较于上一届大选减少了 12 个。在州议席方面，在其竞选的 115 个州议席中，仅中选 25 个，中选率 21.7%，一举丢掉了三个州的政权。此外，国阵在玻璃市全军覆没，未能攻下一个议席，彻底丢掉了该州，仅在彭亨州，国阵获得 16 席，在州议会中居第二位。大选结束后，国阵内部针对巫统兼国阵主席扎希德的"声讨"也愈演愈烈，例如前任卫生部长凯里、前总理兼巫统副主席沙必里都声称要扎希德辞职谢罪。② 在国阵内部，由于巫统是国阵的"主心骨"，巫统的衰微，似乎必然导致国阵惨败。综合来看，对国阵而言，第十五届大选中不仅华人选票没有回流到马华公会，而且马来人选票也流向了国盟，这对国阵造成重创，使其中选率降低。目前来看，国阵要想在短期内恢复，这存在不少困难。

---

① 〔马来西亚〕《星洲日报》2022 年 11 月 22 日，https：//myelection. sinchew. com. my/20221122/5 巫 4 华 1 印-霹 10 名行政议员宣誓/（访问时间：2023 年 2 月 25 日）。

② 〔马来西亚〕《星洲日报》2022 年 11 月 20 日，https：//myelection. sinchew. com. my/20221120/将帅无能-累死三军-凯里要阿末扎希辞职/（访问时间：2023 年 2 月 27 日）。

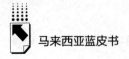

表1　2022年马来西亚大选全国主要政党联盟国会议席情况

单位：个，%

主要政党联盟	竞选议席数	中选议席数	中选率
希盟	219	82	37.44
国盟	170	74	43.53
国阵	177	30	16.95

资料来源：马来西亚选举委员会网站，http：//www.spr.gov.my/en。

如果说三大政党联盟获得的成绩存在不少意外，那么马来半岛三大华基政党的表现则显得相对平稳，因为相比于第十四届大选，这届大选中华基政党的表现有延续性，它们获得的席位变化不大。

（一）民主行动党

在此届大选中收获最大的华基政党无疑是民主行动党。其总共竞选55个国会议席，中选40个，中选率为72.72%，仅次于国会第一大党伊斯兰教党。而属于国阵的马华公会竞选44个国会议席，中选2个，中选率仅为4.54%。国盟中的民政党竞选19个国会议席，一席未中，全军覆没，中选率为0（见表2）。相比较而言，这几届大选中，民主行动党似乎更能代表华人社会的声音，而马华公会和民政党正逐渐被华人所"抛弃"。

表2　2022年马来西亚大选三大华基政党国会议席情况

单位：个，%

政党	竞选议席数	中选议席数	中选率
民主行动党	55	40	72.72
马华公会	44	2	4.54
民政党	19	0	0

资料来源：《2022年马来西亚大选》，https：//zh.m.wikipedia.org/zh-hans/2022年马来西亚大选。

纵观近几届大选，在 2013 年第十三届大选中，国阵就仅以微弱优势赢得大选，而马华公会在该届选举中的得票少，之后开始持续下滑，华人选民的政治倾向对该届选举产生了不小的影响，近八成选民将选票投给了反对党。① 就马华公会和民政党在第十五届大选中的表现而言，有学者认为这是华裔选民对马华公会和民政党未对 1998 年发生的"烈火莫熄"运动和政治协商机制做出正确反应的后续政治觉醒，许多华裔选民通过投票的方式与执政的华基政党进行切割，期待促成马来西亚政治体制由威权主义向民主社会转型，也希望"惩罚"国阵政府的贪腐现象和威权政治。除了国阵等政党联盟的自身原因造成其选举失利外，几届大选中民主行动党采取的竞选策略在其中也发挥了重要作用。

民主行动党的组织凝聚力。1967 年 7 月，民主行动党发表《文良港宣言》，围绕新生的马来西亚未来道路提出了自己的主张。首先，在族群平等的基础上建立一个多元族群的国家，反对把公民严格划分为土著与非土著，提倡民族融合路线；其次，在文教政策方面除大力发展马来语言文化外，也要保障其他族群的语言文化权利，如充分保障华小与淡小等其他源流学校；最后，经济、教育发展不平衡问题的解决不应以族群因素划线，而要通过公平施政促进国家融合。而后其又相继发表了其他相关宣言，如 1968 年的《文化民主政策》、1981 年的《八打灵宣言》（建党 15 周年）、1992 年的《丹绒宣言》、1992 年的《妇女组丹绒宣言》、1992 年的《社青团宣言》以及 2012 年的《莎亚南宣言》等，进一步充实该党的纲领，不断完善自身的意识形态建设，并以此为旗帜，团结了大批非马来人、马来人。在进入 21 世纪前后的大选中，民主行动党不论是孤身奋战，还是成为"替代阵线"中的一员，抑或是加入"人民联盟"② 和希望联盟，都一直主抓凝聚人心的

① 杨帆：《马来西亚第十四届大选以来华人政党政治变化探析——以马华公会和民主行动党为主》，《八桂侨刊》2021 年第 3 期。

② "人民联盟"是马来西亚一个已解体的政党联盟，曾被支持者视为唯一一个能够与国民阵线抗衡的政治力量。由于伊斯兰刑法争议，成员三党之一的伊斯兰教党于 2015 年 6 月 15 日决定与民主行动党断交。2015 年 6 月 16 日，民主行动党秘书长林冠英宣布民联不复存在。

思想工作，目的是使党员发挥出强大的战斗力。

民主行动党的竞选策略。首先，在竞选演说方面，民主行动党无论是全国层级的领袖，还是地方层级的领袖，在积极前往各地演说时都务求让选民了解民主行动党的执政理念与竞选宣言。第十五届大选中，民主行动党领袖林冠英、陆兆福等中委以及地方议员在提名日结束不久后，就开始了全国性的政治演说，从作为希盟堡垒的巴生到峇眼，再到马六甲和芙蓉，由于受选民关注度较高，多地出现场面沸腾现象。如2000多名市民在雨中撑伞出席"希盟亚沙超级星期天"，这次集会也是民主行动党亚沙国会议席提名以来，其连续举办的多场政治座谈会中人数最多以及最热闹的一场。① 其次，在选战策略上，民主行动党全国政治教育主任刘镇东在2020年出版的《有勇有谋：民主行动党选战攻略》中强调，城区与乡区选民关注的议题有所不同，乡村选民更关注所在地的基础设施建设，类似"拯救马来西亚""青蛙政治"等过于宏大的全国性议题难引起共鸣。因此他建议民主行动党候选人在往后的大选或州选中必须与乡村所在地领袖和社团领袖建立巩固的关系，采取灵活策略，对城区和乡区的竞选活动要积极调整，随机应变。②

民主行动党年轻、多元化的候选人阵容。从公布的候选人名单来看，民主行动党的55位国会议席候选人当中，有14位是女性代表③，占了25.45%，比上一届17%的比例高，上一届民主行动党一共竞选47个国会议席，其中有8位为女性候选人。在政党联盟中，国阵有19位女性候选人（11%），国盟有14位（8.2%），而希盟则有40位（18%），是此届大选中

---

① 《"希盟亚沙超级星期天"热爆 2千人撑伞听林冠英演讲》，〔马来西亚〕《南洋商报》2022年11月15日，https://www.enanyang.my/（访问时间：2023年3月28日）。

② 《有勇有谋：民主行动党选战攻略》，民主行动党全国政治教育局，2020年12月24日，https://dl.dapmalaysia.org/berani_ menang/Berani%20Menang_ CN.pdf（访问时间：2023年4月1日）。

③ 这14位女性代表如下。升旗山：瑟丽娜（Syerleena Binti Abdul Rashid）；丹绒：林慧英；文冬：雪芙拉（Young Syefura Binti Othman）；蒲种：杨美盈；泗岩沫：杨巧双；士布爹：郭素沁；居銮：黄书琪；古来：张念群；根地咬：杰莉迪雅（Grelydia Gillod）；丹南：诺丽达（Noorita Binti Sual）；山打根：黄诗怡；南兰：刘强燕；丰盛港：法丁祖莱卡（Fatin Zulaikha Binti Zaidi）；三脚石：廖晖晖。

派出女性最多的联盟。在与民主行动党同为华基政党的马华公会竞选的 43
个国会议席中，只有 7 人是女性候选人，占 16%。^① 在排兵布阵方面，民主
行动党派出的候选人具有多元背景，涵盖华裔、巫裔（马来人）、印度裔和
东马土著等不同族群。尽管华裔候选人依然占多数，但也有不少印度裔和巫
裔候选人，在沙捞越有 2 位比达友族候选人，在沙巴有 2 位卡达山族候选
人。此外，民主行动党在此届大选中派出的候选人也更加年轻化，55 位国
会选区候选人平均年龄 45 岁，上一届全国大选中民主行动党候选人平均年
龄 47 岁。同时，小于 40 岁的候选人有 21 位（约 38%），也比上一届全国
大选 15 位（约 32%）有所增加。^② 多元、开放、包容、年轻的阵容，使得
希盟在非马来裔中的高支持率创下纪录，特别是在华裔中希盟得到了最多的
支持选票。

（二）马华公会

马华公会从马来西亚建国以来，便在马来西亚的政治、社会、经济、族
群等领域发挥了重要的作用，作为参与马来西亚建国的重要族群性政党，该
党的独特性、悠久性和重要性，受到国内外的高度关注。纵观各届大选，马
华公会的成绩有起有落，在第十二届大选之前，该党的国会议席数总体都不
错，且起落不大，但在第十二届大选之后，成绩连续下滑，在第十五届大选
中仅获得了 2 个国会议席。安瓦尔成立团结政府后，马华公会作为国阵的一
员，回到"执政状态"，不过其党员未进入安瓦尔内阁。马来西亚国际伊斯
兰大学政治学系助理教授刘哲伟认为，马华公会从希望联盟政府时期的在野
党到其党员重返国盟政府（后进入沙必里政府）的中央政府内阁（虽然换
了新总理，但马华公会党员可以维持在中央政府中的官职），实际上，马华
公会并没有改变，依然走在旧路上，原因是马华公会无法摆脱负面形象，无

---

① 《派出最多女性候选人 章瑛：行动党感到自豪》，〔马来西亚〕光华网，2022 年 11 月 4
日，https://www.kwongwah.com.my/20221104/（访问时间：2023 年 3 月 28 日）。
② 《候选人趋向多元年轻化》，〔马来西亚〕东方网，2022 年 11 月 3 日，https://www.
orientaldaily.com.my/news/nation/2022/11/03/523176（访问时间：2023 年 3 月 28 日）。

论它怎么努力，其还是过去一贯的马华公会。^① 甚至有舆论认为，由于华人选票大多流向希望联盟、民主行动党，在某种程度上，马华公会能否得到华裔选民的支持取决于民主行动党的表现，即民主行动党是否犯错误，如果民主行动党领导人，如主席林冠英或希盟主席安瓦尔，出现重大失误或在贪腐案中被定罪，那么选民才有可能放弃支持其并转而投给马华公会。

马华公会整体形象有待提升。马华公会和民主行动党虽然都有中央执政经验，在政府体制内处理问题的手法和方式都是一样的，但似乎民主行动党领袖给外界留下较好的印象，他们辩论能力强，也足以让华裔选民支持和相信他们。但实际情况是，马华公会无论是在中央还是在地方，无论是年长者还是年轻者，都不乏形象佳、论述能力强、综合素质高的党员。但相比之下，在2018年"喜来登政变"后，马华公会依旧在国阵里参与所谓"后门政府"以及在巫统重获执政权之后（沙必里政府）依旧和"形象不好"的巫统站在一起，引发不少华裔选民对该党的不良印象。他们认为，投票给马华公会等同于投票给国阵与巫统，也就是继续支持实施种族政治、打压非穆斯林的政府；而马华公会如果无法果断与巫统切割，不真正做回在野党，洗心革面、彻底改革，有可能长期得不到多数华裔选民的支持。马来西亚政治分析员谢诗坚认为，马华公会应改变过去软弱和说话谨慎的形象，在政党认识架构方面进行改革以让人耳目一新，否则马华公会只能是一个名为执政实为被执政的政党。^②

"首投族"没有"马华公会代表华社"的心态。此届大选中有近400万名年轻"首投族"，这一代人受国阵执政时期影响较小，相比老一辈，不少华人的认知"马华公会就是代表华社，从小到大投票要投国阵"，这种意识形态在2008年全国大选后逐渐被改变，在野党联盟的民主论述给

---

① 《马华无法摆脱负面形象　华裔是否支持视火箭表现》，〔马来西亚〕透视大马网，2021年9月8日，https://www.themalaysianinsight.com/chinese/s/337099（访问时间：2023年2月28日）。

② 《马华无法摆脱负面形象，华裔是否支持视火箭表现》，〔马来西亚〕透视大马网，2021年9月8日，https://www.themalaysianinsight.com/chinese/s/337099（访问时间：2023年2月28日）。

选民的政治诉求增加了选项，影响延伸到了城市地区的非华裔选民，并逐渐取得他们的支持。有基层马华公会党员认为，"在华社面对困难或者有问题时，大家都是来找马华寻求协助，尤其是华小问题，所以大致上可以看到，虽然没有获得太多华裔的支持，但是在整个定位上还是在华人社会。至于马华公会是否会作为全民政党，我看暂时不会有变动"①。一直以来马华公会给包括华裔在内的民众提供了各种服务，但在近几届大选中马华公会却没有成功地把它们变现为自己的"选票"，如何扭转这种不利局面，是各方重点关注的课题。

马华公会的选战策略有待改进。随着形势的不断发展，不少马来中产阶级、知识分子开始对国阵产生不满，于是民主行动党从2008年开始培养马来候选人，且初有成效。2018年，希望联盟及民主行动党已经能在马来选民占绝大多数的雪兰莪州杜顺大、马六甲州的望万和彭加兰峇株，以及霹雳州的德宾丁宜等选区中选，虽然这也有伊斯兰教党分散马来选民选票的因素，但希望联盟及民主行动党的多元族群选举策略已经产生了一定的效果。② 第十五届大选中，民主行动党派出马来族女性候选人雪芙拉上阵文冬，攻下了这个热门马来选区。③ 由此可以看出，民主行动党在摆脱"华人沙文主义政党"的族群政治标签方面的成功个案逐渐增加。至于马华公会，不少人认为，历届大选中马华公会得到的选票大多来自支持国阵的马来人，特别是在乡村和半城乡区，这导致马华公会的选票来源变化小、结构单一。④ 倘若马来人支持国阵，那么马华公会的票就有保障，但如果马来人厌

① 《区团断层陷入低谷，马华寄望党选挽狂澜》，〔马来西亚〕《中国报》2023年4月25日，https://www.chinapress.com.my/20230425/，(访问时间：2023年5月11日)。
② 《行动党进军马来区的积极意义》，〔马来西亚〕《星洲日报》2022年10月27日，https://www.sinchew.com.my/20221027/郑名烈-行动党进军马来区的积极意义/(访问时间：2023年2月28日)。
③ 文冬选民结构中，马来选民占50.6%、华裔占38%、印度裔占9.5%。《国盟会抢走谁的票？廖中莱盘面占优雪芙拉非省油的灯》，〔马来西亚〕东方网，2022年11月11日，https://www.orientaldaily.com.my/news/nation/2022/11/11/525163(访问时间：2023年4月28日)。
④ 《马华不得华人的心》，〔马来西亚〕当今大马网，2008年7月9日，https://www.malaysiakini.com/letters/85853(访问时间：2023年2月28日)。

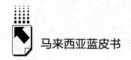

倦国阵，马华公会受牵连的可能性则增加。马华公会所委派的候选人几乎是清一色的华裔，在这几届大选中华社普遍不被看好的情况下，很少有人投票给马华公会，加上马华公会的票源以马来人为主，这就容易导致马华公会很难形成候选人与票源的有机结合，从而严重影响马华公会在大选中的成绩。

（三）民政党

2008年全国大选中，虽然国阵依然获胜，但仅获得105个国会议席，其中民政党获2个，创历史新低。槟城州政权落入民主行动党手中，而民政党基本已经被边缘化，沦为没有地位的"蚊子党"。①

民政党缺乏政治资源。民政党在第十四届大选中惨败后，决定脱离国阵，主席马袖强也辞去党主席一职。在"喜来登政变"发生后，至2021年2月，民政党虽然在多项教育课题上发表了立场，其捍卫华小权益的行为取得一定的舆论支持，但总体上民政党已经失去了在朝时的资源，仅仅剩下党产，"华人诉求""华人权益"的政治信念似乎已被选民抛弃。②

民政党左右摇摆，缺乏原则。2020年民政党主席刘华才宣布支持穆希丁领导的国民联盟执政，并申请加入国盟，这一表态激起了党内和华社的极大反弹。有民众认为，刘华才"投机"，在希盟执政时期支持马哈蒂尔、安瓦尔，"喜来登政变"时向变节的公正党署理主席阿兹敏伸出"橄榄枝"，最后又宣布支持总理穆希丁；很多民众呼吁民政党中央代表"醒来吧"，否则民政党将走向灭亡之路，永难翻身。③ 也有人认为，如果说马华公会是因为长期追随国阵和巫统而逐渐被边缘化，那么民政党则是在不断"跳槽"与"联盟"中丧失了自己的主体地位，成为随风飘落的"树叶"，而失去选民的支持。

---

① 范若兰、廖朝骥：《追求公正：马来西亚华人政治走向》，《世界知识》2018年第12期。
② 《民政党法律行动，阻爪夷文纳入华泰小课本政策》，〔马来西亚〕东方网，2019年9月1日，https://www.orientaldaily.com.my/news/nation/2019/09/01/304653（访问时间：2023年2月28日）。
③ 《痛斥刘华才愚蠢投机，卢界燊疾呼民政换主席》，〔马来西亚〕当今大马网，2020年5月24日，https://www.malaysiakini.com/news/527126（访问时间：2023年3月1日）。

三 展望：大选后的半岛华基政党与马来西亚政坛

2022年11月24日下午，希盟主席兼人民公正党主席安瓦尔宣誓就任马来西亚总理。不过，无论是"赢得"大选、真正执政的民主行动党，还是在大选中失利的马华公会、民政党，其未来的发展均面临不少挑战。

（一）民主行动党

去"华人政党"的族群化标签。首先，从这次大选结果可以看出，民主行动党虽然在不少马来选区委派马来人参与竞选，并取得了一定成绩，但不可否认，民主行动党党员大多数依旧是华裔，马来人、印度裔的比例仍较低，未来，民主行动党的多元化仍是其重要发展方向。其次，在民主行动党高层，例如全国主席林冠英、秘书长陆兆福、副主席槟城首长曹观友、副主席张健仁等，这些党领导依旧是华人占绝大多数，民主行动党在未来要得到更多非华裔的支持，吸纳更多的其他族裔进入领导层应是一个重要议题，否则仍会被冠名为以华人领袖为主的族群性政党。

廉政建设课题。在第十五届大选中，马来人选票出现分流从而引发"马来海啸"，原因之一是大部分公务员的选票从投给国阵转向投给国盟，国盟吸收了大量马来人选票从而迅速壮大，而国阵则因为选票流失，创下最差成绩。像布城选区的国会议席自设立以来，国阵从未失去，但在这届大选中布城被国盟"攻陷"，该地也是全国高级公务员最密集的地方。作为主要原因的贪腐问题让布城的公务员不再选择国阵。越来越多的马来人已经开始厌倦国阵的贪腐政治、恩荫政治，向往公正、透明、公开、廉洁的政治。这对任何一个阵营和党派莫不如此。这两年，民主行动党全国主席林冠英卷入贪腐诉讼①，尽管该党认为是政治陷害，而且诉讼仍处于法院处理阶段，但

---

① 〔马来西亚〕透视大马网，2022年10月12日，https://www.themalaysianinsight.com/index.php/chinese/s/405873（访问时间：2023年3月3日）。

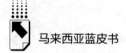
类似的贪腐诉讼引发的舆论旋涡,势必给该党一直倡议的"透明、公开、民主、廉洁"等口号蒙上阴影。

提升"首投族"中的支持率。此届大选中,两大阵营中的民主行动党与伊斯兰教党分别成为各自阵营拥有国会议席最多的政党。如何获得更多年轻人的支持均是未来两党的工作重心之一。这届大选中,民主行动党和伊斯兰教党也互相争取年轻人的选票,如,在巴东埔、亚罗士打等选区,伊斯兰教党候选人都战胜了希盟候选人,表明许多马来年轻人把票投给国盟。这也意味着伊斯兰教党在青年中的宣传在某种程度上胜过民主行动党。数据显示,2022 年 1 月,TikTok 在马来西亚的使用率已经达到 61.2%,用户人数高达 1459 万人,有研究报告说明,在东南亚三个国家——马来西亚、菲律宾和印尼,TikTok 是赢得选举的重要宣传平台,新加坡尤索夫·伊萨东南亚研究所(ISEAS-Yusof Ishak Institute)的 Fulcrum 网站指出,马来西亚这届大选不是只有 222 个国会议席,而是有 225 个,第 223 个是脸书(Facebook)、第 224 个是推特(Twitter),而第 225 个是 TikTok。①

(二)马华公会

进行彻底改革,重新出发。虽然马华公会也属于安瓦尔团结政府的一分子,但在严格意义上,目前马华公会对团结政府的制度、资金、人事等方面的影响力微乎其微。要改变这一局面,从根本上要靠马华公会自身变强大,得到更多民众的认可与支持。马华公会未来能否进一步发展壮大,关键在于其能否进行深刻变革。如在基层区部,马华公会在过去的四届大选中成绩连续下滑,不仅未得到大部分华裔选民的选票支持,甚至可能本身党员的选票在关键时刻也流失了部分,当前马华公会的票源又逐渐远离华人社区,主要依靠非华裔的选票支持。因此,无论是自上而下,还是自下而上的改革,其方向主要定位于激活潜力,找回马华公会党员的自信心,培养更多的新生

---

① 《TikTok 是国盟最佳助选员?》,〔马来西亚〕当今大马网,2022 年 11 月 22 日,https://www. malaysiakini.com/letters/645261(访问时间:2023 年 3 月 10 日)。

代；提升马华公会在国家重大政治、社会、民生等课题上的发声频率与论政质量；继续展开更多的基层服务，与选民扩大互动，从而逐步壮大自己的力量。此外，马华公会可以充分利用已有的资源。虽然在政治博弈上目前输于民主行动党，但是马华公会却有民主行动党所不具备的各种宝贵资源，如教育服务。它拥有两所大学——拉曼大学与拉曼理工大学。众所周知，这两所大学从无到有，从小到大，从名不见经传到影响力增长，都与马华公会有着千丝万缕的关系，甚至可以说没有马华公会就没有这两所大学。① 两所大学的创建源于政党与社会的联合，但又向社会开放、服务全民，学生族群多元（华裔、马来人、印度裔和其他族群，包括越来越多的国际学生），不仅如此，不少民主行动党的国会议员和州议员还是这两所大学的校友。因此，马华公会如何从成功创办两所大学的实践中汲取宝贵经验，并将之用于自身政党的经营，也将是一项众所期待的课题。

淡化单一族群色彩。马华公会也在此方面尝试革新。马华公会总会长魏家祥于 2019 年 12 月在第 66 届中央代表大会上通过数项党章修改案，宣布非华人可以成为马华公会附属党员，虽然附属党员无权竞选党职，但马华公会逐渐开始朝多元族群路线发展的意向已越来越清晰。②

（三）民政党

自"308 政治海啸"以来，民政党失去了自己的大本营槟城州的所有议席，直至今天似乎也未能恢复元气。有舆论认为，"308 政治海啸"中民政党失败的一个重要原因是其未能及时与包括巫统在内的国阵切割，与"种族主义者"为伍，没有坚持创党时期的冒险精神，不敢旗帜鲜明地反对种族主义。民政党应该坚持自身的"主体性"，而不是随意地切换阵营，如在

① 当然，这两所大学的创办，也与马来西亚华人办大学的追求紧密相关。20 世纪六七十年代，马国中央政府接连否决当地华社成立华人色彩浓厚的私立大学申请，作为妥协，马华公会利用在体制内的优势，经过不懈努力和发动华人社会，先后成立拉曼学院（后升格改名为拉曼理工大学）、拉曼大学。

② 〔新加坡〕《联合早报》2019 年 12 月 2 日，http://www.aseantop.com/content? id = 16201（访问时间：2023 年 3 月 15 日）。

希盟政府时支持马哈蒂尔、安瓦尔，"喜来登政变"后又选择支持阿兹敏，而后又选择支持穆希丁，民政党似乎只是根据谁能给予其最大利益这一问题的答案来选择阵营归属，而没有根据该党自身的目标和政策进行选择。在加入国盟后，党主席刘华才曾表示民政党支持国盟的任何决定，而对华裔民众而言，似乎难于苟同这种反复在不同阵营间跳槽的行为。

（四）马来西亚政局未来走向

马来西亚政局仍存在不稳定性。第十五届大选后，虽然形成了以希盟、国阵为主的团结政府，但不可否认，马来西亚的政党政治仍然潜伏着不稳定因素。马来西亚国家元首于 2022 年 11 月 24 日授权安瓦尔组阁后，国盟的伊斯兰教党就立刻对安瓦尔的合法性提出质疑，最后使安瓦尔不得不进行总理不信任案投票，以强化自身合法性。① 此外，自团结政府成立以来，伊斯兰教党主席哈迪·阿旺对安瓦尔内阁合法性的质疑便不曾停止，即使安瓦尔政府的总体满意率、各项指标已达到较高水平。② 哈迪·阿旺甚至在一次公开演说中称，安瓦尔政府解散乃是真主安拉的意思。这引发民众议论。

政治两极化更加严重。反贪污委员会在安瓦尔担任总理后不久，就宣布对前总理穆希丁执政时期推行的新冠纾困计划进行重新开档调查，随着反贪污委员会冻结土团党的银行账户，并以贪污受贿为由逮捕穆希丁，朝野震动。而以穆希丁为主席的土团党也指控安瓦尔凭借行政权力对反对党进行打压，目的是在即将进行的州选前削弱国盟力量；而安瓦尔表示保持中立，不会干涉反贪污委员会对任何党派的调查。双方各执一词，争执不下。安瓦尔团结政府的民调也因调查群体的不同，体现出不同结果。例

---

① 〔马来西亚〕《中国报》2022 年 11 月 30 日，https：//www.chinapress.com.my/20221130/（访问时间：2023 年 3 月 5 日）。

② 〔马来西亚〕东方网，2023 年 3 月 4 日，https：//www.orientaldaily.com.my/news/nation/2023/03/04/550574？fbclid = IwAR2El7vdFzJ － 9M ＿ JKClABJbd17L57vZAe1W2WosMBLDwvQ6MFE6URpx9d Dg（访问时间：2023 年 3 月 7 日）。

如，在以华裔选民为基础的民调中，华裔受访者对安瓦尔领导的团结政府的表现基本感到满意，超过七成的受访者给安瓦尔打出 60 分以上的分数，其中 40.7% 的人（462 人）打出 60~79 分的中上分数。但在受访者以马来人为主的民调中，高达 71% 的马来人不满意或不信任安瓦尔政府，这主要是由于民众对经济以及巫统不满，原因还包括马来人社会觉得领导国家的不再是马来人挂帅的"自己人"了。[①] 对比之下，民调反映出较多巫裔受访者对政府缺乏信任，而这种情况与第十五届大选中的趋势相符。

随着 2023 年六州选举结束，未来团结政府与反对党联盟的互相指责与扯皮将会愈演愈烈，究竟是安瓦尔的"昌明大马""民族融合"更能赢得马来人支持，还是国盟的"马来牌""重申马来人的马来西亚"更胜一筹，有待进一步考察。

---

① 〔马来西亚〕《星洲日报》2023 年 2 月 2 日，https：//www. sinchew. com. my/20230227/（访问时间：2023 年 4 月 10 日）。

B.7
新媒体在马来西亚第十五届
大选中的运用

粟 琳　翟 崑*

摘　要： 在2018年马来西亚第十四届大选中，以脸书（Facebook）、推特（Twitter）为代表的新媒体平台跻身为"数字选区"，成为各大政党展开竞争的主战场。这一新变化也被视作老牌执政联盟国民阵线（Barisan Nasional）垮台的关键。四年后，过去属于年轻人活跃据点的上述社交媒体，均呈现出用户老化的现象。因此，在第十五届大选中，新崛起的社交媒体TikTok成为各路政客抢攻年轻人票源的新"数字选区"，而上述新媒体平台也对大选结果产生了显著的影响。本报告梳理第十五届大选期间以TikTok为代表的新媒体平台的使用情况，分析其在大选中发挥的作用及其产生的影响和隐患。新媒体平台在对传统媒体进行补充、激发选民政治参与热情、帮助预测"首投族"选票偏好的同时，也存在算法机制漏洞、影响选举生态等问题。笔者认为，这一研究有助于展望民主转型阶段马来西亚的政治宣传走向。

关键词： 马来西亚　新媒体　第十五届大选　TikTok

---

* 粟琳，北京大学区域与国别研究院博士研究生，主要研究方向为马来西亚社会和跨文化交际；翟崑，博士，北京大学国际关系学院长聘教授、博士生导师，兼任北京大学区域与国别研究院副院长、东盟国家研究中心主任，主要研究方向为东南亚、国际战略、"一带一路"等。

2022 年 11 月 24 日，长期反对派领导人安瓦尔·易卜拉欣（Anwar Ibrahim）宣誓就任马来西亚第十任总理，马来西亚第十五届大选（GE15）正式落幕。马来西亚此届大选采用 18 岁自动登记制度，大幅增加了年轻选民的数量，使此届选民人数从上一届约 1500 万人增加至 2117 万人，增幅超四成。该国选举委员会的资料显示，此届大选中 18~29 岁的选民占投票总人数的 30%。① 年轻选民往往不会忠于固定的政党，成为此届大选最大的未知数。而大选结果也印证了这一点，首次无单一政党或政党联盟赢得国会下议院简单多数席位进而独立执政，因此，此届大选也被认为是马来西亚"史上最激烈"的大选。

在 2018 年马来西亚第十四届大选中，以脸书（Facebook）、推特（Twitter）为代表的新媒体平台跻身为"数字选区"，成为各大政党展开竞争的主战场。这一新变化也被视作老牌执政联盟国民阵线（Barisan Nasional）垮台的关键。四年后，过去属于年轻人活跃据点的上述社交媒体，均呈现出用户老化的现象。因此，在此届大选中，新崛起的社交媒体 TikTok 成为各路政客抢攻年轻人票源的新"数字选区"，而上述新媒体平台也对大选结果产生了显著的影响。本报告将对第十五届大选期间以 TikTok 为代表的新媒体平台的使用情况进行梳理，分析其在此届大选中发挥的作用，并对其产生的影响以及存在的问题进行评析，以展望民主转型阶段马来西亚的政治宣传走向。

一　马来西亚数字选区发展历程

马来西亚数字选区的发展历程可以追溯到第十二届大选（GE12），随后，各政党不断使用新媒体平台进行政治宣传和选举活动，马来西亚大选中的政治传播迎来现代化的变革。在 2008 年的第十二届大选中，博客和在线评论催生出新的党派政治宣传模式。在 2013 年的第十三届大选中，出现了各政

---

① Portal Rasmi Suruhanjaya Pilihan Raya Malaysia，https：//www.spr.gov.my/（访问时间：2022 年 11 月 19 日）。

党运用脸书和推特进行社交媒体竞选活动的情况，以及在线"网络士兵"出现。2018 年的第十四届大选中，病毒视频传播成为竞选策略的关键。通过社交媒体瞄准选民的大数据公司也是马来西亚第十四届大选中社交媒体竞选活动中的一项创新。而在 2022 年举行的第十五届大选中，以 TikTok 为代表的新媒体短视频平台，成为主导大选期间政治宣传的新技术。

2007 年 11 月 10 日，净选盟（BERSIH）在吉隆坡举行首次集会，为马来西亚大选拉开了新媒体时代的序幕。由于无法接触到传统媒体的控制权，数万名反抗者通过在线媒体平台、博客和手机集结，要求马来西亚建立公开、干净、公平的选举程序，在 2008 年马来西亚第十二届大选前举行了两次大型抗议集会。当时的国阵政府出于对 2004 年第十一届大选（GE11）中的压倒性优势的自信，以及凭借其对报纸、电视、广播等传统媒体的绝对垄断，并未考虑到新媒体平台已逐渐成为反对党和民众参与政治讨论的新平台。互联网成为反对党打破国阵竞选报道封锁的重要工具，使其首次拥有可自由使用的媒体渠道，能够与公众进行更畅通的交流，催生出新的党派政治话语。伊斯兰教党（PAS）、民主行动党（DAP）、人民公正党（PKR）相继创建各自的网站，上传有关政党政策和计划的信息。其他新闻网站，例如 Malaysia Kini、Aliran.com 和 Agenda Daily，也成为马来西亚公民讨论社会政治问题的公共领域。① 大多数人认为，第十二届大选不仅是新媒体首次在大选中全面使用，同时也是民众政治觉醒的开端：反对党充分利用它们对网络的控制，主导了当时互联网对国阵政府的批评叙事，当时支持国阵政府的博客寥寥无几；而民众也更多接触到揭露国阵政府内部腐败的信息，抛弃了对参政议政的恐惧情绪，参与到互联网上的政治讨论中来。当时的国阵政府在应对新媒体冲击中表现得极为被动，新媒体的出现让以往被传统媒体封锁的新闻得以传播，社会媒体和普通选民的网络批评让国阵政府措手不及。国阵在过度的自信和无措的恐慌中对新媒体攻击采取了错误的态度，时任巫青团

---

① A. R. Moten, "The 1999 General Election in Malaysia: Towards A Stable Democracy?" *Akademika: Journal of the Social Sciences and Humanities*, Vol. 57, 2000, pp. 67-86.

副团长凯里·嘉马鲁丁（Khairy Jamaluddin）将互联网上发表攻击言论的博主比作"猴子"，他表示："网络世界没有法律，只有丛林法则。因此，必须采取行动，让'猴子'乖乖听话。"① 因此，在当时的国阵政府决定回应新媒体上出现的指控和批评时，它利用了其控制下的传统媒体，而这就意味着它传达的信息的目标受众仍旧是传统媒体的受众，博客中的内容不仅没有被反驳，反而被更多网友视作真相并传播。当国阵政府终于意识到应对方案不对，急忙建立自己的党派网站（http：//bn2008.org.my）以应对反对党攻击时，距离第十二届大选已仅剩两周。因此，马来西亚第十二届大选引发了一场"政治海啸"，国阵在国会下议院中前所未有地失去了三分之二多数席位，反对党成功夺取 222 个席位中的 82 个，相较于 2004 年第十一届大选的 20 个席位有了显著进步。

诚然，选举结果是多重因素共同作用的结果，但必须承认的是，新媒体形塑和放大了对执政政府的负面舆论，并将持续发挥更大的作用。国阵政府意识到了轻视新媒体平台带来的巨大代价，在大选后修改了政党的政治传播策略。国阵政客们纷纷创建了自己的博客、脸书和推特账户，巫青团还成立了志愿"网络士兵"Cyber Teams，以监控并打击网络上的错误信息和谣言②；反对党也继续追击，利用社交媒体增加政党曝光度。2013 年，马来西亚的互联网用户数从 2008 年的 171.85 万人增加到 2012 年的 583.96 万人，增长了约 240%③，总理纳吉布表示，第十三届大选将是一场社交媒体选举。④ 巫统新媒体部负责人 Tun Faisal 表示，人们现在"对传统媒体获取信

---

① "Monkeys in Cyberspace," Nur Samad Blogspot, July 29, 2007, http://nursamad.blogspot.com/2007/07/monkeys-in-cyberspace.html（访问时间：2023 年 4 月 5 日）。

② "Malaysia Poll Battle Goes Online," Aljazeera, March 9, 2008, https://www.aljazeera.com/news/2008/3/9/malaysia-poll-battle-goes-online（访问时间：2023 年 4 月 5 日）。

③ "Malaysia's Social Media Election Is Already Over," Malaysia Today, March 26, 2013, https://www.malaysia-today.net/2013/03/26/malaysias-social-media-election-is-already-over/（访问时间：2023 年 4 月 5 日）。

④ "PM: GE13 Will Be Malaysia's First 'Social Media Election'," *The Star*, February 27, 2013, https://www.thestar.com.my/news/nation/2013/02/27/pm-ge13-will-be-malaysias-1st-social-media-election（访问时间：2023 年 4 月 5 日）。

息的依赖程度降低了"，社交媒体比博客更重要。① 数据显示，在第十三届大选前，国阵已经在社交媒体上取得了强劲的进展，并为自己确立了竞争地位。纳吉布的脸书页面有158万个"赞"，而反对党领导人安瓦尔·易卜拉欣（48万个"赞"）和林吉祥（12万个"赞"）紧随其后。反对党则在推特上表现更好，人民公正党账号有2.7万名追随者，民主行动党账号有2.7万名追随者，伊斯兰教党账号有1200名追随者，而国阵账号有2.4万名追随者。② 马来西亚的社交媒体用户对政治的兴趣呈指数级增长，2010年，只有2400条关于政客的推文，3年后这一数字上升到了45万条。社交媒体研究中心Politweet的创始人Ahmed Kamal表示，社交媒体在马来西亚的使用有所增加："从1名到200万名推特用户，再到超过1300万名脸书用户，其中900万名用户年龄在21岁以上。2008年，人们依靠博客获取政治信息，2013年，他们已经转移到脸书和推特上。"③

最终，在2018年的第十四届大选中，马来西亚反对党取得了历史性的胜利，导致其成功的一大因素就是新媒体平台的出现和兴起。从2008年的博客和门户网站，到2013年的脸书和推特等社交媒体，再到2018年的Facebook Live、WhatsApp和YouTube等便于传播病毒视频的社交平台，互联网在全国范围内的不断普及提升了政客和选民对新媒体平台的依赖程度。反对党人民公正党还创立了Invoke Malaysia机构，利用大数据分析帮助竞选边缘席位的候选人制定战略以获得胜利，时任人民公正党副主席拉菲兹·南利（Rafizi Ramli）表示，社交媒体是"第一战场，比地面上的政治演说（ceramah）更重要，谁在社交媒体上的影响力越大，获胜的机会就越大"。但是，他也指出，仅在社交媒体上获得影响

---

① 参见 Ross Tapsell, "Negotiating Media 'Balance' in Malaysia's 2013 General Election," *Journal of Current Southeast Asian Affairs*, Vol. 32, Issue 2, pp. 39-60。

② "GE13: Is Najib Winning the 'Social Media Election'?" Digital News Asia, February 11, 2014, https://www.digitalnewsasia.com/digital-economy/ge13-is-najib-winning-the-social-media-election（访问时间：2023年4月5日）。

③ "How Is Social Media Affecting the 13th Malaysian General Election?" Yahoo News Philippines, May 1, 2013, https://ph.news.yahoo.com/how-is-social-media-affecting-the-13th-malaysian-general-elections%2D%2D141713792.html（访问时间：2023年4月5日）。

力是不够的，因为还有许多其他因素会对选举结果产生影响，比如选区划分等。①
根据马来西亚通讯与多媒体委员会（MCMC）在 2017 年进行的互联网用户
调查，2016 年在 2190 万名社交媒体用户中，有 97.3% 拥有脸书账户②，因
此，以脸书为代表的新媒体平台在第十四届大选中成为在线政治竞选活动的
基地也就不足为奇。当时，反对党领袖马哈蒂尔·穆罕默德在兰卡威发表的
演讲只能通过 Facebook Live 观看，而不能在电视上观看。与之相反的是，时
任总理纳吉布在投票日之前的最后一次演讲在除了在线媒体外的主流电视频
道如 TV3、Astro Awani、TV2、Bernama TV 和 Hypp TV 播出，这样的对比在网
民中引起了轰动。政治宣传的"视频化转向"还体现在病毒视频的传播方面，
各政党和政客都在社交平台（脸书、推特、WhatsApp 和 YouTube）上发布了便
于理解和转发的病毒视频，这些视频风格迥异，但均隐含了一些微妙的、暗示
性的信息，虽然不包含任何政治口号或者提及具体的政党名称，但是观看者可
以清楚地看出政治倾向。例如，其中一个视频系列是 #namasayanajib，以一个被
误解的小男孩为主角展开创作，这个男孩与时任总理纳吉布同名。这个角色容
易犯错，但在视频中总被原谅，因为他的本意是好的。同时，他还表现出许多
美德——勤奋、诚实、进取以及忠诚和感恩。③ 这一视频化的趋势在 2022 年
的第十五届大选中得以进一步体现，以传播短视频、允许用户交互为特征的
新媒体平台 TikTok 跻身前列，成为各大政党线上争斗的新场所。

二 新媒体在马来西亚第十五届大选中的运用

根据统计网站 Statista 的数据，截至 2023 年 1 月，有超过 2000 万

---

① "RUN-UP TO GE14: How Big Data Is Changing Malaysia's Election Landscape," The Edge
Markets, April 2, 2018, http://www.theedgemarkets.com/article/runup - ge14 - how - big -
data-changing-election-landscape（访问时间：2023 年 4 月 5 日）。

② "Internet Users Survey 2017," MCMC, 2017, https://www.mcmc.gov.my/skmmgovmy/
media/general/pdf/mcmc-internet-users-survey-2017.pdf（访问时间：2023 年 4 月 5 日）。

③ #namasayanajib, YouTube, https://www.youtube.com/playlist? list = PLAWPAIQg09wMn9cYG
JbRPqMHbSR7Wo_ S6（访问时间：2023 年 4 月 5 日）。

（61.2%）的马来西亚人正在使用 TikTok①，其中97%的使用者是34岁及以下的年轻人②。由于 TikTok 用户的年轻性，"首投族"的大基数以及该平台自身的跨族群、跨语言性，该平台成为了解和攻克年轻选民的最重要战线。此外，马来西亚目前主流的新媒体平台在大选前推出一系列专项举措，也表现出各政党对使用社交媒体进行政治宣传的重视态度。在此届大选中，各大新媒体平台在选举的预热、进行和收尾阶段集中传播了此届选举资讯、政党人物宣传和选民意见表达三类内容。

（一）选举资讯传播内容

在 TikTok 上，马来西亚大选颇具热度。此届大选相关话题标签#PRU15、#GE15 的视频高达32万条，浏览高达38亿次。③ TikTok 在大选前发起 Belia Sedia Undi 活动，推出专门选举指南、战略性青年外展活动，以及加强政府、政治家和政党账号（GPPPA）政策，以帮助用户获取必要的选举信息。④ 同时，TikTok 也对选举期间出现的不实消息和煽动性言论进行监控与删除。⑤ 此外，投票期间 TikTok 用户自发分享谷歌趋势（Google Trends）数据截图和显示各个政党名字在谷歌上搜索次数的排行榜。根据谷歌趋势数据（见图1）和 TikTok 搜索数据的对比可以发现，自投票日前一周至总理就任日，希盟和国盟在各平台上均获得较高的关注度。除

---

① "TikTok Penetration Worldwide by Country," Statista, https：//www.statista.com/statistics/1299829/tiktok-penetration-worldwide-by-country/（访问时间：2023年1月3日）。

② "TikTok Users in Malaysia," Start.io, https：//www.start.io/audience/tiktok-users-in-malaysia（访问时间：2023年1月2日）。

③ "PRU15," TikTok Creative Center, https：//ads.tiktok.com/business/creativecenter/hashtag/pru15/pc/en? countryCode=US&period=7（访问时间：2023年1月2日）。

④ 《TikTok-Malaysia 为 GE15 展开 Belia Sedia Undi 活动：助青年发挥所赋予的投票权》，eRing Malay，2022年11月8日，https：//ering.com.my/2022/11/tiktok-malaysia%E4%B8%BAge15%E5%B1%95%E5%BC%80beliasediaundi%E6%B4%BB%E5%8A%A8%EF%BC%9A%E5%8A%A9%E9%9D%92%E5%B9%B4%E5%8F%91%E6%8C%A5%E6%89%80%E8%B5%8B%E4%BA%88%E7%9A%84%E6%8A%95%E7%A5%A8%E6%9D%83/（访问时间：2023年1月2日）。

⑤ "Fahmi Fadzil Says TikTok Deleted Over 1000 Videos With Extremist Content After GE15," Says, December 7, 2022, https：//says.com/my/news/fahmi-fadzil-says-tiktok-deleted-over-1000-videos-with-extremist-content-after-ge15（访问时间：2023年1月2日）。

TikTok 外，硅谷科技巨头 Meta 旗下的脸书和 Instagram 等平台也表示允许其各种平台用于政治目的，以配合第十五届大选的政治宣传。该公司制定了一个三步走策略。首先，删除任何违反社区准则的内容，减少低质量和虚假新闻的传播；其次，取消将所述内容货币化的功能；最后，向公众提供共享信息的一些背景信息，以便他们自己决定是否信任和共享这些信息。上述平台将所有政治广告放置在"广告库"中，确保其政党信息公开透明。Meta 在亚太地区的政治和政府外联负责人 Roy Tan 表示，"我们允许发布政治广告是基于以下原则，即人们应该能够听到那些希望领导他们的人的意见，这样他们才能决定他们想投票给谁"①。

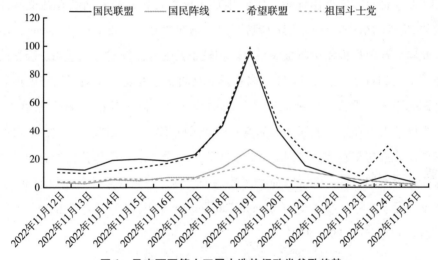

图 1　马来西亚第十五届大选热门政党谷歌趋势

资料来源：根据谷歌趋势数据绘制。

（二）政党人物宣传内容

虽然各政党的重要人物均重视利用社交媒体进行宣传，但在内容的侧重

---

① "Apart from Tik Tok, Meta to Allow Political Advertising for GE15," Marketing Magazine, October 21, 2022, https://marketingmagazine.com.my/apart-from-tik-tok-meta-to-allow-political-advertising-for-ge15/（访问时间：2023 年 4 月 5 日）。

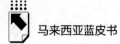

点上呈现出一定的差异，这些差异体现出了不同联盟的宣传策略。在社交媒体上自称"Abah"（父亲）的国民联盟（Perikatan Nasional，PN）主席穆希丁·亚辛（Mahiaddin Yasin）上传了一支"扫走国阵（BN）、扫走希盟（PH）"的短片，在短片中，他配合热门音乐 Swipe 将两个政治联盟的旗帜"扫走"，并在短片最后呼吁大家支持国盟，这 15 秒的视频在 4 天内获得了近 400 万次观看和超过 32.2 万次点赞。① 有马来西亚"最帅国会议员"之称的马来西亚民主联合阵线（MUDA）主席赛沙迪（Syed Saddiq）在 TikTok 上以超过 82 万粉丝获得断层优势（见图 2）。② 自 2020 年 6 月起，赛沙迪便一直致力于经营自己的 TikTok 账号，除了发表政见演讲外，他也经常在 TikTok 上针对时事做出评论，呼吁年轻人出来投票。向来活跃在社交媒体上的 97 岁的祖国斗士党主席马哈蒂尔·穆罕默德（Mahathir Mohamad）也在此届大选中积极使用新媒体平台。相较于其他党派候选人偏娱乐、轻松的路线，在 TikTok 上拥有超 41 万名粉丝的马哈蒂尔在竞选期间所发布的内容基调偏正式和严肃，但依旧取得不俗的收看率。除上述的 TikTok 常客外，不少候选人也在第十五届大选的竞选期间入驻 TikTok，期望通过塑造亲民的形象，拉近与年轻选民之间的关系。如国阵成员党之一马华公会的总会长魏家祥通过改编抖音上的洗脑神曲《我是云南的》呼吁民众支持。甚至 85 岁的巫统元老东姑·拉沙里（Tengku Razaleigh）也入驻 TikTok，表示自己要"尝试迎合年轻人的口味"③。

---

① "TikTok Videos by Malaysia Election Candidates Add Colour to Campaigning," Channel News Asia, November 10, 2022, https：//www. channelnewsasia. com/asia/malaysia－ge15－tiktok－campaign-youth-3059801（访问时间：2023 年 1 月 4 日）。
② "INTERACTIVE：GE15's Online Battle for Votes,"〔马来西亚〕《星报》2022 年 11 月 18 日，https：//www. thestar. com. my/news/nation/2022/11/18/interactive－ge15s－online－battle－for－votes（访问时间：2023 年 1 月 4 日）。
③ 《国阵最高龄候选人　姑里 TikTok 打选战》，〔马来西亚〕《南洋商报》2022 年 11 月 10 日，https：//www. enanyang. my/%E6%94% BF% E6% B2% BB/% E5% 9B% BD% E9% 98% B5% E6%9C%80%E9%AB%98%E9%BE%84%E5%80%99%E9%80%89%E4%BA%BA－%E5%A7%91%E9%87%8Ctiktok%E6%89%93%E9%80%89%E6%88%98（访问时间：2023 年 1 月 4 日）。

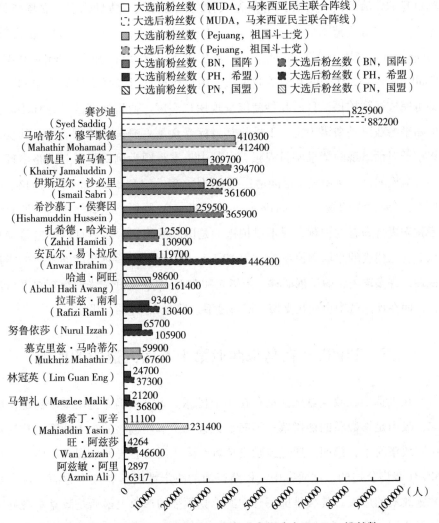

图2 第十五届大选前后马来西亚各政党候选人 TikTok 粉丝数

注：粉丝基数与社交媒体参与度不完全相关。

资料来源：选前数据（截至2022年11月14日）源自《星报》，选后数据（截至2023年1月1日）源自 TikTok。根据相关资料整理。

（三）选民意见表达内容

大选期间，也有不少 TikTok 用户使用简单及有创意的短视频，清楚地表达自身的政治倾向，其大体可分为三种：互动游戏、情景剧目、立场指控。首先是以"你支持哪个政党"（Sokong PRU15）贴纸、"谁是你的首相人选"（siapa bakal PM anda）贴纸、"第十五届大选扫走挑战"（Swipe PRU15 Challenge）等为代表的互动游戏视频。用户通过自行选择支持的党派和人选即可完成视频拍摄，只需几秒就能呈现用户态度。值得注意的是，TikTok 上的贴纸游戏以马来语为主，不排除其目标受众是巫裔选民的可能性。其次是以亲子对话呈现的情景剧目视频。以其中一支视频为例，画面上沿路出现许多希盟旗帜，父亲用马来语问道："这是什么旗？"（Bendera apa ini?）孩子则回答："爱骗人的旗。"（Bendera kaki kencing.）同样，也有使用同一段对话音频来进行表态的视频，只不过拍摄的是国阵的旗帜。最后是以抨击希盟意识形态为代表的立场指控视频。在 TikTok 上还存在一些挑起族群矛盾的指控视频，许多攻击希盟反穆斯林、亲华人和对 LGBTQ 友好主张的视频在平台流传，而在评论区中也存在支持、辩解澄清、反对和揶揄的不同声音。

三 TikTok 在马来西亚第十五届大选中的作用

在大选中，政党竞选活动存在多个目标。第一，确保党派基础稳定；第二，吸引足够数量的摇摆票；第三，让选民了解候选人的个人特征、政治资历和政策愿景；第四，通过鼓励支持者和阻止反对者投票以提升得票率。在 MORI 咨询公司的一项研究中，投票行为的决定性因素有三个方面，首先是政党政策的形象，其次是选民心中的政党领袖的形象，最后是政党本身的整体形象。[①] TikTok 作为马来西亚此届大选的核心数字选区，也在这三个方面分别发挥一定作用。

（一）对传统媒体进行补充加强

在此届大选中，以 TikTok 为代表的新媒体，呈现出补充信息传播途径、

---

① Robert M. Worcester, *British Public Opinion：A Guide to the History and Methodology of Political Opinion Polling*（*Making Contemporary Britain*），Oxford：Basil Blackwell, 1991, p. 11.

补充信息表达形式、补充选情预测信息来源的三重优势。在 TikTok 等平台上不仅有与选举相关的基本信息，同时平台也对各政党的选举政策和选举宣言进行横向对比与预测，直观地呈现出各政党的竞选重点与优势，实时更新各政党的政治活动动向①，这是传统媒体在时效性、全面性和准确性方面都无法超越的。此外，虽然大选期间马来西亚水灾严重，但投票日当天灾区并没有出现低投票率，这与各政党采取的实质性援助以及线上进行的政治动员是密切相关的。② 马来西亚沙巴大学社会科学与人文学院的 Syahruddin Awang Ahmad 博士还认为，根据 TikTok 视频托管服务呈现的浏览数据预测马来西亚大选结果，其准确率可能高达 70%，因为其算法能够展现出大多数选民的关注所在。③

（二）作为年轻选民的政治动员与投票指标

虽然部分学者不认为社交媒体是导致年轻世代参与选举的主要原因，但大部分研究都认可社交媒体对于年轻世代的政治参与有激励作用，并且这最终反映到选举的结果上。Kim 和 Geidner 在研究中指出，社交媒体的使用会影响年轻人对于投票的意愿，而年轻人的投票意愿又会和政治自我效能、社会资本及公民责任正相关。④ 一方面，在平台、政党和网民的三方共同作用下，年轻"首投族"的投票热情高涨。各政党的候选人均意识到，尽管缺乏系统的研究和数据来解释年轻"首投族"可能的投票模式，但他们仍是此届大选中最重要的决定因素之一。因此，各党派均致力于发布诸多呼吁年轻人共同

---

① 〔马来西亚〕当今大马网，https://newslab.malaysiakini.com/ge15/zh/manifesto/（访问时间：2022 年 11 月 19 日）。

② 《国阵或为选择在雨季大选付出代价 分析员称水灾来袭不影响投票率》，〔马来西亚〕透视大马网，2022 年 11 月 18 日，https://www.themalaysianinsight.com/chinese/s/412270（访问时间：2023 年 1 月 6 日）。

③ "TikTok Algorithm Could Provide 70 Percent Accurate Prediction on GE15 Outcomes," 〔马来西亚〕《新海峡时报》2022 年 11 月 8 日，https://www.nst.com.my/news/politics/2022/11/848200/tiktok-algorithm-could-provide-70-cent-accurate-prediction-ge15（访问时间：2023 年 1 月 4 日）。

④ Young Mie Kim and Nicholas W. Geidner, Politics as Friendship: The Impact of Online Social Networks on Young Voters' Political Behavior, paper presented at the International Communication Association, Montreal, 2008, pp. 23-25.

建设国家的信息，以期将"数字选区"的粉丝基数转变为实际的青年选票。这样的尝试也十分有效，在一项民意调查中，79%的受访"网络Z世代"青年表示，尽管对政府治理和各政党形象非常失望，但他们仍然会在大选中投票。① 另一方面，候选人在社交媒体上的曝光度成为年轻"首投族"投票时的重要衡量标准。候选人通过 TikTok 在年轻群体中有了曝光度。在选民没有深入了解候选人政绩的情况下，知名度显得尤为重要。在投票时，年轻选民也倾向于投票给"听过他的名字"或"看过他的视频"的人。因此，不难解释为何在政绩不佳的情况下，前总理穆希丁仍然依靠其紧跟潮流的态度、热门的拍摄手法和营造的亲民形象成功吸引到一众年轻选民。年轻选民会在 TikTok 上使用时下流行的滤镜和歌曲来表达自己的投票意向，因此社交媒体也可以成为了解年轻选民意向的渠道。②

（三）帮助营造多元的政党形象

政党候选人在互联网上营造出的个人形象实则反映出政党塑造的整体形象和政策特征。根据智库灵感中心的民意调查，国阵在网络战方面是最为保守的，仍然依靠旧的竞选方式，比如举行政治讲座、挨家挨户拜票，以巩固它的中老年票仓。希盟的网络战手法倾向于截取领导人的一系列演讲内容，然后将之发布在社交网络平台上来开展竞选活动。而国盟通过开设多个账户和对不同群体采取差异化宣传措施，形成了非常激进的 TikTok 精选策略。由于 TikTok 与其他社交媒体的算法不同，其个性化的#fyp（为您页面）和主题标签驱动的搜索在线上为政党候选人提供公平竞争的机会，视频将不会依据粉丝基数和搜索热度进行推送，这对于政治竞选意味着许多拥有少量追

---

① "Polarised but Hopeful：How Malaysia's Gen Zs May Vote，and Why，" ISEAS-Yusof Ishak Insitute，October 6，2022，https：//www. iseas. edu. sg/articles - commentaries/iseas - perspective/2022 - 106-polarised-but-hopeful-how-malaysias-gen-zs-may-vote-and-why-by-james-chai/（访问时间：2023 年 1 月 4 日）。

② 《TikTok 成为大选网络新战场 时评人：国盟铺天盖地抢年轻选民》，〔马来西亚〕东方网，2022 年 11 月 17 日，https：//www. orientaldaily. com. my/news/nation/2022/11/17/526901（访问时间：2023 年 1 月 5 日）。

随者的内容创作者可能与少数拥有大量追随者的内容创作者获得同等甚至更大的关注度。而国盟的线上竞选策略注意到了这一点，其候选人、政党及其支持者使用 TikTok 的次数和频率都远超其他政党。[①]

四　新媒体对马来西亚选举的影响

在一定意义上，此届马来西亚大选的过程就是各政党候选人、选民与大众媒体三者之间互动的过程。政党候选人通过发表政治时评、发布宣传广告、制造政治事件等，为大众传媒提供素材；大众媒体借助全媒体平台，把候选人的竞选信息和个人形象传递给广大的普通选民，并常伴以媒体独自的评论或诠释；普通选民通过大众媒体定期组织的收看率调查、民意测验等途径表达对候选人的态度和看法。从这三者的内在关系来看，以 TikTok 为代表的数字选区在此届大选中的地位举足轻重，它是连接候选人和普通选民的不可或缺的通道，既报道候选人的竞选主张、竞选活动，又反映普通选民的党派意愿和政策需求；既是普通选民了解候选人的窗口，又是候选人了解选民动向的晴雨表。新媒体对马来西亚选举的影响主要体现在政党的竞选策略、选举的宣传内容、选民的政治参与三方面。

（一）新媒体形塑各党派联盟的竞选策略

各党派候选人均需通过大众媒体了解选民的政策需求与舆论导向，适时制定自己的竞选战略与战术。随着时代变迁，政治人物拥有更多宣传自己以及与选民接触的机会，网络生态的改变也要求政治人物不仅要维持传统媒体宣传领域，稳定既有票仓，同时也要涉足新媒体领域，了解当下流行的事物，进而获得年轻群体的支持。马来西亚数字协会前主席孙德俊提出，将全渠道营销（Omni-channel Marketing）概念套用于选举之中，即顾

[①]《TikTok 成为大选网络新战场　时评人：国盟铺天盖地抢年轻选民》，〔马来西亚〕东方网，2022 年 11 月 17 日，https：//www.orientaldaily.com.my/news/nation/2022/11/17/526901（访问时间：2023 年 1 月 5 日）。

客在哪里，就在哪里进行营销，而选民即顾客。① 因此，政治人物也应当善于运用各个平台去接触不同年龄层、不同族群、不同区域的选民。例如，主要城市以外的马来语使用者更多倾向于使用脸书，而年轻的城市选民会更倾向于使用 Instagram 和 TikTok，因此，各政党在转攻 TikTok 之余，也需要兼顾以往流行的新媒体平台和线下传统宣传媒介，这样才能有效接触所有选民。

（二）新媒体开放化选举政党的宣传内容

此届大选被认为是马来西亚媒体历史上最自由的选举，各种现场直播视频进一步提升了政治宣传的公开性和透明性，② 选民可以不受时空限制最快最准确地接触到选举的一手资料。2018 年 4 月，马来西亚国会批准了一项《反假新闻法令》（Anti-Fake News Act 2018），按照这项法令，假新闻散布者可能被处以最高 6 年的监禁及 50 万马来西亚林吉特（约合 16.8 万美元）的罚款，该法令也遭到了一些人权组织的反对，其认为法令旨在帮助执政党打击异见。③ 但即便如此，当时通过封闭的 WhatsApp 群组秘密传播的有关纳吉布政府腐败以及 1MDB 丑闻的信息也对执政党轮替起到了至关重要的作用。在第十五届大选中，该项法令被废除，关于信息保密的要求被进一步拉低，新媒体平台上传播的竞选内容更加开放化、民主化。

（三）新媒体激发马来西亚选民的政治参与热情

传统媒体单向的传播模式，使受众往往只能被动地接收信息。由于网络

---

① 《各政党候选人抢攻年轻选民　TikTok 成全国大选新战场》，〔马来西亚〕访问，2022 年 11 月 15 日，https：//theinterview. asia/feature/92131/（访问时间：2023 年 1 月 4 日）。

② "How Video Campaigning Shaped Malaysia's Election," RSIS, November 28, 2022, https：// www. rsis. edu. sg/rsis - publication/rsis/how - video - campaigning - shaped - malaysias - election/ #. ZFcd8exBzAM（访问时间：2023 年 4 月 5 日）。

③ 《马来西亚新法案：假新闻制造、散播者最高可获刑十年》，〔俄罗斯〕俄罗斯卫星通讯社，2018 年 3 月 26 日，https：//sputniknews. cn/20180503/1025301348. html（访问时间：2023 年 4 月 6 日）。

技术的发展，新媒体的双向传播模式使得民众拥有了更多机会表达自己的观点。在此届大选中，绝大部分选民主要通过新媒体平台获取有关总统候选人的信息，新媒体平台提供的信息在很大程度上形塑了选民的判断和投票意向。从民主的意义来看，新媒体对公民进行赋权，让普通人的声音能被更多人听到。过去的马来西亚右派政府通过利用统治集团权力，向民众显示他们之间的利益共通性。通过施予种种恩惠，马来精英从整体上有效地控制和操纵了大众，国家大选也呈现出身份政治主导的趋势。而新媒体平台在大选中的引入打破了这种趋势，建立多元民族的统一国家在马来西亚新政府的执政政策中又将成为可能。

五 新媒体的个性化陷阱与预防措施

的确，新媒体的渗透能够为选举各方带来前所未有的便利与机遇，它引发政治参与的革新，推动了马来西亚社会的民主转型，带来政治参与和政治话语的多元化。但毋庸置疑的是，线上大选在马来西亚还是一个遥远的构想。新媒体平台的发展对于马来西亚的民主选举而言无疑是一把双刃剑，政党也需要意识到其中的陷阱与弱点。

（一）新媒体上的优势远不等同于选举优势

从第十二届大选到第十五届大选期间的新媒体平台运用情况来看，马来西亚在新媒体渗透方面具有显著的不均衡特征。早期，受制于地理因素，乡村地区的选民接触在线信息的机会较少；随后，新媒体平台又呈现出年轻化、性别化趋势，向年轻受众和男性受众靠拢。因此，倘若政党仅依靠社交媒体平台进行政治宣传，结果注定会遗漏部分目标选民。此外，跨区域流动的便捷性、社交平台交流的隐秘性、家庭成员的劝导性等都是导致新媒体对选举产生不确定影响的重要原因。例如，城市选民通过新媒体接触到的另类新闻可能会导致他们对某一特定政党形成负面看法，他们便有可能与家人分享信息，并且游说家人更换立场；而年轻选民也可能由于长辈的劝导而选择

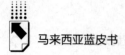
与他们一致的观点。这些都会导致各政党通过运用简单的大数据检测工具预测的结果出现偏差。

（二）负面竞选形式扰乱选举生态

许多政党候选人将制作个人正面或鼓舞人心的视频以赢得选民视为自己的选举目标，然而，此届大选中大量传播的病毒视频中，内容却以相互攻击或断章取义的负面信息为主。例如，巫统领袖艾哈迈德·扎希德（Ahmad Zahid）在竞选初期举行的马来西亚印度人国大党大会上发表演讲，他说，国阵必须获胜，只有这样才能防止选择性起诉行为。该演讲在网上广为流传，网友认为扎希德希望举行选举的唯一原因是避免因腐败而被起诉。① 受到该演讲流传的负面影响，国阵在整个竞选期间的民意调查中支持率持续下滑，无法克服其他政党推动的反扎希德叙事。在大选后期，一段关于前总理穆希丁·亚辛谈及"犹太人"和"基督教化"的反对派制作的短片在非马来人群体中成为头条新闻。② 穆希丁后来声明，他的言论被"断章取义"，该视频是被"有选择地编辑"的，并由他的政治对手传播，以制造虚假的叙述。③ 在选举结束后，由于总理职位悬而未决，又有言论将此事作为穆希丁正在加剧种族紧张局势的标志，提出国盟领导的政府会歧视非马来人的观点，以动摇选民支持穆希丁的意愿。在这一方面，安瓦尔的社交媒体账号发布的内容在很大程度上坚持事实，没有出现过分的争议，以阻碍他的整体竞选活动。而对于赢得最多国会下议院席位的民主行动党和伊斯兰教党而言，它们在新媒体平台上的表现也是如此，更多

---

① "Zahid Accuses Opponents of 'Spinning' His MIC Speech," Malaysia Kini, October 13, 2022, https：//www. malaysiakini. com/news/639349（访问时间：2023 年 4 月 7 日）。

② "In Muar, Muhyiddin Warns 'Jewish and Christian' Agenda," Malaysia Kini, November 18, 2022，https：//www. malaysiakini. com/news/644735（访问时间：2023 年 4 月 7 日）。

③ "GE15：Muhyiddin Claims Viral Video of Speech on Jews, Christians Taken out of Context," *The Star*，November 18, 2022，https：//www. thestar. com. my/news/nation/2022/11/18/ge15 - muhyiddin-claims-viral-video-of-speech-on-jews-christians-taken-out-of-context（访问时间：2023 年 4 月 7 日）。

起到的是巩固现有支持者基础的作用。于是，选民在这样的选举环境中容易产生一种"不是他有多好，而是他没那么坏"的选择倾向。

（三）算法机制漏洞引发行业规范思考

社交媒体和算法传播中的"过滤气泡效应"（Filter Bubble Effect）和"回音室效应"（Echo Chamber Effect）等因素的持续强化，会导致政治体制出现"极化"现象，从而影响民主政治的参与进程。智能算法的"过滤气泡效应"是基于收集和分析用户的在线个人信息，生成以使用者为中心的内容，最后进行精准化推送。而"回音室效应"指的是在一个相对封闭的环境中，一些意见相近的声音不断重复，并以夸张或其他扭曲形式重复，令处于相对封闭环境中的大多数人认为这些扭曲的故事就是事实的全部，从而进入信息茧房。虽然 TikTok 表示在选举前便与有关当局积极合作，对违反其社区准则的内容进行监控和删除，但是此届大选中 TikTok 上也不乏关于种族主义、族群冲突的不实或煽动性言论，这些言论不利于政治民主转型的平稳进行。这对现有族群问题仍旧紧张的马来西亚也敲响警钟。[①] 因此，传统媒体仍然需要在大选中承担一定责任，发挥其作为"把关人"在媒介生态位中的决定作用，同时，政府也应当警惕新媒体公共领域主体的"人民性"带来的监管问题和新闻真实问题。

根据民主政治原理，理想的选举应该是让每个选民在投票前充分了解候选人的详细情况，从而做出自己理性的选择。从理论来说，选民掌握的信息越多，他们的投票越理智。[②] 新媒体的使用对于处于民主转型阶段的马来西亚而言无疑是一次进步性的尝试。但仍需注意到社交媒体、算法政治对政治参与的影响是把双刃剑。此届大选清晰地呈现出，新媒体正在成为重要的政

---

① "No Place for Demonisation, Hatred in Post-GE15 Malaysia," ISIS Malaysia, December 22, 2022, https://www.isis.org.my/2022/12/22/no-place-for-demonisation-hatred-in-post-ge15-malaysia/（访问时间：2023 年 1 月 2 日）。

② 林宏宇：《白宫的诱惑：美国总统选举政治研究（1952—2004）》，天津人民出版社，2006，第 120 页。

治资源，其既能"造王"，也能"毁王"于一旦。随着各政党在新媒体平台上加强与选民的接触，马来西亚新政府也应正确利用这些平台，出台有效的内容监管和勘误措施，使其为政治民主化和构建统一国族提供便利。但随着新技术的不断发展，现有的新媒体平台能否在下一个选举周期中保持其在年轻选民中的优越地位还有待观察。

B.8
希望联盟在推特上的传播力
和形象建构研究

——以马来西亚第十五届大选为例

张静灵*

摘　要： 2022 年 11 月，希望联盟赢得马来西亚第十五届大选，获得执政权，该联盟领导人安瓦尔成为第十任总理。希望联盟能够在复杂的政治斗争中成为国会中最大的政党联盟，这与其在大选中善用社交媒体有一定关系。与其他主要政党联盟相比，希望联盟在推特上拥有更多的"粉丝"，并且安瓦尔的推特账号的影响力远远超过其他政党领导人，其在推特上塑造的个人形象也更受民众欢迎。虽然不能说善用推特是希望联盟赢得政权的主要原因，但如何运用社交媒体治国理政已经成为当今政党必须面对的重要课题。

关键词： 马来西亚　大选　希望联盟　安瓦尔　推特

一　研究背景

2022 年 10 月 10 日，马来西亚总理伊斯迈尔宣布即日起解散国会。10 天后，官方宣布于 11 月 19 日举行全国大选。11 月 20 日，马来西亚选举委员会公布初步选举结果，主要政党联盟中，希望联盟（简称"希盟"）获

---

* 张静灵，博士，中国传媒大学外国语言文化学院副教授，主要研究方向为马来语言文学及马来群岛文化。

得 82 席、国民联盟（简称"国盟"）获得 73 席、国民阵线（简称"国阵"）获得 30 席、沙捞越政党联盟获得 22 席。[①] 无单一政党或政党联盟赢得国会下议院简单多数席位。马来西亚历史上首次出现"悬峙议会"（Hung Parliament）。11 月 24 日，马来西亚最高元首苏丹阿卜杜拉宣布希望联盟领导人安瓦尔出任马来西亚新一届政府总理。至此，为期一个多月的马来西亚第十五届大选落下帷幕。

此届大选是 2018 年 5 月马来西亚政权更迭后的首届大选，朝野各派竞争激烈。各主要政党除沿用传统的竞选方式外，积极迎合新冠疫情和"网络 Z 世代"[②] 选民等新形势变化，将更多力量投入社交媒体上的宣传。2022 年，马来西亚约有 3080 万名活跃的社交媒体用户，占总人口的 91.7%。与 2021 年相比，2022 年社交媒体用户量增加了 230 万人，增幅为 8%。[③] 音像及数码调研公司（GWI）的研究显示，马来西亚人平均每天花费在社交媒体上的时间为 3 个小时 2 分钟。在通信软件方面，WhatsApp（93.2%）、Telegram（66.3%）和 Facebook Messenger（61.6%）的使用率明显超过其他类似平台，而在以生活方式和内容分享为主的平台方面，脸书（88.7%）、Instagram（79.3%）、TikTok（53.8%）和推特（49.6%）则是较受欢迎的。[④] 截至 2022 年 11 月，马来西亚的推特用户数达 440 万人，位于全球拥有推特用户最多的前 20 个国家之列。[⑤]

此届大选的合格选民人数达 2100 万人，其中 34% 是"首投族"[⑥]，而年

---

① 《马来西亚大选结果显示无政党或政党联盟赢得简单多数》，新华网，2022 年 11 月 20 日，http：//www.xinhuanet.com/2022-11/20/c_ 1129143065.htm（访问时间：2023 年 1 月 20 日）。最终结果中，国盟获得 74 席，沙捞越政党联盟获得 23 席。

② 网络 Z 世代，也称为"网生代""互联网世代""二次元世代""数媒土著"，通常是指 1995~2009 年出生的一代人，他们一出生就与网络信息时代无缝对接，受数字信息技术、即时通信设备、智能手机产品等影响比较大。

③ "Social Media in Malaysia - 2023 Stats & Platform Trends," OOSGA, January 9, 2023, https：//oosga.com/social-media/mys/（访问时间：2023 年 1 月 20 日）。

④ "Malaysia Digital Marketing 2022," Asia Pac, August 3, 2022, https：//www.asiapacdigital.com/digital-marketing-insight/malaysia-digital-marketing-2022（访问时间：2023 年 1 月 22 日）。

⑤ S. Dixon, "Countries with the Most Twitter Users 2022," Statista, November 22, 2022, https：//www.statista.com/statistics/242606/number-of-active-twitter-users-in-selected-countries/（访问时间：2023 年 1 月 22 日）。

⑥ 首次参加投票的选民。

龄为 18 岁及以上的"网络 Z 世代"的"首投族"有 380 万人。为了吸引年轻"网络 Z 世代"的选票，各大政党纷纷转战"脸书""推特""TikTok""YouTube""Instagram""WhatsApp"等社交媒体。玛拉工艺大学政治与社交媒体研究学者莎拉（Sara Chinnasamy）表示，政党及其候选人如果不利用社交媒体作为宣传工具，就会在竞选方面落于人后。她指出，"社交媒体大选"初始于 2008 年的第十二届大选，并在 2013 年的第十三届大选中升温。2013 年大选因此被称为"脸书大选"。在第十五届大选中，TikTok 开始发挥巨大作用，但与脸书和推特相比，TikTok 上存在更多毫无依据的或极易引起歧义的信息。[1]

在大选期间，有用户在社交媒体上发起对各政党联盟支持度的投票帖。比如，推特用户哈斯米在推特上发起了投票帖，询问网民最希望谁出任马来西亚总理。投票结果显示，在 74615 名投票者中，高达 84% 的网民支持希望联盟领导人安瓦尔成为马来西亚第十任总理，国盟主席穆希丁获得 13% 的支持，国阵领导人扎希德仅获得 3% 的支持。[2] 11 月 21 日，在穆希丁表示有信心获得足够支持而出任第十任政府总理后，推特上陆续出现拒绝穆希丁担任总理的声音，"#不是我的总理"（#NotMyPM）标签更是登上推特热搜榜。与此同时，"安瓦尔"（Anwar）和"第十任总理"（10th PM）字眼也登上推特热搜榜。[3]

那么希盟是如何在推特上形成积极的舆论导向的？又是如何运用推特构建其积极形象的？基于数据收集的局限性，本报告将从三个层面去分析希盟在推特上的传播力和形象构建。首先，从整体性的角度，分析希盟在推特上的影响力，其中包括希盟领袖在推特上的粉丝数和此届大选期间马来西亚用户对希盟的关注度，这主要是指推文中涉及"希盟"的推文比例。其次，本

---

[1] 参见 Soon Li Wei，"PRU15：Media Sosial Uji Kematangan Pengundi Muda，" Bernama，November 3，2022，https：//pru15. bernama. com/news-bm. php？id=2130990（访问时间：2023 年 1 月 20 日）。

[2] 《推特网民一面倒挺安华任相？国阵脸书支持者较多？》，〔马来西亚〕《星洲日报》2022 年 10 月 12 日，https：//myelection. sinchew. com. my/20221012/"推特网民一面倒挺安华任相？国阵脸书支持者较多？" /（访问时间：2023 年 1 月 20 日）。

[3] 《社媒出现拒慕任相声浪#NotMyPM 登推特热搜》，〔马来西亚〕《星洲日报》2022 年 11 月 21 日，https：//myelection. sinchew. com. my/20221121/notmypm-登推特热搜-"网民：我们不要慕尤丁任相！" /（访问时间：2023 年 1 月 20 日）。

报告使用融文平台采集了 2022 年 10 月 20 日至 11 月 24 日四位政党领袖的推文数据，根据其传播强度、传播速度及传播热度来比较他们账号的传播力水平。① 最后，通过研究安瓦尔账号推文来分析其作为希盟领袖的形象构建。

二 希盟在推特上具有较大影响力

在 2022 年 11 月的全国大选期间，马来西亚三大主要政党联盟希盟、国阵、国盟以及祖国斗士党领导人马哈蒂尔均高度重视利用社交媒体为自身争取选票。但相比之下，安瓦尔及其领导的希盟在推特上所展现出来的优势远远超过国阵、国盟，为希盟赢得执政权打下了基础。

（一）希盟在推特上的"粉丝"量激增

希盟在推特上的影响力较大与大量希盟领袖在推特上开设账号有一定关系。通过推特账号，希盟领袖增加了与民众的互动，也更多地向民众传递了希盟的政策主张和观点。早在 2008 年大选后，一些重要的希盟成员党要员就开设了推特账号，其中包括安瓦尔之女、人民公正党前副主席努鲁依莎（2009 年），安瓦尔之妻、前副总理旺·阿兹莎（2010 年），安瓦尔亲信、人民公正党署理主席拉菲兹（2010 年）、民主行动党秘书长林冠英（2010年）等。当时，由于希盟是在野党，他们在主流媒体上没有话语权，只能依靠社交媒体来传递信息、表达观点。

马来西亚学者穆罕默德·祖外利（Mohd Zuwairi Mat Saad）和诺玛（Normah Mustaffa）的研究显示，2016 年，15 位在推特上活跃的政治家中，有 8 名来自希盟，其中安瓦尔和努鲁依莎的"粉丝"数量分别居第 4 和第 5位（见表 1）。② 2017～2022 年，这 15 位政治家的粉丝数量均有不同幅度的

---

① 出于技术和平台的原因，数据采集的总量与实际推文量可能存在一定出入，但基于同一平台、同样标准进行采集的数据仍然具有一定的代表性和解释力。

② Mohd Zuwairi Mat Saad, Normah Mustaffa, "Kandungan Mesej Twitter oleh Ketua Parti Politik Semasa Pilihan Raya Negeri Sarawak 2016," *e-Bangi*, Vol. 11, No. 2, 2016, p. 410.

增加或减少。虽然时任国阵兼巫统主席纳吉布和时任巫统青年团团长凯里的"粉丝"增加数量较多，但从增长率来看，希盟的拉菲兹和旺·阿兹莎的"粉丝"增长率高达226%。

表1　2016年和2022年15位政治家的推特"粉丝"数量

单位：万人

姓名	账号	2016年	2022年
纳吉布	@NajibRazak	269.4	419
凯里	@Khairykj	124.1	292
希沙慕丁	@HishammuddinH2O	80.6	98.7
安瓦尔	@anwaribrahim	78.8	178.1
努鲁依莎	@n_izzah	59.3	140.8
穆希丁	@MuhyiddinYassin	57.5	129.2
慕克里兹	@MukhrizMahathir	47.5	77.7
林冠英	@guanenglim	29.7	62.8
拉菲兹	@rafiziramli	25.4	82.8
林吉祥	@limkitsiang	23.9	43.9
旺·阿兹莎	@drwanazizah	22.4	73.1
扎希德	@DrZahidHamidi	20.3	57
潘俭伟	@tonypua	14.5	26.4
穆罕默德·尼扎	@mbnizar	10.5	10.6
玛基曼	@markchomel	10.2	8.2

资料来源：笔者根据相关资料整理（数据截至2022年12月）。

2022年大选前后，希盟在社交媒体上获得了越来越多的支持。比如2022年10月24~30日，在推特的马来半岛用户中，关于第十五届大选话题的前50个有影响力的账号中，有12个属于支持希盟的账号。在上述12个账号中，有9个为希盟领袖或政党的账号，另外3个为希盟支持者的账号。其中，拉菲兹（第2名）、民主行动党（第10名）和安瓦尔（第12名）的账号排名前15。到2022年底，希盟政治家的"粉丝"总数从2016年的264.5万人增加到618.7万人，而国阵政治家的"粉丝"总数则从2016年的609.6万人减少至574.7万人，主要原因是2016~2022年，巫统副主席穆希丁、马哈蒂尔之子慕克里兹·马哈蒂尔以及凯里先后离开国阵。

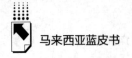

（二）希盟在推文中的出现率和被关注度提升

2021年5月至2022年8月，马来西亚用户每月发表的提及巫统的推文比提及希盟的推文多。其中，8月提及巫统的推文比例最高，其占当月所有推文的25.03%，其他月份涉及巫统的推文比例为2.74%~21.12%；提及希盟的推文比例则为2.09%~9.54%。[①] 但2022年10月1日至11月13日，提及希盟的推文比例逐渐增加，相关推文数量超越了提及巫统的推文（见图1）。

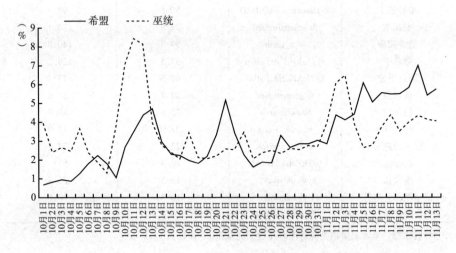

图1 2022年10月1日至11月13日提及希盟和巫统的推文比例走势

资料来源：Twitter，https：//twitter.com/politweetorg/status/1574623736426164224/photo/1
（访问时间：2023年1月24日）。

根据Politweet的数据，2022年10月10日至11月16日，提及希盟的推文比例稳步上升，并且推文比例在几个关键时间点呈现明显的上升趋势（见图2），推文内容为：安瓦尔成为霹雳州打扪（Tambun）国会选区候选人之一（10月21日，5.17%），大选提名日和希盟竞选历程（11月5日，

---

① Twitter，https：//twitter.com/politweetorg/status/1574623736426164224/photo/1（访问时间：2023年1月24日）。

6.15%)，民众对伊斯兰教党青年团团长发表煽动性言论的回应（11月11日，7.03%），民众对希盟支持者的批评和挺希盟言论（11月15日，9.92%）。11月16日，因希盟在吉打州巴东色海（Padang Serai）国会选区的候选人卡鲁巴耶（Karupaiya Mutusami）逝世一事，关于希盟的推文比例高达10.14%。① 从上述数据看，选民对希盟的关注度与其对马来西亚大选的关注度大致相当，可见希盟在推特上的出现率和被关注度提升。

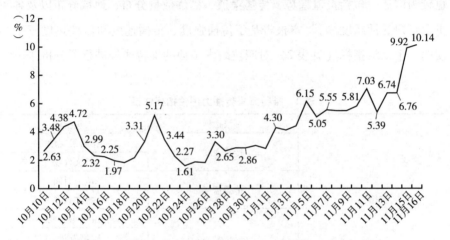

图 2　2022 年 10 月 10 日至 11 月 16 日提及希盟的推文比例

资料来源：Twitter，https://twitter.com/polittweetorg/status/1593436487743246337/photo/1（访问时间：2023 年 3 月 20 日）。

三　安瓦尔推特账号的传播力优势明显

传播力是媒介传播力的简称，指媒介的实力及其搜集信息、报道新闻、对社会产生影响的能力。② 所谓"传播力"，就是传播主体充分利用各种手段，实现有效传播的能力。大众传媒传播力评估指标包含了传播规模、传播

---

① Twitter，https://twitter.com/polittweetorg/status/1593436487743246337/photo/1（访问时间：2023 年 3 月 20 日）。

② 刘建明编著《当代新闻学原理》，清华大学出版社，2003，第 37 页。

流量、传播效果、传播媒介与传播生态五个影响因子，而传播规模、流量和效果（分两方面）又可以被视为传播的广度（覆盖率）、深度（接受度）、强度（核心传播力）和精度（社会认同）。[①] 周亭和巩玉平认为，通过传播强度、传播速度、传播热度以及传播广度四个维度的分析可以有效评估媒体的国际传播能力和传播效力。[②] 赵永刚认为，传播力评价的主要指标包括五大要素，分别是发稿量、原创量、阅读量、转发量和互动量，在分析维度上也较为广泛，包括报道趋势、传播渠道、稿件数量分布、地域分布以及各类平台账户的活跃度等。[③] 本报告基于传播强度、传播速度和传播热度三个维度的八个二级指标（见表2）对四位政党领袖的推特账号进行了分析。

表2　推特账号传播力评估指标体系

	一级指标	二级指标
传播力	传播强度	推特发文量
		推文议题
	传播速度	响应时间
		推文频率
	传播热度	互动参与度
		转发量
		点赞量
		引用量

资料来源：笔者自制。

第一，从传播强度看，主要根据推特发文量、推文议题等指标对内容生产能力进行评估。大选期间，希盟领袖在推特上的发文数量相当可观。2022年10月20日至11月24日，安瓦尔共发布了829篇推文，其中单日最高发文量达75篇。可以看出，安瓦尔非常认真地经营个人推特账号，通过大量、密

---

① 张春华：《"传播力"评估模型的构建及其测算》，《新闻世界》2013年第9期，第212页。
② 周亭、巩玉平：《国际媒体有关新冠肺炎疫情报道的传播力比较研究——以CGTN、CNN和BBC为例》，《国际传播》2020年第2期，第24页。
③ 《赵永刚：善用大数据　构建传播力评价体系》，大众网，2021年12月24日，http://sdqy.dzwww.com/lqyw/202112/t20211224_9606224.htm（访问时间：2023年3月20日）。

集的推文，向受众传递了最新的信息和政党观点，信息较为全面。祖国斗士党的马哈蒂尔发布推文275篇，巫统主席扎希德发布推文94篇，穆希丁仅发布推文14篇（见图3）。与其他政党主席相比，安瓦尔在推特上的发文频率和频次都高很多，其账号传播强度较强。安瓦尔、马哈蒂尔和扎希德的单日最高发文量都出现在大选前一两天，这两天是政党领袖为大选做最后冲刺的日子。安瓦尔和马哈蒂尔在11月18日发文最多，扎希德则在11月17日发文最多。穆希丁的推文数量本来就不多，单日发文最多的是11月20日，也仅有3篇。

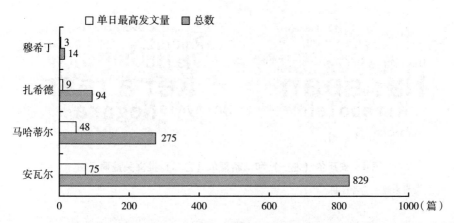

图3 2022年10月20日至11月24日马来西亚四位政党领袖的推特发文量

资料来源：笔者根据相关数据整理。

由于扎希德和穆希丁的推文数量有限，本报告仅提取了安瓦尔和马哈蒂尔账号的推文进行词云词频分析，并形成了推文关键词云图。安瓦尔账号的推文关键词为希望/希盟（Harapan）、人民（Rakyat）、我们行（Kitaboleh）、马来西亚崛起（Malaysia bangkit）、马来西亚（Malaysia）、国会（Parlimen）、走访（Jelajah）、打扪（Tambun）、沙巴州（Sabah）、必须（Mesti）、百姓（Warga）、候选人（Calon）、政府（Kerajaan）、社会（Masyarakat）、变化（Perubahan）、族群（Kaum）、领导人（Pemimpin）、选希盟（Undi Harapan）、国阵（BN）及国盟（PN）等（见图4）。"希望"一词成为安瓦尔推文中最高频的词，该词既

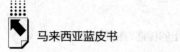
是希盟的简写，也是一种对未来希望的隐喻，可谓一语双关，突出重点。"我们行"和"马来西亚崛起"都是希盟此次竞选的标语。这些标语不仅出现在竞选海报上，也成为推特上的标签，随着互动量的增加也带来了一波流量。由于安瓦尔作为打扪的候选人参选，打扪也反复出现在其推文中。其推文将"人民"和"社会"作为重要的主语和宾语，强调希盟与大家携手共进，共同改变社会，促进国家进步和发展。这些关键词反复地出现，也进一步强化了希盟的大选理念。另外，推文中大量涉及关于安瓦尔"走访"的行程安排和现场反馈，这使其形象深入民心。

图4　安瓦尔（左一）和马哈蒂尔（左二）推文关键词云图

资料来源：笔者自制。

反观马哈蒂尔，他推文的关键词为政府（Kerajaan）、巫统（Umno）、国家（Negara）、斗士（Pejuang）、政党（Parti）、马来人（Melayu）、纳吉布（Najib）、人民（Rakyat）、祖国行动联盟（Gta）、马来西亚（Malaysia）、全国大选（Pru）、马哈蒂尔（Mahathir）、领导人（Pemimpin）、候选人（Calon）、承诺（Janji）、民族（Bangsa）、斗争（Perjuangan）、金钱（Wang/Duit）及政治（Politik）等。马哈蒂尔和安瓦尔一样强调政党为人民谋福利，为人民作斗争的决心，希望通过大选改变人民现状，并用大量的篇幅抨击巫统和纳吉布，以此来反衬祖国行动联盟的优越性。然而，马哈蒂尔的推文以大量文字为主，略显单调。同时，可能由于年事已高，他无法像安瓦尔那样通过走访造势，推文中也没有太多照片，导致其文字的说服力减弱。少量推文中虽有他与群众互动的照片，但由于文案欠佳，也没有善用推特标签，其相关推文互动参与度不高。

第二，从传播速度看，主要评估的是这些账号在大选期间重要事件上的响应时间和推文频率。在大选期间，有 7 个事件比较重要，分别是宣布解散国会、宣布大选日期、提名候选人、开始进行前期选举、开始进行全国大选、公布大选结果以及新一任总理宣誓就职。通过对比研究发现，安瓦尔的账号对上述事件均做出了及时的响应，其中有 4 次的响应时间早于其他三位政党领袖，有 2 次推文的发表时间比马来西亚主流媒体还早。马哈蒂尔对这些重要事件的响应也相对及时（见表 3）。他们在推特上的自媒体传播抢占了时间上的优势。

表 3　马来西亚主流媒体与四位政党领袖推特账号对重要事件的响应时间

	马来西亚主流媒体	安瓦尔推特账号	马哈蒂尔推特账号	扎希德推特账号	穆希丁推特账号
10 月 10 日 15:00 宣布解散国会	10 月 10 日 15:14	10 月 10 日 21:28	无	无	无
10 月 20 日 10:00 宣布大选日期	10 月 20 日 12:24	10 月 20 日 17:48	10 月 20 日 14:26	无	无
11 月 5 日 9:00 提名候选人	11 月 5 日 10:13	11 月 5 日 9:25	11 月 5 日 23:05	11 月 5 日 10:15	无
11 月 5 日 8:00 开始进行前期选举	11 月 5 日 9:05	11 月 5 日 13:12	11 月 5 日 9:34	11 月 5 日 16:58	11 月 5 日 11:41
11 月 19 日 8:00 开始进行全国大选	11 月 19 日 11:30	11 月 19 日 10:41	11 月 19 日 11:51	11 月 22 日 8:04	无
11 月 19 日公布大选结果	11 月 19 日 22:13	11 月 20 日 00:52	11 月 20 日 00:01	11 月 22 日 6:25	11 月 20 日 11:55
11 月 24 日 17:00 新一任总理宣誓就职	11 月 24 日 17:37	11 月 24 日 18:00	无	无	11 月 25 日 16:20

资料来源：笔者根据相关数据整理。

但需要指出的是，从这四位政党领袖的推文频率来看，数据监测期内安瓦尔的账号始终保持了很高的推文发布频率。除了 11 月 21 日没有发文外，其余 35 天均发布推文，推文发布的持续时间最长。该账号的推文更新速度也较快，每日推文数量还稳步增加，特别是 11 月 4 日至 11 月 18 日（15 天），每天的推文量都在 20 篇以上。马哈蒂尔的账号有 28 天发布推文，其中，只有 3 天的推文量在 20 篇以上。扎希德的账号有 25 天发布推文，每天的推文量均在个位数。穆希丁的账号仅有 5 天发布推文，每天的推文量均在 5 篇以下（见图 5）。

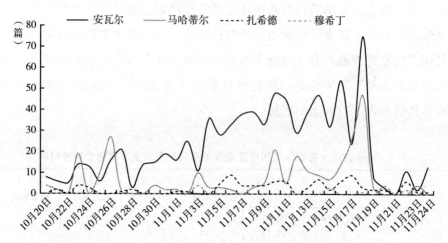

图 5　2022 年 10 月 20 日至 11 月 24 日马来西亚四位政党领袖每天的推文量

资料来源：笔者根据相关数据整理。

第三，从传播热度看，主要通过这些账号的推文互动参与度、转发量、点赞量以及引用量进行评估。安瓦尔的推文互动参与度较高，有 24 篇推文的互动参与度超过 1 万人次，另有 2 篇推文的互动参与度超过 10 万人次。相比之下，穆希丁仅有 2 篇推文的互动参与度超过 1 万人次，马哈蒂尔有 1 篇推文的互动参与度超过 1 万人次，扎希德的推文互动参与度均未超过 1 万人次。可以说，在推特上，安瓦尔的影响力较强。整体而言，由于安瓦尔的推文数量极多，其推文的互动参与度远远高于其他三位政党领袖。因此，本报告分别选取了这 4 个账号中互动参与度最高的 10 篇推文来比较其点赞量、转发量和引用量。从图 6 可以看出，安瓦尔推文的总点赞量和转发量也远高于其他三人，其推文的点赞量是马哈蒂尔的 21 倍，是穆希丁的 11.7 倍。从引用量来看，安瓦尔和穆希丁的引用量较多，他们推文的传播范围更广（见图 6）。

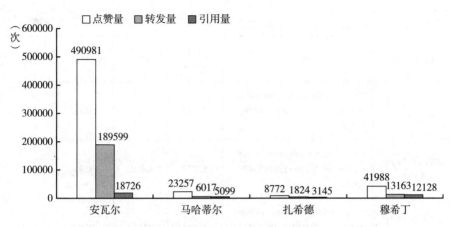

**图6　马来西亚四位政党领袖互动参与度最高的10篇推文的
点赞量、转发量和引用量**

资料来源：笔者根据相关数据整理。

从表4中10篇高互动参与度的推文来看，安瓦尔的推文发布时间均在11月20~24日，即大选结束之后。在总理人选结果未公布前，他的推文已经获得几万次点赞，在结果公布后，更是获得十几万次点赞。点赞最多的2篇推文是其分别在11月24日下午和晚上发布的。第一篇展现了其在国家皇宫宣誓就职，成为马来西亚新一任总理的画面。第二篇是其接到印尼总统佐科电话祝福的视频，该视频观看量达179.2万次，点赞量达约8万次。①

表4　安瓦尔10篇高互动参与度的推文

单位：人次，次

推文日期	网址	互动参与度	点赞量	转发量	引用量
2022年11月24日	https：//twitter.com/anwaribrahim/statuses/1595719040806555648	159376	105181	50815	3254
2022年11月24日	http：//twitter.com/anwaribrahim/statuses/1595757968687267841	109765	79961	26233	2134

---

① 数据来源：Twitter，http：//twitter.com/anwaribrahim/statuses/1595757968687267841（访问时间：2023年3月21日）。

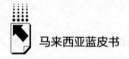

续表

推文日期	网址	互动参与度	点赞量	转发量	引用量
2022 年 11 月 20 日	https://twitter. com/anwaribrahim/statuses/1594320674637877250	76513	47221	23612	4281
2022 年 11 月 20 日	http://twitter. com/anwaribrahim/statuses/1594335319394250752	57937	43016	13544	5639
2022 年 11 月 22 日	http://twitter. com/anwaribrahim/statuses/1595072450634870785	57124	43522	12702	724
2022 年 11 月 22 日	https://twitter. com/anwaribrahim/statuses/1594743482509586432	55630	36396	17446	366
2022 年 11 月 24 日	https://twitter. com/anwaribrahim/statuses/1595805493137928192	53326	34675	17443	322
2022 年 11 月 23 日	http://twitter. com/anwaribrahim/statuses/1595243367440744449	52045	40190	10973	770
2022 年 11 月 23 日	http://twitter. com/anwaribrahim/statuses/1595361966889242626	42480	32416	8931	758
2022 年 11 月 20 日	https://twitter. com/anwaribrahim/statuses/1594039045705076736	37848	28403	7900	478

资料来源：笔者根据相关数据整理（截至 2023 年 3 月 21 日）。

与之形成鲜明对比的是，扎希德的 10 篇推文中，有 5 篇是包含视频的推文，4 个视频观看量达 10 万次以上，最高的观看量达 73.5 万次（见表5）。但是，点赞量却不容乐观，还有不少希望他卸任巫统主席之位的负面评价。

表 5　扎希德 10 篇高互动参与度的推文

推文日期	网址	互动参与度（人次）	点赞量（次）	转发量（次）	引用量（次）	视频观看量（万次）
2022 年11 月 24 日	http://twitter.com/DrZahidHamidi/statuses/1595626895219228672	1502	732	147	466	10.6
2022 年11 月 23 日	https://twitter.com/DrZahidHamidi/statuses/1595270520370438145	1382	963	92	80	—
2022 年11 月 22 日	http://twitter.com/DrZahidHamidi/statuses/1594860563841961984	1084	534	75	322	—
2022 年11 月 22 日	https://twitter.com/DrZahidHamidi/statuses/1594844188385988608	4857	2810	771	799	—
2022 年11 月 22 日	https://twitter.com/DrZahidHamidi/statuses/1594819292083539968	2039	1101	193	127	16.1
2022 年11 月 17 日	https://twitter.com/DrZahidHamidi/statuses/1593086004403277824	657	319	69	88	—
2022 年11 月 17 日	https://twitter.com/DrZahidHamidi/statuses/1593083509413150720	539	304	104	417	26.5
2022 年11 月 9 日	http://twitter.com/DrZahidHamidi/statuses/1590048782724763648	394	193	40	15	4.5
2022 年11 月 5 日	https://twitter.com/DrZahidHamidi/statuses/1588729643712253952	2210	1591	270	808	73.5
2022 年11 月 1 日	https://twitter.com/DrZahidHamidi/statuses/1587249463151640576	536	225	63	23	—

资料来源：笔者根据相关数据整理（截至 2023 年 3 月 21 日）。

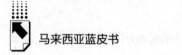

此外，安瓦尔、马哈蒂尔和扎希德均发布了自己投票的照片和相关推文。其中，安瓦尔的推文点赞量为14911次，绝大多数的评论是祝福、祈祷和希望安瓦尔成为新总理。马哈蒂尔的推文点赞量为1888次，评论中有一半是祝福；有一部分希望他尽快退休，安度晚年；还有一些人认为他过于贪恋政权。扎希德的推文点赞数为2809次，评论中以负面评论为主。可以说，安瓦尔作为希盟领袖，在推特上不仅拥有较强的影响力，也获得了大量正面的评价。

四　安瓦尔在推特上的形象构建

政党领袖是一个政党的灵魂，更是一个政党的形象脸谱。在高密度媒体构成的资讯网络时代，领导者的公共形象具有了在以往时代不具备的特殊性，组织形象的生成往往聚焦于组织领导者的形象。政党的形象往往是通过政党领袖的形象来体现和代表的。① 安瓦尔通过推特平台，发挥自身富有感染力的语言优势，不断塑造积极良好的形象，也进一步助力希盟在民众中的形象构建。

（一）凸显亲民爱民的形象

社交平台是民众与政党之间沟通的有效渠道。基于较强的互动性和时效性，政党领袖不仅可以及时向受众传播政党竞选纲领、政党选举信息及竞选活动动态等，还能快速了解民众对政党及其领袖的意见与建议，较好地把握民情。根据民众的评论，政党领袖能够有效地在政策上做出回应，从而使政党政策更符合民意。直线式的沟通有利于增强政党的开放性，提升政党民主开放的形象。通过推特，受众与政党领袖的沟通变得更加直接和便捷，受众的政治参与度更高，这也使政党的开放型形象得到广泛认同。

---

① 周红禄：《新媒体视阈下西方主要政党形象建设的启示》，《西南石油大学学报》（社会科学版）2019年第4期。

2022年10月20日至11月24日，在安瓦尔的829篇推文中，有87篇推文是以"走访"（Jelajah）为主题的，展现了安瓦尔在竞选期间的走访路线（见图7）。从11月5日提名候选人时开始，安瓦尔及其团队就在马来西亚的13个州和首都奔波。不论是在城市，还是在乡村，不论是希盟党员集会，还是普通群众集会，他都做到亲力亲为。他不仅宣传了希盟的竞选理念，还为各个国会选区的候选人站台。他那富有激情的演讲总是能感染人、打动人。有几天，活动从早上10点安排至晚上10点半，活动结束时已是深夜。但是安瓦尔仍不忘更新活动照片和推文，让更多受众第一时间感受到希盟竞选现场的氛围。

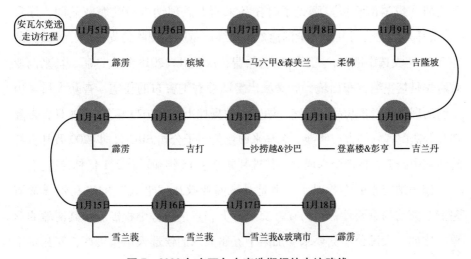

图7　2022年安瓦尔在竞选期间的走访路线

资料来源：笔者根据安瓦尔的推文整理。

不论是在推文上关于"走访"的宣传海报中，还是在现场照片中，安瓦尔总是在人民群众中。从12张"走访"行程的海报看，有8张海报采用了安瓦尔与当地群众握手的照片，有2张海报采用了安瓦尔与群众自拍合影的照片，有1张海报采用了安瓦尔在人群中行走的照片，还有1张海报采用的是安瓦尔在人群中演讲的照片。照片中，安瓦尔露出自信、慈祥的微笑，而旁边的群众也都是欢欣鼓舞的样子。这都凸显了安瓦尔走群众路线、亲民爱民的形象。从安瓦尔的推文来看，安瓦尔与粉丝的互动较好，他也时常转发和引用粉丝的推文，并进行评论。

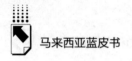

（二）展现清正廉洁的形象

廉洁的形象对政党领导人参加选举有重要影响。2008 年 12 月 26 日至 2009 年 1 月 2 日，独立民调中心受马华公会委托进行的一项民意调查显示，在关于有贪污和性丑闻的领袖是否可以担任政府高职的问题上，只有 1% 的民众可以勉强接受贪污的领袖；另外 1% 表示不知道；而 98% 的民众不能接受贪污领袖，其中 93% 的人完全不能接受。① 可以说，近年来，马来西亚民众对政府官员涉嫌侵吞公款的丑闻越来越"敏感"。比如，2015 年，《沙捞越报告》和美国《华尔街日报》曝光了时任马来西亚总理纳吉布的腐败丑闻，导致"一个马来西亚公司丑闻"愈演愈烈，最终严重影响国阵的支持率，导致国阵在 2018 年大选中败北，在野党联盟希盟首次获胜。2018 年大选后，马来西亚政府先是禁止纳吉布出境，后又派出警队搜查纳吉布的住宅，查获大量来历不明的现金和贵重物品。最终，纳吉布被提控上庭。2020 年 7 月 28 日，吉隆坡高等法院宣判纳吉布所涉一个马来西亚公司子公司 SRC 公司 4200 万林吉特洗钱案中的 7 项指控全部成立，其被判处监禁 12 年和罚款 2.1 亿林吉特。②

作为纳吉布的主要对手，也是马来西亚政坛"老人"的安瓦尔非常清楚清正廉洁的重要性，努力在社交媒体上和竞选造势中积极展示其清廉的形象。比如，人民公正党要求参加第十五届大选的候选人申报资产，安瓦尔于 2022 年 11 月 9 日公开了其个人资产，他的申请表在网上公开，可供公众审查。安瓦尔净资产约有 1117 万林吉特，资产中数额最大的部分来自四块土地，现金和存款金额为 82 万多林吉特；其名下没有汽车、首饰和名画等资产，同时也没有负债。③ 再如，在吉打居林造势活动中，安瓦尔承诺一旦当

① 《领袖形象关乎一党衰盛》，〔马来西亚〕当今大马网，2009 年 2 月 15 日，https：//www.malaysiakini.com/columns/98275（访问时间：2023 年 3 月 20 日）。

② 《纳吉能否脱逃牢狱之灾？》，〔马来西亚〕东方网，2022 年 8 月 23 日，https：//www.orientaldaily.com.my/news/mingjia/2022/08/23/507320（访问时间：2023 年 3 月 20 日）。

③ 《安华申报资产 1117 万 8667 令吉　今年买了两块地》，〔马来西亚〕东方网，2022 年 11 月 9 日，https：//www.orientaldaily.com.my/index.php/news/nation/2022/11/09/524836（访问时间：2023 年 3 月 22 日）。

选总理，他会规定其家人不可以涉及国家利益，并且他不领总理薪水，为内阁"瘦身"及削减部长薪水。① 他在成为总理后，也在推特上第一时间表态，坚持不领总理薪水，要与贪污作斗争。② 在大选期间，希盟官媒当今大马网及希盟的支持者常常通过对比的方式展现安瓦尔廉洁高效的形象。

（三）构建不屈不挠的斗争形象

作为一名政治人物，安瓦尔的一生是跌宕起伏的。1982 年加入巫统后，他在仕途上一路高升；1993 年，他成为马来西亚副总理。1998 年，安瓦尔被革职，其支持者发动了一场名为"烈火莫熄"（马来语，意即"改革"）的社会运动。此后，他两度因被指控鸡奸罪入狱，但最终又得到最高元首赦免。2018 年，作为在野党的希盟成功赢得国会选举，击败了执政长达 61 年的巫统，年过九旬的马哈蒂尔再度当选总理，安瓦尔只是成为所谓的"候任"总理③。但 2020 年 2 月，马哈蒂尔突然辞职下台，希盟在"喜来登政变"中被国盟击败，再次下野。

然而，在每次斗争的过程中，安瓦尔总是能在跌倒后再次站起来，展现出一副不屈不挠的斗争形象。也正是因此，民众习惯称安瓦尔为"边缘总理"（PM tepi）。"边缘总理"这个身份为安瓦尔增添了一分苦情色彩，对此他在推文中这样评述："我不在乎人们称我为'边缘总理'，只要我不出卖民族尊严、不骗取人民的信任和金钱。"④ 多次因政治目的受到打压，两次与总理之位擦肩而过，使安瓦尔更像马来古典文学中被迫害的王子。在马来传记中，常常有这样的人物，一般是受到迫害而被放逐森林的王子。在颠

---

① 《安华重申任相不领薪 "我要搞好国家经济"》，〔马来西亚〕东方网，2022 年 11 月 14 日，https：//www. orientaldaily. com. my/news/nation/2022/11/14/525932（访问时间：2023 年 3 月 22 日）。

② Twitter，https：//twitter. com/anwaribrahim/statuses/1595805516344983552（访问时间：2023 年 4 月 1 日）。

③ 马哈蒂尔承诺担任总理两年后，交权于安瓦尔，支持安瓦尔出任总理。

④ Twitter，https：//twitter. com/anwaribrahim/statuses/1592841900297687040（访问时间：2023 年 4 月 2 日）。

沛流离中他们获得了宝物，然后经历各种挑战，迎娶公主，并带着公主回到了皇宫，重新获得权力。在现实中，他的妻子旺·阿兹莎在其入狱期间为了继续他的政治理想而替夫从政，并在 2018 年成为马来西亚首位女副总理。旺·阿兹莎多次表示从政从来都不是自己的志向。即便在取得非比寻常的政绩后，她仍表示一旦丈夫回归，自己就"隐退"，继续做一位"平凡的妻子"。[①] 这使得安瓦尔的苦情色彩更加浓重，更容易获得受众的认同和同情。社交媒体可能就是他所获得的宝物，通过社交媒体，安瓦尔得以突破早期主流媒体的封锁，获得了更多的话语权，也收获了更多的支持者。在经历各种挑战后，他与妻子携手重回政坛，并最终成为马来西亚的新一任总理。

结　语

安瓦尔领导的希盟在第十五届大选中获得了 82 个国会席位，是国会中获得席位最多的政党联盟。尽管希盟未获得超过半数的国会席位以单独执政，并且所获得的国会席位数远低于上届大选，但自 2018 年以来，希盟已连续两届大选成为国会中最大的政党联盟并且获得执政权，这与希盟自身的政党建设、安瓦尔夫妇的亲民形象以及希盟在大选中的竞选策略密不可分。从竞选策略角度看，希盟和安瓦尔在第十五届大选中积极利用社交媒体"拉票"，尤其是在推特上争取到大量"粉丝"的支持，这是希盟赢得执政权的重要原因之一。

本报告通过研究发现，虽然主要政党或政党联盟均重视在大选期间利用社交媒体与民众沟通，但希盟在推特上所展现出的优势远远超过国盟和国阵两大政党联盟，并且安瓦尔本人在推特账号上的发文在传播强度、传播速度及传播热度等方面均胜于其他政党领袖。同时，安瓦尔还成功塑造了亲民、廉洁和斗争的个人形象，赢得了民众认可。可以说，希盟能够成为国会中最

---

① 欧贤安、刘皓然：《马来西亚前副总理发妻旺·阿兹莎：一个"代夫从政"的女人》，《环球时报》2018 年 5 月 18 日，https：//world. huanqiu. com/article/9CaKrnK8yHH（访问时间：2023 年 3 月 27 日）。

大政党联盟、安瓦尔能最终当选总理与希盟和安瓦尔的上述努力密不可分。

然而，需要指出的是，马来西亚政党关系微妙复杂，政治斗争异常激烈，希盟和安瓦尔通过社交媒体积极与民众沟通交流，争取民众支持只是此届大选复杂政治斗争的一个缩影。虽然不能说希盟和安瓦尔在社交媒体上占有显著优势是希盟赢得执政权和安瓦尔当选总理的主要原因，但不可否认的是，如果希盟和安瓦尔没有展开社交媒体"攻势"或未能善用社交媒体与民众沟通，那么大选的结果可能是另一番景象。在社交媒体异常活跃和信息爆炸的今天，如何善用社交媒体进行国家和社会的治理对任何一个政党而言都是极为重要的课题。

B.9

马来西亚第十五届大选中青年选民的
政治素养和情感探析[*]

葛红亮　石宇坤**

摘　要： 根据马来西亚 2019 年通过的宪法修正案，年满 18 周岁的青年自动成为选民，青年选民人数由此在马来西亚第十五届大选中大幅增加。这构成了马来西亚此届大选最突出的特征之一，而青年选民甚至被渲染为"造王者"，青年选民的参与被认为将为大选带来深远的影响。然而，本报告在分析马来西亚第十五届大选中青年选民的政治参与和社交媒体信息之后，却发现青年选民存在政治知识少、政治成熟度低等问题，青年选民的政治素养和情感问题让 2019 年宪法修正案的效果大打折扣，更给马来西亚的政治发展带来了无法忽视的微妙影响。

关键词： 马来西亚　大选　青年选民　政治素养　政治情感

马来西亚第十五届大选是 2019 年国会通过宪法修正案后的第一届大选。根据宪法修正案，马来西亚的法定投票年龄从 21 周岁下调至 18 周岁。① 在宪

＊　本报告受广西高等学校千名中青年骨干教师培育计划人文社科项目"'海洋命运共同体'视野下南海安全治理路径研究"（项目编号：2021QGRW031）资助。

＊＊　葛红亮，博士，研究员，广西民族大学东盟学院副院长兼广西民族大学马来西亚研究所所长，主要研究方向为东南亚区域国别问题；石宇坤，广西民族大学东盟学院 2022 级硕士研究生，广西民族大学马来西亚研究所研究助理，主要研究方向为马来西亚社会与政治发展。

① 《朝野一致通过：18 岁可投票》，〔马来西亚〕东方网，2019 年 7 月 16 日，https：//www.orientaldaily.com.my/news/nation/2019/07/16/298480。

法修正案和此前已经落实的"选民自动登记制度"的双重影响下，马来西亚的选民总数从 2018 年大选的 1494 万人激增至 2022 年的 2117 万人①，而从年龄结构来看，新增的 623 万名选民多为 30 岁以下的青年。由此，青年选民的激增及其政治参与构成了马来西亚第十五届大选最突出的特征之一。

在理论上，青年选民应是选举中最活跃的因素，他们有着更为与时俱进的政治理念，对于自身和其他群体的利益有着更高的诉求；在投票时，青年选民又会受到自身年龄、受教育程度、社会经济地位等因素的影响，这些因素会使个人形成不同的政治价值观、关心不同的政治议题，进而会影响其政党支持偏好。就此，有学者在马来西亚第十五届大选之前预测，倘若新增的 600 多万名选民都参与投票，青年选民势必会成为"造王者"，各政党会积极争取年轻人的选票。但事实上，默迪卡中心的调查结果显示，近年来马来西亚的政治乱象影响了年轻人的投票意愿，大多数 18~30 岁的年轻人对政治感到沮丧。② 因此，许多人对青年选民的投票行为抱有怀疑，认为他们缺乏政治素养和投票能力，无法对大选的结果产生重要影响。

基于上述背景，本报告以马来西亚第十五届大选中青年选民的政治参与及其主要影响因素为问题导向，选取政治素养和政治情感两个分析指标，尝试分析青年选民的政治价值观和政党忠诚度对其投票行为和政党支持偏好的影响，掌握青年选民的政治知识拥有量情况及其对政治的态度和偏好，进而了解马来西亚青年选民在此届大选中发挥的作用。

一 马来西亚第十五届大选中青年选民概况

青年选民的政治参与会受到年龄、受教育程度、工作及收入状况和所

---

① 根据马来西亚选举委员会公布数据整理，2023 年 2 月 14 日，https://www.facebook.com/sprgovmy。

② 《大马年轻选民新政治造王者》，《亚洲周刊》2022 年 2 月 21 日，https://www.yzzk.com/article/details/%E7%AD%86%E9%8B%92/2022-08/1645069094867/%E5%A4%A7%E9%A6%AC%E5%B9%B4%E8%BC%95%E9%81%B8%E6%B0%91%E3%80%80%E6%96%B0%E6%94%BF%E6%B2%BB%E9%80%A0%E7%8E%8B%E8%80%85。

在地区等自身各项因素的影响。生命周期理论认为个人参与政治时存在着年龄的曲线效应：刚拥有投票权的青年往往政治参与度较低，随着年龄的增长，在生活中积累的经验和资源会提升其政治参与度，但到了老年时期，政治参与度又会随着年龄的增长而再次下降。[1] 此外，教育被认为是提高政治参与度、投票率和增加政治知识的重要因素[2]，受教育水平越高的公民越有可能参与竞选活动并进行投票。[3] 除了年龄与教育外，青年生活的具体阶段也被证明对其政治参与有影响，其中包括毕业、在城/乡定居、找到工作和拥有稳定增长的收入。[4] 这些因素直接影响了个体的社会公平感，而社会公平感对青年的政治参与具有正向作用。[5] 因而，如要深刻把握马来西亚青年选民的政治素养与政治情感状况，就有必要掌握这一群体的主要概况。

（一）青年选民增长较快，受教育人数不断增加

依据马来西亚选举委员会公布的数据，青年选民在第十五届大选中占据了选民总数的一半，其中30岁以下的选民占了选民总数的28.4%。[6] 这表明青年选民人数的增长速度较快，成为马来西亚政治中不可忽视的力量。值得注意的是，30岁以下的青年选民分为两个不同的部分。其一，已经有投票经历并初具政治意识的21~29岁的青年约有461万人；其二，

---

[1] Ellen Quintelier, "Differences in Political Participation Between Young and Old People," *Contemporary Politics*, Vol. 13, No. 2, 2007, pp. 165-166.

[2] D. S. Hillygus, "The Missing Link: Exploring the Relationship Between Higher Education and Political Engagement," *Political Behavior*, Vol. 27, No. 1, 2005, pp. 25-26.

[3] M. Persson, "Education and Political Participation," *British Journal of Politic Science*, Vol. 45, No. 3, 2013.

[4] Julia Weiss, "What Is Youth Political Participation? Literature Review on Youth Political Participation and Political Attitudes," *Frontiers in Political Science*, Vol. 2, 2020, pp. 2-3.

[5] 郑建军：《政治知识、社会公平感与选举参与的关系——基于媒体使用的高阶调节效应分析》，《政治学研究》2019年第2期，第73~74页。

[6] 根据马来西亚选举委员会公布数据整理，2023年2月14日，https://www.facebook.com/sprgovmy。

18～20 岁的"首投"选民约有 139 万人（见图 1）①，他们也被称为"网络 Z 世代"②。这一代年轻人在互联网时代成长，他们更倾向于使用社交媒体表达自己的看法，并把互联网作为获取信息的主要来源。因此，社交媒体平台，如脸书（Facebook）、WhatsApp、Instagram、TikTok 和推特（Twitter）等成为马来西亚主要的社交互动平台。这也意味着，政治团体必须在社交媒体平台上通过与青年选民建立联系来赢得他们的支持和信任。

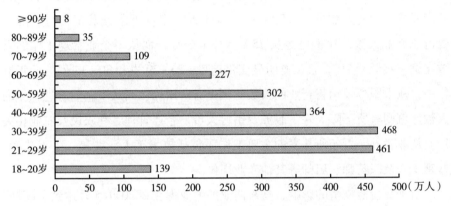

图 1　马来西亚第十五届大选的选民构成

资料来源：笔者根据马来西亚选举委员会网站的相关数据和资料绘制而成。

马来西亚青年选民受教育程度的提升是他们更多参与政治生活的重要影响因素之一。数据显示，马来西亚实行小学和中学免费教育，2013 年适龄人口的中等教育毛入学率已超过 80%，到 2021 年更达到了 84.4%。而 2000～2020 年，马来西亚接受高等教育的人数呈逐年上涨趋势。2018 年，马来西亚 15～24 岁的青年中有 32.7% 达到了高等教育水平；而 25 岁及以上的青年中有 24.7% 达到了

---

① 傅聪聪：《第十五届全国大选在即，马来西亚政治山雨欲来？》，《世界知识》2022 年第 22 期，第 27～29 页。

② "网络 Z 世代"是指在 1995～2009 年出生的人，也称"网络世代""互联网世代"。这一代人在数字时代出生和成长，拥有多样化的复杂通信设备或小工具，如 iPad、PDA、智能手机、平板电脑、BBM 和其他电子设备。

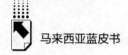

高等教育水平。2020年，马来西亚高等院校在校人数为112.201万人①，占适龄人口的42.6%。② 这些数据表明，马来西亚青年受教育程度不断提高。

（二）多从事低技术工作，薪酬增加缓慢

尽管越来越多的青年接受了高等教育，但是他们中从事低技术工作的人仍然较多，而从事管理或技术工作的人占比相对较低。根据新加坡尤索夫·伊萨东南亚研究所（ISEAS-Yusof Ishak Institute）的调查，马来西亚20~34岁的青年劳动人口大多从事服务及销售行业，而企业管理者和农民及农业相关产业从业者的人数最少。20~24岁青年人口中从事服务及销售行业的人数占总就业人数的比例已经从25%上升至30%，而从事企业管理工作的人数比例一直低于2%，且没有明显变化趋势。25~29岁和30~34岁的青年群体中，从事服务及销售行业的人数比例也有所增加，而从事企业管理工作的人数比例则有所下降。除了服务及销售人员、企业管理者和农民及农业相关产业从业者外，青年所从事的主要工作还包括技术工人、文秘、手工艺者、蓝领工人及医药师、厨师等其他专业岗位。③

由于受新冠疫情的影响，马来西亚的失业率在2020年5月达到了高峰，为5.26%。④ 2021年第一季度和第二季度的失业率都为4.8%，且从年龄分布来看，2021年第二季度的失业者大多为15~34岁的青年，约为54.64万人。⑤ 随着疫情影响的减弱，失业率开始逐渐下降，在2022年6月下降至

---

① 根据马来西亚国家统计局公布数据整理，2023年3月10日，https://statsdw.dosm. gov. my/。

② 根据联合国教科文组织公布数据整理，2023年3月10日，https://uis. unesco. org/en/country/my。

③ Lee Hwok Aun, "Work and Wages of Malaysia's Youth: Structural Trends and Current Challenges," ISEAS-Yusof Ishak Institute, September 4, 2020, https://www. iseas. edu. sg/programmes/country-studies-programme/malaysia-studies/malaysia-studies/.

④ 根据CEIC公布数据整理，2023年3月12日，https://insights. ceicdata. com/Untitled-insight/views。

⑤ 《2021年第二季度失业人数达76.49万人》，〔马来西亚〕东方网，2021年8月9日，https://www. orientaldaily. com. my/news/nation/2021/08/09/429959。

3.8%①，在大选期间下降至 3.6%，接近疫情前的最低点。②

因多从事低技术工作，青年的薪酬及其增长呈现出较大的问题。根据马来西亚国家统计局的数据，马来西亚青年群体 2010 年至 2020 年的平均月薪增长趋势较为缓慢。在青年群体中，35~39 岁青年的平均月薪相对较高，且增长较快，但是 20~24 岁和 25~29 岁青年的平均月薪均未超过 3000 林吉特，且增长较为缓慢。③ 更为糟糕的是，由于受疫情的影响，青年群体 2020 年的平均月薪出现了下滑，其中 30~34 岁青年的平均月薪下滑幅度相对较大（见图 2）。此外，不同行业的收入也各不相同。④ 2020 年，青年收入较高的工作为企业高管、金融与保险行业从业者、健康与社会工作行业从业者，平均月薪分别为 5423 林吉特、4221 林吉特和 4077 林吉特；收入较低的工作为农业从业者，平均月薪为 1598 林吉特；中等收入的工作为专业岗位（医生、厨师等）、技术岗位，平均月薪分别为 4850 林吉特和 3028 林吉特。⑤

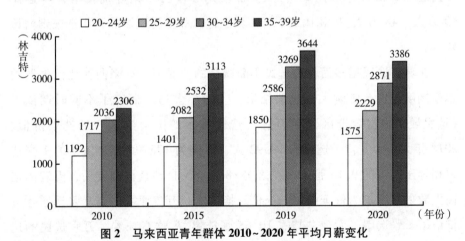

图 2　马来西亚青年群体 2010~2020 年平均月薪变化

资料来源：笔者根据马来西亚国家统计局相关数据和资料绘制而成。

---

① 《大马 6 月失业率 3.8%，创下新冠大流行以来新低》，〔马来西亚〕东方网，2022 年 8 月 12 日，https://www.orientaldaily.com.my/news/nation/2022/08/12/505195。

② 根据 CEIC 公布数据整理，2023 年 3 月 12 日，https://insights.ceicdata.com/Untitled-insight/views。

③ 根据马来西亚国家统计局公布数据整理，2023 年 3 月 12 日，https://statsdw.dosm.gov.my/。

④ 根据马来西亚国家统计局公布数据整理，2023 年 3 月 12 日，https://statsdw.dosm.gov.my/。

⑤ 根据马来西亚国家统计局公布数据整理，2023 年 3 月 12 日，https://statsdw.dosm.gov.my/。

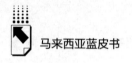

（三）城乡选区人数差距明显，城市选区人数较多，稀释选票价值

马来西亚宪法将该国选区划分为城市选区、乡村选区和半城乡选区（城郊选区）。但其向来存有选区划分不公的问题，这导致不同选区的选票影响力有极大差别。目前，全马来西亚城市化率已达 75.1%，发展和就业机会长期集中于城市地区，人口向城市集聚的效应更趋明显，城市人口增长高于其他城郊区和乡村，继而导致城市个别选区的人口与日俱增，以致比半城乡选区或乡村选区多上好几倍，但选区划分并没有随着城市化适时调整。例如，雪兰莪是马来西亚城市人口比例最高的州，城市化率达 95.8%。此届大选中该州新增青年选民 106 万人，是新增青年选民最多的州。柔佛州的城市化率为 77.4%，新增青年选民为 74 万人。沙捞越州新增青年选民 66 万人。霹雳州和沙巴州则分别新增青年选民 49 万人、48 万人。[①] 相比之下，半城乡选区和乡村选区的青年选民则增长较少。

在城市选民增多而乡村选民不断减少的情况下，马来西亚比例失调的选举制度无疑会影响大选投票结果。《当今大马》研究了不同时期依干（选民最少的国会选区）和万宜（选民最多的国会选区）的选票价值。2018 年大选中，依干选民有 19592 人，万宜为 178790 人，依干的 1 张选票相等于万宜的 9.13 张票。在落实 18 岁选民自动登记制度后，万宜的选民人数更是增长为依干的 10.63 倍。换言之，万宜原需超过 9 张选票才可抵依干 1 张选票，而现在却需 10.63 张选票。[②] 这意味着，万宜选民的选票贬值了。因此，在选民人数多的城市中，其选票价值会被稀释。当马来西亚的青年集中于更富裕的城市地区时，在这些人口密度更高的大选区里，候选人需要更多的选票才能赢得选举；相比之下，乡村选区的候选人

---

① 《落实 18 岁投票，全国增 561 万新选》，〔马来西亚〕透视大马网，2022 年 1 月 8 日，https://www.themalaysianinsight.com/index.php/chinese/s/360639。

② 《选民更多更年轻了，这如何左右你的选票价值？》，〔马来西亚〕当今大马网，2022 年 5 月 31 日，https://newslab.malaysiakini.com/malapportionment/zh。

则更有优势，因为他们只需要很少的选票就能获胜。同时，投票机制的结构难题所带来的影响是双向的，城市青年的选票贬值导致其政治参与感低，而比例失调也意味着乡村选区的青年选民有更大的能力推翻现任政客，以改善自己的生活状况。但现实是，能力和意愿并非成正比，青年选民的政治素养和政治情感既决定了他们对选票价值的认识，也直接决定了其参与大选投票的意愿。

二 马来西亚第十五届大选中青年选民的政治素养

马来西亚是东南亚地区青年和公民政治参与度最低的国家之一。根据"亚洲晴雨表"的相关统计数据，马来西亚的青年投票率在 2005～2008 年为 47.2%，在 2010～2012 年为 40.7%（见图 3）。受此影响，在 51 个英联邦国家中，马来西亚青年的政治参与度排名倒数第五。[①]

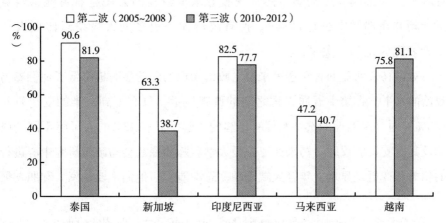

图 3 部分东南亚国家青年投票率变化

资料来源：笔者根据"亚洲晴雨表"的相关数据和资料绘制而成。

---

① Jamali Samsuddin, Lai Che Ching, Hamisah Hasan, "Civic Participation as A Precursor to Political Participation: A Look at Malaysian Youths," *Jurnal Kinabalu Bil*, Vol. 25, 2019, pp. 1-2.

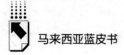

在政治社会中，青年群体的政治行为会受其自身政治素养的影响，政治素养在内容上主要包括政治知识拥有量和政治成熟度两个维度，而这也成为我们了解马来西亚青年选民的政治素养的关键。

（一）政治知识缺乏导致青年政治参与度低

政治知识（Politic Knowledge）在内容上主要包括：（1）政府的信息，如政府的领导者以及他的职能；（2）政治游戏的规则；（3）对政党、政党历史和议题的了解。[①] 而从获取途径来看，政治知识可以通过人际互动获得，如通过社会网络中的交往或家庭互动获得，民众也可利用传统的新闻媒体和新兴的互联网接触政治信息，而政府通过推进政治社会化也可以增加民众的政治知识。政治知识作为驱动个体行为的重要资源类型，对政治参与具有明显的预测作用，即个体对政治知识了解得越多，越倾向于在政治生活中扮演重要的角色。[②] 个体的政治知识及受教育水平，会影响其政治参与感，受教育水平越高的公民越有可能参与竞选活动并在选举中进行投票[③]，拥有政治知识更多的人投票意愿更大[④]，二者表现为正相关关系。

对于马来西亚的青年选民来说，政治知识的匮乏显著地降低了他们参与政治的水平。在第十五届大选之前的调查显示，只有不到一半的受访青年（40%）对马来西亚的选举系统有足够的了解，只有42%的人了解不同的政党及其所支持的议题。马来西亚拉曼大学敦陈祯禄社会与政策研究中心进行的相关调查更是显示，年轻人缺乏独立思考能力，他们主要从家人和朋友那

---

① M. Fraile, "Widening or Reducing the Knowledge Gap? Testing the Media Effects on Political Knowledge in Spain (2004-2006)," *The International Journal of Press/Politics*, Vol. 16, No. 2, 2011, pp. 163-184.

② 郑建军：《政治知识、社会公平感与选举参与的关系——基于媒体使用的高阶调节效应分析》，《政治学研究》2019年第2期，第73~74页。

③ Abdul Hadi Samsi, Amaludin Ab. Rahman and Ku Hasnita Ku Samsu, "The Motivating Factors of Malaysian Youths' Political Participation—An Overview," *Elixir Social Science*, Vol. 62, 2013, pp. 3-4.

④ Catherine Corrigall-Brown, Rima Wilkes, "Media Exposure and the Engaged Citizen: How the Media Shape Political Participation," *The Social Science Journal*, Vol. 51, No. 3, 2014, pp. 1-2.

里获得政治知识，这些人对他们的投票决定有重大影响，约63%的受访者希望教育机构为他们提供投票知识。① 这表明，大多数青年选民渴望获得政治信息，但又缺少可信的信息源。

此外，政治知识与个体的心理调整之间也具有一定的关系。个体如果没能及时调整参与政治的心态，参与政治的可能性就会降低，而这反过来又会减少他的政治知识。② 个体获取政治知识的传统方法是社会互动或被动接收政府的宣传（Propaganda）信息。但在互联网时代，社交媒体和网络社区使民众可以便捷地获取政治知识。在第十五届大选中，马来西亚最受欢迎的网络平台已由脸书（Facebook）转为TikTok。尽管数据表明，脸书以2100万人的用户数量名列马来西亚社媒榜首，但过去四年，TikTok的用户数量飙升至1440万人，且大多数用户为年轻人。③ 这使有关政党倾向于使用TikTok作为其宣传平台。但TikTok在大选前宣布禁止政客和政党利用该平台宣传付费广告和付费政治内容。因此，一些政党候选人利用订阅数量大的博主进行宣传，让其发布和转载支持他们的短视频。政党候选人认为通过这样的方式可以吸引到政党忠诚度低或对政治无感的青年选民。但是，TikTok大数据算法往往会根据用户的使用习惯向其推送内容，这会导致用户只能接收到其感兴趣的政治内容，而本就对政治无感的青年可能就被排除在具有特定推送目标的政治内容之外。新媒体"信息茧房"的效应使部分青年选民依旧无法得到有用的政治信息。因此，可以推测，政治知识的缺乏导致了马来西亚青年群体的政治参与度低。

① Lee Min Hui, "Malaysia GE15: Low Political Literacy and Indecisiveness Limit Youth Votes," ISIS Malaysia, November 14, 2022, https://www.isis.org.my/2022/11/14/malaysia-ge15-low-political-literacy-and-indecisiveness-limit-youth-votes/.

② Haslina Halim, Bahtiar Mohamad, Shamsu Abdu Dauda, Farah Lina Azizan, Muslim Diekola Akanmu, "Association of Online Political Participation with Social Media Usage, Perceived Information Quality, Political Interest and Political Knowledge among Malaysian Youth: Structural Equation Model Analysis," *Cogent Social Sciences*, Vol. 7, No. 1, 2021, pp. 7-8.

③ Nur Hasliza Mohd Salleh, "The TikTok Factor in GE15," Malaysia Now, November 27, 2022, https://www.malaysianow.com/news/2022/11/27/the-tiktok-factor-in-ge15.

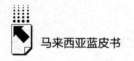
（二）政治不成熟是马来西亚青年选民群体的突出特征

影响政治素养的另一个因素是政治成熟度。在多数政治学人看来，韦伯最先提出"政治成熟"这一概念。韦伯认为，现代经济发展必然促成社会的高度分化，从而导致整个社会日益形成多元分散的社会离心倾向。政治不成熟的国家缺乏一套能够使全体国民都参与其中的政治机制，大多数国民都生活在国家的内部政治之外，并不能参与其中；如若这样，这种政治机制就无法解决发展过程中的社会利益分化问题。因此，社会矛盾也将加剧。[①] 韦伯认为解决这一问题的方法就是实行"大众政党"和全民普选（大众民主），大众政党需要代表不同的阶层、集团和地区的利益，凝聚社会最广泛的共识。而大众民主则可以起到全民政治教育的作用，促使国民形成民主政治下对决策的责任和担当感。韦伯论述的政治成熟更多是一种自上而下的机制，即由政党或政治领导推动国民的政治成熟，而没有考虑国民如何促进自身的政治成熟。在马来西亚的政治发展实践中，2018 年大选中的执政党联盟轮替已经表明，马来西亚先前的选举权威主义体制已经趋向崩溃。[②] 同时，马来西亚的主要政党基本涵盖了马来西亚不同的族群或利益群体。在新的条件下，马来西亚选民群体的政治成熟度在很大意义上成为马来西亚政治发展的极其关键的影响因素。但现实却表明，由于代际差异和社会环境的不同，马来西亚青年群体所关注的问题与中老年并不相同，青年选民在第十五届大选中更多表现出政治不成熟的一面。

首先，马来西亚青年选民偏好短平快的政治信息，热衷分享政治谎言。根据马来西亚的谷歌数据，近一半的"网络 Z 世代"青年更愿意使用社交媒体获取信息，而非搜索引擎。[③] 这造成了某些政党利用社交媒体传播有关其他政党的

---

① 参见唐桦《"政治成熟"与中国的政治成熟之路》，《东南学术》2004 年第 6 期，第 94 页。

② 〔韩〕黄仁元：《马来西亚政治在选举权威主义体制崩溃后的可能性：以 2018 年第 14 届议会选举为中心》，李鹏编译，《南洋资料译丛》2018 年第 4 期，第 25 页。

③ Sajanee Sukumaran, Dr Nabeel Mahdi Althabhawi, "Fake News during GE15: Whom Should We Blame?" Focus Malaysia, November 27, 2022, https://focusmalaysia. my/fake-news-during-ge15-whom-should-we-blame/.

假新闻，引导人们参与政治话题的讨论和争吵。此外，一些人还自发上传带有种族歧视和暴力内容的短视频。新加坡《海峡时报》报道了年轻人在 TikTok 上发布的视频，视频内容涉及 1969 年 5 月 13 日大选后的种族骚乱和暴力事件，其中还包含排华信息，其还谎称如果允许希望联盟组建政府，民主行动党将在政治上占据主导地位。[①] 青年群体的这一行为造成了大量虚假信息的传播，不仅影响了个体和群体的政治判断，也影响了大选结果的公正性与透明性。

其次，马来西亚青年选民还深陷身份政治泥潭。马来西亚政治的世俗化与民主化几乎是并行的，但世俗化并不等同于民主化，宗教与政治分离所留下的权力真空并不能立刻被民主政治填满，政治发展需要一个长期的过程。对于马来西亚来说，要求政教合一的力量依旧强大，伊斯兰教党作为神权政治的代表，其特点在于推动马来西亚实行伊斯兰主义政教合一的政治体制；而世俗政治的代表则为民主行动党，其特点在于推动实现具有共同价值的政治诉求。自"烈火莫熄"运动以来，政治改革力量通过社会动员和政党结盟，推动马来西亚从选举型威权主义国家向民主转型的目标迈进，并一点点地拓宽民主空间，这一任务在第十四届大选中获得实现契机。[②] 但如今，民主转型的公共议题却逐渐被杂乱的种族、宗教、语言、教育与阶级差距议题取代。在第十五届大选中，新冠疫情肆虐导致一定程度的社会失序，身份认同成了容易满足各个群体廉价消费需求的政治模式，支配着马来西亚的政治进程。对于受教育程度较低的青年群体而言，匮乏的政治经验和易被煽动的情绪使得他们极其关注自身的身份认同。马来人、华人、印度裔和不同宗教信仰者的身份成为政治家操纵大选的"有力武器"。青年群体利用互联网进行"种族攻击"，以宪法保护言论自由为名发表种族主义言论，关注短期利益，支持符合自身身份认同的政党，使得选举变得更为复杂。

---

① Eileen Ng, "Malaysian Police Chief Warns Against Provocative Social Media Posts as Political Parties Race to Form Govt," *The Straits Times*, November 22, 2022, https：//www.straitstimes.com/asia/se-asia/malaysian-police-chief-warns-against-provocative-social-media-posts-as-political-parties-race-to-form-govt.

② 《分进合击：民主转型的突围思索》，〔马来西亚〕当今大马网，2021 年 12 月 1 日，https：//www.malaysiakini.com/columns/601389。

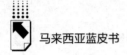
最后，马来西亚青年选民的政治技能低，议价能力差。政治成熟度低使得青年选民缺乏应有的政治技能，政党也缺少提高年轻人议价能力的举措。即使政党承诺为青年选民提供全面的保障计划，如就业和社会保险，青年群体也不懂得如何推动这些政策在接下来的政府施政中得到落实。

三　马来西亚第十五届大选中青年选民的政治情感

政治情感是社会成员以政治认知为基础，在政治生活中对政治体系、政治事件和政治人物等所产生的内心体验和感受，是在其政治认知过程中所形成的对于各种政治客体的好恶之情、爱憎之感等心理反应[1]，通常表现为对现实政治是否认同，是否有较为稳定的政治热情，也即政党忠诚度和政治参与。据此，可从青年选民的政党忠诚度和政治参与两个层面来深入分析马来西亚第十五届大选中青年选民的政治情感表现。

（一）马来西亚青年选民的政党忠诚度低

新加坡尤索夫·伊萨东南亚研究所针对马来西亚"网络Z世代"选民投票率和偏好发起了一项调查。结果显示，马来西亚年轻人不信任政客，其中62%的受访者对政党感到"厌恶"，64%的受访者认为政客会对公众许下没有办法实现的承诺或是直接撒谎以赢得选举。此外，美国国际共和研究所（IRI）最新的调查也发现，有57%的马来西亚人（18～35岁）希望在未来的选举中看到新政党出现。[2]

马来西亚青年选民的政党忠诚度之所以如此低，是因为主要受下述三方面因素的深刻影响。其一，"老年政治"和政党结构的僵化使得政党领导人无法理解马来西亚青年群体的真实想法。许多政党高层的意识形态或种族主

---

① 王浦劬主编《政治学基础》，北京大学出版社，1995，第323页。

② Brian R. Braun，"Malaysia's Political Parties Neglect Youth at Their Own Peril," *The Diplomat*, November 17, 2022, https：//thediplomat.com/2022/11/malaysias‐political‐parties‐neglect‐youth‐at‐their‐own‐peril/.

义思想根深蒂固，而一些受教育程度较高的年轻人不再认为政党意识形态与他们的生活有关。相反，他们对涉及自身实际利益的问题更感兴趣。因此，政党没有办法吸引到更多的选民群体。其二，受疫情及经济下滑影响，年轻人难以找到工作，住房、生活成本和通货膨胀问题使得他们更关注政治家将采取什么措施来解决这些问题，而不是关注候选人的政治派别。其三，政治体制之外活动的增加降低了年轻人对政党的忠诚度。对于青年群体来说，社会运动和网络行动是他们表达政治诉求的有效途径，而传统代议制中利用政党或议员来表达的方式很难得到政府的回应。

（二）马来西亚青年选民的政治参与不稳定

多元选择和道德愤怒是驱使青年去投票的重要原因。在第十四届大选中，青年发挥了巨大影响。当时，选民在国阵和希盟之间做出了选择，且对总理纳吉布的"一马公司丑闻"和腐败控诉感到愤怒。最后，希盟在青年的支持下击败了国阵，马来西亚政坛由此首次实现了执政党轮替。

2022年，马来西亚青年群体的政治价值观又发生了变化，呈现出分离且矛盾的特点。一方面，在经历过疫情和政治危机后，一部分已有政治和投票经验的青年憎恶政治与社会中的不公之事，希望政府可以做出改变。另一方面，青年的生活中面临诸多选择和困难，住房、工作和生活成本的问题使得他们参与政治的热情很容易发生改变。不仅如此，由于社会阅历渐渐丰富，他们会认为自己的投票无法改变选举结果，认为政治与己无关，不愿抽出时间去了解和参与投票等政治活动，表现出明显的"政治冷漠"。

马来西亚青年群体的政治参与和投票意愿还明显受到政府和政党层面的构成和言行影响。目前马来西亚公民的平均年龄为30.3岁，但就政府而言，马来西亚政府领导人和政党高层年龄过高，约70%的议员年龄超过50岁，政府是在老年人的统治下运行的。[①] 这使得体制内的政治家无法理解年轻人

---

① Lee Min Hui, "Malaysia GE15: Low Political Literacy and Indecisiveness Limit Youth Votes," ISIS Malaysia, November 14, 2022, https://www.isis.org.my/2022/11/14/malaysia-ge15-low-political-literacy-and-indecisiveness-limit-youth-votes/.

的想法，无法迎合他们的政治诉求。例如，青年选民倾向看到的候选人辩论却被时任总理伊斯迈尔否决，他拒绝了希盟主席安瓦尔提出的总理候选人之间进行辩论的建议。受此影响，年轻人无法了解政治家的真实想法，政党及其主要领袖也缺少将选举政策传递给青年选民的渠道。因此，在年轻人听不到关注问题的解决方案时，政治家自然无法得到年轻人的认可。

不过，需要指出的是，大选前的民调显示，约有79%的"首投族"青年（18~24岁）将参与投票。① 他们的投票动机主要包括两个方面。一是这些青年选民中约有63%的人对政府和竞逐政党表示失望，政府更迭频繁，政局动荡不安，政党联盟也经历解散与重组，这些使青年群体对马来西亚政治的前景感到迷茫。他们希望通过自己的投票来改变马来西亚政治的不稳定局面。二是"首投族"投票的热情主要源于第一次投票的新鲜感。他们作为政治未完全成熟的群体，对政治的认知较为浅显，往往有一种责任感和为青年赋权做贡献的愿望。对于这一部分青年群体而言，参与投票是其首次对政治权利的运用，因此，相较于已有政治经验的青年群体，"首投族"对于投票更为热情。

鉴于此，马来西亚青年群体的政治参与和投票意愿并不一致，不同年龄段因自身的社会阅历、政治经验和诉求而产生不同的政治参与和投票动机。而在逻辑上，这对大选结果却有着深远的影响。

四 青年选民在马来西亚第十五届大选中的影响

青年选民在此届大选中因被媒体渲染为"造王者"，获得了大量的关注与讨论。但是，通过分析马来西亚第十五届大选中青年选民的政治参与和社交媒体信息，本报告发现青年选民的增加诚然为大选带来了"新气象"，但其存在政治知识少、政治成熟度低等问题。受此影响，虽然2019年宪法修正

---

① Lee Min Hui, "Malaysia GE15: Low Political Literacy and Indecisiveness Limit Youth Votes," ISIS Malaysia, November 14, 2022, https://www.isis.org.my/2022/11/14/malaysia-ge15-low-political-literacy-and-indecisiveness-limit-youth-votes/.

案促成了选民结构的突变，但青年选民的政治素养和情感问题却限制了宪法修正案的效果，这同时也为马来西亚的政治发展带来了无法忽视的影响。

（一）选民结构出现突变

首先，选民结构的变化，特别是青年选民的不断增加，已经改变了马来西亚选民的整体结构。与传统的政治参与方式相比，青年选民更愿意通过社交媒体和其他数字媒体进行政治参与。这促进了更多新的政治沟通渠道和方法的出现。但与此同时，政治素养较低的选民可能会更容易受到虚假信息和恶意宣传的影响，选民对政府和政治流程的信任度也会因此降低。在此届大选中，政治谎言和误导性内容对于青年选民的影响非常大，其快速传播加剧了仇恨和不信任的情绪，对选举产生了不良影响。

其次，青年选民通常不会受到传统政治力量和既有党派的影响，他们更倾向于自主选择。因此，他们的政治观点和利益会对政治平衡产生影响，导致政治权力的重新分配和政策方向的变化。2022年马来西亚大选的结果表明，希盟和国民阵线赢得的议席相较于2018年都减少了，选票分散给了2020年新组建的国民联盟。[①] 具体到州方面，青年选民增加最多的是雪兰莪、柔佛和沙捞越，而在这些州属中，希望联盟和国民阵线的选票也被分散到其他政党或政党联盟中，其中国民联盟获得的议席相对较多。

（二）政党选举政策需与时俱进

受青年选民的增加和选民结构的突变影响，政党需要更新它们的选举政策以迎合青年选民的诉求。在此届大选中，主要政党联盟都推出了一些符合青年选民诉求的政策。希盟提议提供农民津贴卡，或汇款至他们的电子钱包，让他们自由购买农业用品，以及公布所有国会议员、高级公务员、国有公司主席及他们的配偶和家人的财产信息。国盟则提议提供1000林吉特的

---

① 2018年，希望联盟获得议席122席，国民阵线获得79席；2022年，希望联盟获得议席82席，国民阵线获得30席，国民联盟获得74席。

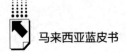

援助给获录取的大专生，提供1000林吉特的补贴给报读认证培训课程的零工等，并设立反贪法庭。国阵则提议推出"辅助基本收入"方案，为每个家庭自动补贴，确保每个家庭的收入至少达到2208林吉特，以及将大马廉政学院升格为委员会。在所有竞选宣言中，此届大选中获胜的希盟的施政方案是最多的。这说明，政党或政党联盟关注青年的就业机会、教育、住房和社会保障等问题及推出满足青年选民需求的政策，将有助于其获得青年选民的选票。

不仅如此，政党还应主动进行自我革新，吸纳青年政治家，以便更好地了解青年选民的诉求。事实上，包括民主行动党在内的多个政党都吸纳了青年政治家，这些青年政治家所提出的议题更符合青年选民的诉求。同时，政党及政府应与时俱进，选择适当的政治知识和选举信息传播渠道。政党及政府利用社交媒体的能力不足会使得相关平台缺乏普及政治知识的能力，导致已有的选举信息无法吸引到青年选民。

（三）马来西亚政治文化的深层次转变

马来西亚政治文化正经历着深层次的转变，青年选民的增加已经并将继续起到重要的推动作用。

一方面，青年选民的增加促进了马来西亚政治发展的民主化进程。以往，选民数量较少，选举结果可能缺乏代表性。同时，信息获取渠道的限制也容易导致选民的投票决定受到政治势力的操控。但随着青年选民群体的不断壮大，这一情形将会逐渐改变。政治派别必须更加注重公正、有效地代表选民利益，否则将失去选民的支持和信任。

另一方面，青年选民的增加也促进了马来西亚政治的年轻化和现代化。过去，马来西亚政治往往由老一辈人所主导，政治团体也陷入僵化和守旧的思维方式中。但如今，随着青年选民群体的壮大，这种情况将会逐渐改变。青年选民更加开放、创新和进步，愿意接受新的思维方式和政治理念。这要求政治团体更加注重年轻化和现代化，与青年选民建立联系和互动，赢得他们的支持和信任。更为重要的是，提高年轻人讨价还价的能力和参与政治的技能在很大意义上已经成为马来西亚政治文化向深层次转变的必然逻辑结果，而对于马来西亚相关政党来说，它们如能引导青年选民提高自身政治素养和议价能力，也势必会收获更多青年选民的支持。

结　论

在第十五届大选中，马来西亚的青年选民展现了其不同于其他年龄段选民的面貌。他们虽然经历了政治危机和新冠疫情的双重打击，更对马来西亚的政治前景感到迷茫，但依旧在大选中产生了不可忽视的影响。然而，与媒体渲染的"造王者"不同，马来西亚青年选民表现出政治素养低和"政治冷漠"的特点，这成为青年群体发挥更大作用的绊脚石。从长远来看，青年选民及其政治素养和情感对马来西亚的政治发展具有重要的影响，他们数量的不断增加导致选民结构突变，将促使相关政党和政府不得不改变选举政策和执政方针，更是马来西亚政治文化实现深层次转变的关键。但是，政治素养低和政治热情缺乏的青年选民的持续量增，很可能会对马来西亚的选举政治产生无法预测的影响。对此，马来西亚主要政党及中央、地方政府应予以高度重视，并采取相应的针对性举措，以期提高青年选民的政治素养和能力。当然，作为观察马来西亚政治发展走向的重要窗口，青年选民的状况及他们的政治素养、政治情感是一个值得我们继续深入关注的课题。

B.10

马来西亚新生代女性参政

——以马来西亚第十五届大选中努鲁依莎及雪芙拉参选为例

潘玥 杨帆[*]

摘 要： 自独立以来，马来西亚涌现了众多出色的女性政治家。她们
亲近选民，关注弱势群体，为国家社会发展的各个方面建言
献策。然而，与数量庞大的男性政治家相比，无论是在规模
方面还是在重要性方面，女性政治家仍属于政治舞台上的边
缘群体。在参政过程中，现在的马来西亚年轻女性仍不可避
免地面临来自社会各层面的挑战，承受着"女性"角色带来
的双重压力和负面影响。在马来西亚的年轻女性从政者当中，
第十五届大选的候选人努鲁依莎和雪芙拉具有较强的代表性。
通过分析她们在第十五届大选中的表现和选情，进一步探讨
马来西亚新生代女性在参政时所面临的主要挑战以及发展前
景，有助于从微观的角度，把握马来西亚女性参政以及民主
政治发展的相关情况。

关键词： 马来西亚 女性参政 第十五届大选 政党政治

---

* 潘玥，博士，暨南大学国际关系学院/华侨华人研究院副研究员，主要研究方向为东南亚区
域与国别问题；杨帆，中山大学社会学与人类学学院博士研究生，主要研究方向为马来西亚
族群文化、族群关系。

一 问题的提出

根据马来西亚国家统计局 2021 年发布的马来西亚 2020 年人口统计数据，马来西亚男女公民性别比为 106∶100，女性占总人口的 49%。其中，布城（Putrajaya）、玻璃市的女性多于男性。作为马来西亚的新政治中心，布城的男女比例为 87∶100，这充分凸显了在马来西亚的重要城市中女性人口居多的现象。① 女性是当地社会的重要组成部分，在政治、经济等各个领域的参与意义重大。

当前，马来西亚民主化进程不断深入，但政治动荡不断。在此过程中，公民的参政意识不断增强，市民社会建设取得进一步的成果，当地女性在民主政治发展过程中的参与情况也受到学界的广泛关注。在涉及马来西亚第十二届及第十三届大选的研究中，不少专著有专门章节分析女性候选人在大选中的表现和选情②，还有很多论文着重探讨了影响马来西亚女性参政的因素等相关问题。努尔·拉菲达·赛东（Nor Rafidah Saidon）等学者重点研究了 1980~2013 年马来西亚女性领导力的增强，运用领导理论（leadership theory）与社会性别视角（gender perspective）分析了女性在马来西亚政治参与中对于不断增强女性领导力的思想觉醒过程，研究发现，增强女性在政治参与中的领导力，能有效促进女性在管理和决策中推动性别平等方面发挥重要作用，进而有利于间接减轻乃至消除性别不平等现象。③

---

① 《马来西亚 2021 年当前人口预测》，马来西亚国家统计局，2021。

② Joseph M. Fernando, Zulkanain Abdul Rahman & Sufian Mansor, eds., *Pilihan Raya Umum Malaysia Ke-12: Isu dan Pola Pengundian*, Kuala Lumpur: Penerbit Universiti Malaya, 2011; Mohamad Takiyuddin Ismail & Sity Daud, eds., *Pilihan Raya Umum Ke-13: Refleksi Politik Perubahan*, Bangi: UKM Press, 2016. 以上两本专著均有专门探讨女性参政表现的章节，主要围绕女性候选人参选情况、胜选人数、各政党推出的女性候选人比例等主题展开论述。

③ Nor Rafidah Saidon, Sity Daud, Mohd Samsudin, "Penglibatan Politik: Pemerkasaan Kepimpinan Wanita Di Malaysia (1980-2013)," *e-Bangi*, Vol. 14, No. 1, 2017, pp. 7-50.

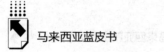
马来西亚女性参政历史悠久,二战结束后马来半岛的英国殖民者卷土重来,当地土著居民开始意识到捍卫民族尊严、争取民族独立的重要意义,马来妇女也开始在20世纪40年代参与到政治生活当中,同男性一起争取民族独立。1951年,巫统妇女组(Pergerakan Kaum Ibu UMNO)在伊布·赞因(Ibu Zain)的领导下成立,女性参与政党政治的帷幕由此拉开。根据宪法,马来西亚实行多党制的政党制度,往往由胜选的不同政党组成执政联盟。政党政治是马来西亚政治的重要组成部分,马来西亚女性的政治参与也主要体现在参与政党政治方面,如代表政党参与到国会选举以及州议会选举当中。由于女性更具亲和力的身份形象,政党政治中的女性党员在政党竞选宣传中发挥了重要的作用,尤其是在接近选民方面。

2018年第十四届大选以来,马来西亚政治动荡不断。"喜来登事件"使得"青蛙政治"现象引起了极大关注,5年内3次更换总理更是体现出马来西亚国内政治极大的不确定性。直到第十五届大选过后,安瓦尔宣誓就任总理,政局才终于迎来稳定。在第十五届大选中,几乎各个政党的候选人阵营中都有女性的身影。更有优秀的新生代女性,第一次参加国会选举便成功取胜,为其代表的政党以及政党联盟做出了重要贡献。然而,有的女性候选人即使有着多次胜选的经验,仍然在此届大选中败下阵来,截然不同的竞选结果不得不引起人们对马来西亚新生代女性参政的思考。

2022年第十五届大选中,希望联盟人民公正党(PKR)峇东埔选区国会议席候选人努鲁依莎·安瓦尔(Nurul Izzah Anwar)出乎意料地败选,败给了国民联盟伊斯兰教党(PAS)候选人穆哈默德·法瓦斯(Muhammad Fawwaz),而在马来西亚文冬选区激烈的五角战中,转战该国会议席的民主行动党(DAP)后起之秀雪芙拉·奥斯曼(Young Syefura Othman)胜出,击退来自马华公会、土著团结党的候选人以及两位独立人士,民主行动党候选人雪芙拉以600多票的多数票拿下文冬国会议席,充分证明了民主行动党支持年轻马来族候选人雪芙拉的正确性。作为马来西亚新生代女性代表,在第十五届大选中，努鲁依莎和雪芙拉的选情为何出现差异，又有哪些因素影响了马来西亚的新生代女性参政？本报告主要介绍第十五届大选中女性候选人的表现情况，通过分析努鲁依莎和雪芙拉在大选中的具体表现，探讨马来西亚新生代女性参政的挑战与前景。

二 马来西亚第十五届大选女性候选人参选情况

马来西亚第十五届大选是自"喜来登事件"以来的首次选举。2022年11月20日完成大选的计票工作后，马来西亚选举委员会证实没有任何一个政党联盟因获得简单多数议席而胜选，因此出现了马来西亚历史上第一次悬峙议会。在2022年11月24日宣誓就任马来西亚第十任总理后，安瓦尔·易卜拉欣（Anwar Ibrahim）组建团结政府。此届大选后，希望联盟（Pakatan Harapan，简称"希盟"）、国民阵线（Barisan Nasional，简称"国阵"）、沙捞越政党联盟（GPS）、沙巴人民联盟（GRS）以及人民复兴党（WARISAN，简称"民兴党"）等通过组建团结政府，结束了当地自2020年初马哈蒂尔辞职以来持续不断的政治动荡，对马来西亚政治稳定和经济恢复具有重要意义。

马来西亚第十五届大选当中，主要由三大联盟及一个新联盟展开激烈的四角战，即希盟、国阵、国民联盟（Perikatan Nasional，简称"国盟"）以及2022年由马哈蒂尔临时创建的祖国行动联盟（GTA，简称"祖行盟"）。组成以上政党联盟的主要政党，在此届大选前都高度重视女性党员，积极鼓励女性党员参与到候选人的选拔当中。其中，国阵由巫统（UMNO）、马华公会（MCA）、国大党（MIC）、沙巴人民团结党（PBRS）组成。在第十五届大选中，国阵共推出178名候选人，其中包括22名女性候选人。而希盟由人民公正党（PKR）、民主行动党（DAP）、国家诚信党（Amanah）和马来西亚民主联合阵线（MUDA）组成。在第十五届大选中，希盟共推出206名候选人，其中包括39名女性候选人。国盟由土著团结党（Bersatu）、伊斯兰教党（PAS）、马来西亚民政运动党（GERAKAN）、沙巴立新党

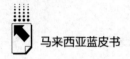

（STAR）、沙巴进步党（SAPP）组成，国盟共推出 149 名候选人，其中包括 16 名女性候选人。而祖行盟作为新政党联盟在此届大选中共推出 116 名候选人，其中包括 16 名女性候选人。此外，民兴党派出 6 名女性候选人，而全马更有 10 名女性候选人以独立人士身份上阵此届大选。在各个选区，马来西亚第十五届大选都出现各政党联盟的混战景象，史无前例地出现 945 名候选人竞选 222 个国会议席的场面。

从整体来看，在马来西亚几大政党联盟、其他政党以及独立人士中，共有女性候选人 127 人，约占总人数的 13.4%①，远低于 30% 的目标。在各政党公布候选人提名情况后，多个政党妇女组对政党提名的女性候选人占比过低的情况表达了不满。马来西亚全国妇女组织理事会（NCWO）领导的"监督第十五届大选"（Pantau PRU15）团队指出，政党没有兑现在此届大选中提名 30% 女性候选人的承诺。② 民主行动党妇女组全国主席章瑛表示，为民主行动党派出最多的女性候选人参选感到自豪。③ 她也指出第十五届大选的女性候选人远未达到 30% 的最低目标，增加女性候选人在国会选举中所占比例，仍需要社会各方面做出更进一步的努力。在参与第十五届大选的 127 名女性候选人中，仅有 30 名女性当选为国会议员，胜选比例为 23.6%，女性议员只占总国会议员人数的 13.5%，相较于第十四届大选中 14.4% 的占比也出现小幅下降。④

尽管如此，此届大选中各政党女性候选人以及胜选女性议员的情况，仍

---

① 《46 女候选人胜选　希盟占最多》，〔马来西亚〕《星洲日报》2022 年 11 月 20 日，https：//www.sinchew.com.my/20221120/46%e5%a5%b3%e5%80%99%e9%80%89%e4%ba%ba%e8%83%9c%e9%80%89-%e5%b8%8c%e7%9b%9f%e5%8d%a0%e6%9c%80%e5%a4%9a%ef%bc%81/（访问时间：2023 年 1 月 6 日）。

② "Pantau PRU15 Kecewa Parti Politik Gagal Letak Ramai Wanita Sebagai Calon," Astro Awani, November 4, 2022, https：//www.astroawani.com/berita-politik/pantau-pru15-kecewa-parti-politik-gagal-letak-ramai-wanita-sebagai-calon-389583（访问时间：2023 年 3 月 9 日）。

③ "Calon PRU15 Wanita Paling Ramai dari DAP," Malaysia Kini, November 4, 2022, https：//www.malaysiakini.com/news/642531（访问时间：2023 年 3 月 9 日）。

④ 《杨启贤：2023 年了，我国女性政治参与有待提高》，〔马来西亚〕东方网，2023 年 3 月 8 日，https：//www.orientaldaily.com.my/news/mingjia/2023/03/08/551346（访问时间：2023 年 3 月 9 日）。

表现出一定的进步。首先，安瓦尔领导下的新政府内阁，充分体现出安瓦尔对于提高女性代表比例的重视。新政府里共有 5 位女性部长及 8 位女性副部长，总共占内阁的 23.6%。虽然同样未能实现 30% 的目标，但这是马来西亚政府内阁中女性代表比例首次突破 20%。① 其次，在此届大选中，女性候选人年龄跨度大，高龄女性仍积极参政，年轻女性中也涌现出积极参与马来西亚大选的翘楚。其中代表人民公正党竞选斗湖国会议席的候选人刘静芝在 2022 年参选时已逾 70 岁，而竞选丹南国会议席的候选人赵芝婷年仅 23 岁，便以独立人士身份参选。本报告选取参选时 42 岁的努鲁依莎与参选时 33 岁的雪芙拉作为研究对象，她们都是马来西亚新生代女性参政的代表人物。

三 努鲁依莎与雪芙拉竞选案例分析

女性候选人的参与，是马来西亚第十五届大选的重要组成部分，努鲁依莎与雪芙拉都是马来族女性政治领袖"后继者"的优秀代表。作为槟城峇东埔前任国会议员，曾任吉隆坡班底谷国会议员，同时兼任人民公正党全国副主席的努鲁依莎，更多是以马来西亚总理安瓦尔与前副总理旺·阿兹莎的长女身份成为众人焦点的，她的从政与其母亲步入政坛有着同样的渊源。努鲁依莎出生于 1980 年，1998 年父亲安瓦尔入狱改变了她的人生轨迹。原本学习电气电子工程的她改变了自己的人生理想，在华盛顿约翰斯·霍普金斯大学高级国际研究学院（SAIS）获得硕士学位，主修东南亚研究、国际关系，由此开始走上政治舞台，为帮助父亲获得自由奔走呼号，被称为"烈火莫熄"公主。

政治新星雪芙拉的政治生涯同样受到家庭影响。雪芙拉于 1989 年生于霹雳州，她的父亲是一名政府公务员，父母都是伊斯兰教党的积极支持者。

---

① 《杨启贤：2023 年了，我国女性政治参与有待提高》，〔马来西亚〕东方网，2023 年 3 月 8 日，https://www.orientaldaily.com.my/news/mingjia/2023/03/08/551346（访问时间：2023 年 3 月 9 日）。

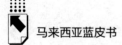

雪芙拉在一次访问中提到,她的父母都有政治背景,他们曾经积极参与到支持伊斯兰教党的政治运动当中。① 雪芙拉在雪兰莪双溪毛糯班达峇鲁国立中学接受教育,之后毕业于护理专业,获得护理系学士学位。雪芙拉认为护理系的教育背景与其在政治生活中的参与是直接相关的。护理系的专业背景让她更有共情的能力,在参政过程中能够更好地关注到有需要、有困难的人士,为弱势群体发声。② 两位女性候选人在上台路径与参政经验、第十五届大选中的参选表现、第十五届大选结果的影响因素等几个方面有着女性参政共有的特点,值得进一步探讨。

(一)上台路径与参政经验

努鲁依莎由于父亲被捕开启了自己的从政之路,她的参政历程也始终贯穿着"政治家父亲"的影响。努鲁依莎在从政期间高举其父亲安瓦尔推出的改革旗帜,将改革矛头直指马来西亚政坛"龌龊"的政治权谋,在疑似部长性短片风波使群众忽视国家重要议题反而关注性短片风波时,她呼吁民众在参与民主选举的过程中,一同抵制政界当中恶意陷害、操弄政治的行为,把注意力放在解决国家重要议题上③;2019年,在时任总理马哈蒂尔向国会提呈"公账会换头"动议后,之前辞职抗议的努鲁依莎也随之重返马来西亚公共账目委员会④,她始终强调在服务人民与国家时,改革议程要放

---

① "Daripada Gadis Biasa, Kini Menjadi YB," *Sinar Harian*, April 15, 2019, https://www.sinarharian.com.my/article/23590/femina/daripada-gadis-biasa-kini-menjadi-yb(访问时间:2023年1月6日)。

② "Daripada Gadis Biasa, Kini Menjadi YB," *Sinar Harian*, April 15, 2019, https://www.sinarharian.com.my/article/23590/femina/daripada-gadis-biasa-kini-menjadi-yb(访问时间:2023年1月6日)。

③ 《痛心龌龊政治再至,努鲁疾呼民众挺身抵制》,〔马来西亚〕当今大马网,2019年6月13日,https://m.malaysiakini.com/news/479354(访问时间:2023年1月6日)。

④ 马来西亚公共账目委员会(PAC,简称"公账会")中既有来自执政党和反对党的议员,也有来自部门和机构如马来西亚财政部、总稽查署、公共服务局、国家总会计师以及经济事务部门的官员,由马来西亚国会所成立。公账会的职责是针对总稽查署报告发现的政府行政弊端问题,逐一展开调查,并向政府提出改善或应对建议。参见马来西亚国会官网,https://www.parlimen.gov.my/pac/?&lang=bm(访问时间:2023年1月6日)。

在首位①；由于了解父亲蒙冤入狱多年的经历，努鲁依莎看到了马来西亚监狱制度的不完善之处，她认为马来西亚的监狱人满为患，是因为太多人因轻罪入狱，而其中大多数人是因贫穷而走上犯罪道路的，她认为有必要改革马来西亚的监狱制度。②

社会各界对于努鲁依莎政绩表现的看法褒贬不一，努鲁依莎究竟是"继承者"还是"革新者"，这一问题的答案始终需要在其进一步的政治参与中才能揭晓。2008 年第十二届大选中，努鲁依莎首次上阵国会选举，在胶着的竞选中当选为吉隆坡班底谷选区国会议员；2013 年第十三届大选中，努鲁依莎在同样面对三角战的情况下蝉联班底谷选区国会议员；2018 年第十四届大选中，努鲁依莎放弃在班底谷选区竞选，转而参加了峇东埔选区的竞选。尽管当时她变动选区的行为直接受到了时任马来西亚总理纳吉布的批评，其认为她无端抛弃了班底谷选区的选民，但努鲁依莎还是在此届峇东埔国会选举中一举获胜。努鲁依莎连胜三届选举的骄人表现，足以展现她深受人民信任的政治实力，也显示出她在马来西亚未来政坛中的巨大潜力。

雪芙拉虽然没有"政治家"父母，但是家庭仍然在其参政选择中产生了重要作用，支持伊斯兰教党的父母活跃在政党活动中的经历，也是对雪芙拉政治生活的早期启蒙。与努鲁依莎一样，雪芙拉的参政经验也同样源自参与诸多社会运动。早在加入政党以前，雪芙拉积极参与到 2012 年"干净与公平选举联盟 3.0 集会"（简称"净选盟 3.0 集会"）当中，她参加活动的照片在当地社交网络上广泛流传。③雪芙拉在 2014 年加入以华

---

① 《努鲁改初衷重返公账会》，〔马来西亚〕光华网，2019 年 4 月 4 日，https://www.kwongwah.com.my/20190404/%E5%8A%AA%E9%B2%81%E6%94%B9%E5%88%9D%E8%A1%B7%E9%87%8D%E8%BF%94%E5%85%AC%E8%B4%A6%E4%BC%9A/（访问时间：2023 年 1 月 6 日）。

② 《众多贫穷轻罪犯送入狱，努鲁疾呼改革监狱制度》，〔马来西亚〕当今大马网，2020 年 6 月 29 日，https://m.malaysiakini.com/news/536645（访问时间：2023 年 1 月 6 日）。

③ "5 Hal Menarik Rara Othman, Ahli Politik Yang Layak Digelar Paling Jelita," Murai, Mei 3, 2018, https://murai.my/2018/38939/rara-othman-5-hal-tentang-calon-pru14-layak-digelar-paling-jelita/（访问时间：2023 年 1 月 6 日）。

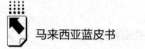
裔党员为主的民主行动党，正式开启政治生涯。在参政之前，通过积极参与和组织净选盟集会，雪芙拉已经在社交平台上拥有了一定知名度。在民主行动党内部，她曾担任民主行动党全国妇女事务助理秘书和宣传秘书。在2018年马来西亚第十四届大选后，雪芙拉以3710票的多数票击败国阵民政党候选人刘开强和伊斯兰教党候选人罗斯兰·伊沙（Roslan Md Esa），成功当选为彭亨州吉打里选区州议员，开始以州议员的身份为该选区选民发声。

总体来看，两位候选人的上台路径都明显受到家庭的影响，参政都从参与公众集会、社会运动开始，逐步发展到在政党政治中崭露头角。社会运动拉近了她们与公众的距离，其在活动中可以更好地认知民众的需求，也培养了与选民沟通的能力。丰富的活动经验为她们参与政党活动，作为代表为选民发声奠定了基础。

（二）第十五届大选中的参选表现

在较为丰富的参选经验加持下，努鲁依莎的胜选之路却在马来西亚第十五届大选中遭遇阻碍。2022年11月19日第十五届大选投票日当天，努鲁依莎出乎意料地在峇东埔选区输给了伊斯兰教党候选人穆哈默德·法瓦斯。在第十五届大选中，峇东埔作为槟城热点选区见证了四大联盟都参与其中的四角战。除了来自希盟人民公正党的峇东埔原国会议员努鲁依莎，还有国盟伊斯兰教党候选人穆哈默德·法瓦斯、国阵巫统候选人穆哈默德·再迪（Datuk Mohd Zaidi Mohd Said，获得1.6971万票）、来自祖国斗士党的穆哈默德·纳斯尔·奥斯曼（Mohd Nasir Othman，获得473票）。最终穆哈默德·法瓦斯获得3.7638万票，以5272票的多数票击败获得3.2366万票的前任议员努鲁依莎。

雪芙拉在马来西亚第十五届大选中参与彭亨州文冬国会议席的竞选，这一选区同样见证了激烈的五角战。除了代表希盟上阵的民主行动党候选人雪芙拉，还有代表国阵上阵的马华公会前总会长廖中莱，代表国盟上阵的土著团结党候选人罗斯兰·哈桑（Datuk Roslan Hassan），脱离民主行动党、以无党籍独立人士身份参选的文冬原国会议员黄德，以及另一位以独立人士身份参选的穆哈默德·卡里尔（Mohd Khalil Abdul Hamid / Achik Khalil）。雪芙拉以 2.5075 万票胜出，廖中莱得票 2.4383 万票，罗斯兰获 1.6233 万票，黄德所得的票数是 798 票，另一位独立人士穆哈默德·卡里尔得到 163 票。雪芙拉最终以 692 票的多数票险胜廖中莱，成功成为彭亨州文冬选区历史上首位马来族女性国会议员，刷新了文冬选区的政治历史。

努鲁依莎和雪芙拉在第十五届大选中都面临了较为激烈的竞争。在选举过程中，来自其他政党候选人的挑战和来自选民的支持与质疑都对两人的参选结果产生了重要影响。不同的是，努鲁依莎以落后伊斯兰教党候选人 5000 余票败下阵来，而雪芙拉则以 600 余票的微弱优势险胜。尽管在竞选期间，两位候选人都表示为走近选民付出了巨大努力①，但是从参选表现来看，努鲁依莎作为峇东埔选区前任议员却失去席位，反而是仅有州议员经历的雪芙拉首次上阵国会选举便为民主行动党守住文冬一席，雪芙拉的表现令人瞩目。

（三）第十五届大选结果的影响因素

在第十五届大选中，激烈竞争、选民情绪、候选人竞选宣传和竞选心态等是影响努鲁依莎和雪芙拉选情的共同因素。但是对两位候选人而言，不同影响因素起到的作用有所不同，选民情绪以及候选人竞选心态对两位候选人的选票成绩影响较大，此外，努鲁依莎个人参选战术考虑不周，也是其败选的重要原因。

努鲁依莎在第十五届大选中的失败有着多方面的原因。一方面，峇东埔选区是安瓦尔家族据守 40 年的政治领地，努鲁依莎也自 2018 年大选以来一直担任该选区国会议员，在此届大选中理应有较好的胜选基础，然而，该选

---

① "PRU15 ｜ Young Syefura Kerja Keras, Pastikan Pengundi Bersama PH," Astro Awani, November 17, 2022, https：//www. astroawani. com/video－malaysia/pru15－young－syefura－kerja-keras-pastikan-pengundi-bersama-ph-1997120（访问时间：2023 年 3 月 19 日）。

区民情却在数十年中悄然发生了变化。选民认为来自吉隆坡的努鲁依莎很难真正靠近峇东埔民众，而他们也已经厌倦了自己被安瓦尔家族长久以来视作"选票银行"的身份。选民是否支持直接决定候选人是否有机会赢得选举，失去选民信任是努鲁依莎竞选失利的根本原因。① 另一方面，在第十五届大选前夕，努鲁依莎在战术上过于轻视伊斯兰教党候选人。在2018年第十四届大选当中，伊斯兰教党候选人阿福南·哈密密（Afnan Hamimi Taib Azamudden）仅获得20%的选票支持，而在该选区历史上的六届国会选举中，伊斯兰教党也仅在1978年大选中有过唯一一次获胜经历。因此，努鲁依莎在备选过程中轻视了伊斯兰教党候选人穆哈默德·法瓦斯，在伊斯兰教党的强劲攻势下，努鲁依莎最终败下阵来。

而雪芙拉的胜选，则充分体现出"喜来登事件"以来马来西亚选民"求变"的心理。作为民主行动党推出的马来族女性候选人，雪芙拉本身就是该政党政治理念的鲜活象征。一方面，雪芙拉有着丰富的参政经历，个人能力受到政党领导人及其之前所在州议会选区选民的认可，有足够的经验积累；另一方面，雪芙拉善于利用社交媒体与选民互动，大选前期通过积极的竞选宣传，在文冬选区选民眼中树立了亲近选民、深入群众、努力付出的形象，这为其在大选中赢得选民支持奠定了重要的基础。

努鲁依莎和雪芙拉在第十五届大选中都面临了来自多个政党候选人的激烈竞争，但是由于两人不同的参政经验，两人的竞选心态也有明显区别。努鲁依莎稍显懈怠，由于人民公正党在选区长久以来的明显优势地位，她没有正确定位自己在此届选举中的策略，未能继续赢得多数选民支持。而首次竞选国会议席的雪芙拉知道自己并没有国会议员经验，并且在大选前充分认识到与文冬前国会议员廖中莱的对战必然非常激烈，因此在心态上更加贴近实际，做了充分的准备，集中精力攻克文冬选区选举，才得以凭借微弱的选票

① "Punca Kekalahan Nurul Izzah," Mykmu, November 22, 2022, https：//mykmu. net/2022/11/22/punca-kekalahan-nurul-izzah/（访问时间：2023年1月6日）。

优势成功上位。总而言之，同为新生代女性政治人物的努鲁依莎与雪芙拉在第十五届大选中的选情，更多地体现出其个人能力及其竞选表现对选举成绩的影响，较少地反映出性别因素对选举成败的影响。

四　马来西亚新生代女性参政的挑战与前景

（一）新生代女性从政者面临的主要挑战

努鲁依莎和雪芙拉同为马来西亚新生代女性从政者的代表人物，她们的参政生活同样受到了家庭的影响，参政过程中也因女性的性别身份遇到很多相似的挑战和问题。首先，由于生理条件的不同，女性在参政过程中生理上可能承担更多的风险。在马来西亚第十五届大选前后，努鲁依莎和雪芙拉两位女性候选人都因在参政过程中过度疲劳而不幸流产。努鲁依莎在全国大选后流产，但直到2023年初才对外宣布了自己流产的消息[①]；雪芙拉则是在竞选文冬国会议席期间，通过社交平台分享了因过于操劳而流产的消息[②]。女性作为"母亲"的家庭身份与女性政治家的社会身份，在两人身上出现明显的冲突和对立，也显示出女性在平衡政治参与和承担家庭责任方面难以调和的结构性矛盾。

其次，性别歧视同样延伸到了政治参与领域，两位女性候选人在参与竞选的过程中，都面临过不同程度的性别歧视以及性骚扰。其他政党男性领导人也会将怀疑目光投向女性从政者，因为性别身份对女性政治家的领导、管理和决策能力提出质疑。以努鲁依莎和雪芙拉为代表的女性从政者，一方面为争取选民，追求政绩，付出辛勤努力；另一方面又

---

① 《努鲁依莎流产"孩子走了"》，〔马来西亚〕东方网，2023年1月24日，https：//www.orientaldaily.com.my/index.php/news/nation/2023/01/24/542167（访问时间：2023年2月6日）。

② 《独家：雪芙拉首谈流产经历坦言难过"公之于众不是要博同情"》，〔马来西亚〕东方网，2022年11月14日，https：//www.orientaldaily.com.my/news/nation/2022/11/14/526003（访问时间：2023年2月6日）。

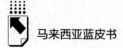

要面对女性性别带来的不平等对待和来自社会各方面的质疑。雪芙拉曾在接受访问时表示，自参政以来，性骚扰一直都是她面对的最大的挑战。她的外貌和穿搭成为一些男性的谈资，个人照片在被编辑成不雅照片后上传到网络。甚至一些更为资深的男性从政者也会对她进行言语上的骚扰，在他们的发言中，不难发现他们对女性群体不尊重的态度。① 性别标签使得女性从政者在参与政治的过程中很难得到与男性平等的对待，也更容易因为外表等与政治表现并不相关的缘由，受到社会公众的抨击和批评。

最后，族群政治的大背景，也对女性参政造成了一定的阻碍。雪芙拉早在 2014 年接受采访时表示，她加入民主行动党的主要原因是该党反对种族政治，主张各族群人人平等，对各族群、各宗教都持开明态度，同时鼓励年轻马来族女性参与到政治生活当中。② 但作为马来族女性，她在加入以华裔党员为主的民主行动党后，受到了马来社会的剧烈抨击，被马来族竞争者称为马来族的"叛徒"。③ 由于历史因素，马来西亚政坛中的族群政治特征明显。雪芙拉本身作为马来社会的女性的身份与其加入民主行动党的决定冲突明显，在马来西亚族群政治的大背景下其必定会面临更多的质疑。

（二）新生代女性政治家发展前景

根据各国议会联盟官网，21 世纪初，马来西亚女性国会议员比例低于 10%，女性议员在国会下议院中人微言轻，这一比例直到 2008 年马来西亚

---

① "Young Syefura：Gangguan Seksual Cabaran Terbesar Buat Wanita," Malaysia Kini, April 1, 2022，https：//www. malaysiakini. com/news/616577（访问时间：2023 年 2 月 21 日）。

② "Young Syefura（Rara）：'Kenapa Aku Sertai DAP....'," Risalah6, Julai 15, 2014，https：// risalah6. rssing. com/chan-27379173/article3545. html（访问时间：2023 年 2 月 21 日）。

③ "Dilabel Pengkhianat oleh 'Musuh' Politik, Young Syefura Pencabar Utama Calon Parlimen Bentong," Majoriti, November 9, 2022，https：//majoriti. com. my/berita/2022/11/09/dilabel - pengkhianat - oleh - 039musuh039 - politik - young - syefura - pencabar - utama - calon - parlimen - bentong（访问时间：2023 年 2 月 21 日）。

第十二届大选后才突破 10%。1999~2018 年大选中，马来西亚女性国会议员的数量和比例都呈现上升的趋势（见表 1）。

表 1　1999~2018 年马来西亚女性国会议员数量及所占比例

大选年份	马来西亚女性国会议员数量(人)	国会议席数量(个)	马来西亚女性国会议员所占比例(%)
1999	14	193	7.3
2004	20	219	9.1
2008	23	222	10.4
2013	23	222	10.4
2018	31	222	14.0

注：各国议会联盟官网缺失第十届大选（1999 年 11 月 29 日）后 1999 年 11 月至 2000 年 1 月的数据，此处为该网站 2000 年 2 月 15 日数据，http：//archive.ipu.org/wmn-e/arc/classif150200.htm；同理，因缺失第十一届大选（2004 年 3 月 21 日）后 2004 年 3 月至 2004 年 4 月的数据，此处为该网站 2004 年 5 月 31 日数据，http：//archive.ipu.org/wmn-e/arc/classif310504.htm；因缺失第十二届大选（2008 年 3 月 8 日）后 2008 年 3 月的数据，此处为该网站 2008 年 4 月 30 日数据，http：//archive.ipu.org/wmn-e/arc/classif300408.htm；第十三届大选（2013 年 5 月 5 日）数据为该网站在 2013 年 6 月 1 日公布的数据，http：//archive.ipu.org/wmn-e/arc/classif010613.htm；因缺失第十四届大选（2018 年 5 月 9 日）后 2018 年 6 月数据，此处为该网站在 2018 年 7 月 1 日公布的数据，http：//archive.ipu.org/wmn-e/arc/classif010718.htm（访问时间：2022 年 3 月 16 日）。

资料来源：笔者根据各国议会联盟官网数据自制。各国议会联盟官网数据库，https：//www.ipu.org/parliament/MY（访问时间：2022 年 4 月 26 日）。

由表 1 可知，马来西亚女性国会议员的比例在 2008 年突破 10%，并在 2018 年大选中实现较大幅度的增长。从总体的发展趋势来看，女性议员在国会中的影响力不断上升，新生代女性从政者的发展前景较为乐观，将有越来越多的年轻女性参与到马来西亚民主化进程当中。

综观马来西亚年轻女性政治参与的发展前景，马来西亚各政党领袖不断鼓励女性党员积极且深度参与政治生活，进一步提高女性参政主动性和积极性。第十五届大选前夕，政党领袖致力于在大选中推选出 30% 的女性候选人。2022 年 10 月 5 日，由马来西亚全国妇女组织理事会主办的首次跨政党论坛"政治中的女性领导力"（Forum Kepimpinan Wanita dalam Politik）成功举办，这场论坛由马来西亚妇女、家庭及社会发展部长丽娜·哈伦（Rina Harun）主持。参加论坛的各主要政党领袖就提高女性候选人比例一事达成

共识，体现出政党领袖对女性党员价值的认可。[①] 女性参政虽然在当下仍然面临诸多问题，但是根植于马来西亚民主化进程不断深入的土壤，女性参政仍然有着较大的发展空间。

第一，马来西亚相对宽松的政治环境为女性参政预留了广阔的政治空间，女性群体可以在政治生活中发挥更大的潜力。1998 年"烈火莫熄"运动后，马来西亚逐渐出现大量的市民社会团体，它们为增强公民参政意识，宣扬民主政治内涵，推动马来西亚市民社会建设做出了重要贡献。同时，马来西亚根据宪法实行多党制的政党制度，自独立以来形成了族群政治、政党合作的基本模式。这一历史传统形成了马来西亚长期以来政党与族群高度相关的政治风气。与此同时，马来西亚专门设置"社团注册局"（ROS），宽松的社会氛围有利于新政党以及社会团体的成立。根据马来西亚社团注册局官网实时数据，截至 2023 年 2 月，当地活跃的社会团体多达 7.9617 万个，其中仅活跃政党就有 70 个，维权组织多达 800 个，社会福利组织多达 2.755 万个[②]，众多的政党选择，使得马来西亚女性可以充分对比不同政党的指导思想和执政理念，权利组织和社会福利团体可为马来族女性的合法政治权益发声，使其合法权益受到保护，有利于女性参政良性发展。

第二，马来西亚有着长期充分的民主经验，现有的政治基础为市民社会取得进一步发展提供了可能性，该国女性在本国有可以借鉴的民主建设政治经验。自 1963 年马来西亚联邦成立以来，马来西亚实行联邦议会民主制和选举君主立宪制，在多民族的马来西亚形成了包容性、竞争性、现代性、复杂性的政治特点。马来西亚更具包容性的政治模式为女性参政提供了适合的平台。

① "Pemimpin Parti Politik Komited Capai Sasaran 30 Peratus Wanita Calon PRU15," Astro Awani, Oktober 6, 2022, https：//www.astroawani.com/berita-politik/pemimpin-parti-politik-komited-capai-sasaran-30-peratus-wanita-calon-pru15-384340（访问时间：2022 年 2 月 23 日）。

② 马来西亚社团注册局官网实时数据，https：//www.ros.gov.my/www/portal-main/statistics-details？id=statistik-pertubuhan-aktif（访问时间：2023 年 2 月 23 日）。

第三，女性权利意识的觉醒是社会发展的必然，更加现代、开放、公平的社会环境将会增强全体公民的公平意识。马来西亚独立建国及民主发展的路径已经揭示，在这个有着多元民族和多元宗教文化的国家，尽管马来族是当地社会的主体民族，伊斯兰教也根据马来西亚宪法被规定为联邦宗教，但是走激进的伊斯兰化道路是行不通的，族群平等、民主发展的道路才是更好的选择，越来越多的女性参与民主建设的过程是必然趋势。

结　语

努鲁依莎和雪芙拉作为马来西亚新生代女性政治人物的代表，在参政前期都或多或少受到了家庭的影响，并在自己的政治旅程中充分体现出女性政治家不输于男性的决策能力和领导才干。身为女性的她们面临很多性别差异带来的生理和心理上的挑战，也不得不承担更多来自社会各方面的质疑。努鲁依莎在第十五届大选中的失利揭示了新生代女性无法依赖继承家族政治的遗产长久地赢得选民支持，而雪芙拉在与廖中莱的艰难对战中却又向人们展示出新生代女性通过自身努力和政党支持可以发挥出的巨大潜力。总而言之，政治生活可能对女性从政者在个人能力的各个方面提出了更高的要求，但是马来西亚民主化进程的不断深入也为更多的新生代女性参与政治生活创造了条件。在市民社会不断发展，民主化不断深入的过程中，越来越多的年轻女性将会代表人民发声，参与到国家和社会的决策当中。

女性政治地位的提高往往是漫长而曲折的过程，它需要政党、非政府组织、一代代国家和政党领导人、女性政治家等各方面的共同努力。进一步推动新生代女性政治参与，推动政治领域中的男女平权，实现真正的性别平等，既需要由外界提供支持，又要求女性群体为争取合法权益展开更加艰辛的斗争。马来西亚妇女、家庭及社会发展部副部长西蒂·再拉（Siti Zailah）指出，将女性议员在国会中的比例提高到30%是各政党的基本责任。她同

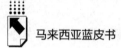

样认为，虽然女性议员在国会下议院中的比例已经达到了 15%，但实现30% 的目标仍需要社会各界共同努力。①

第一，国家层面的法律与制度保障能够为当地女性提供必要的参政基础。2009 年颁布的《马来西亚国家妇女政策》在政治方面提出具体的立法建议："政府必须通过立法和行政手段确保妇女在国家政治领域的充分参与，并增加妇女在国家、州和地方各级的决策职位上的起用、提名和任命，保障女性公平的代表权；政府还应确定支持更多女性参与国会以及州议会、地方政府和其他机构的立法和行政事务。"② 因此，马来西亚政府应该从立法的角度出发，出台相关法律规定，保障更多女性参与到政治生活当中。比如规定对女性在国会、州议会中的比例以及在选举中的政党候选人占比的最低要求，明确禁止政治参与中的性别歧视现象；通过出台法律及行政规定的方式，保证女性参政的权益，并为参政女性落实好生育休假、津贴等保障。

第二，政党作为女性直接参与政治生活的主体，应该充分肯定女性党员在政党建设中的重要作用，充分考虑并积极回应政党妇女组对于提高女性候选人在选举中比例的要求，杜绝性别歧视与偏见现象。在政党内部，应该制定公平合理的女性党员晋升机制，政党在核心领导层面也应该为优秀女性党员留下发展空间，使有能力的女性党员能够在更高的平台上发挥出更大潜力。政党妇女组往往在走近选民方面发挥着极为重要的作用，只有政党充分关注妇女组的成长发展，妇女组才能以更完善的机构设置、更有效的领导服务于政党需求，共同促进政党的发展。

第三，重视年轻女性的作用，尤其是年轻女性群体要成为争取性别平等，进一步推动马来族女性参与政治生活的领路人。雪兰莪社区觉醒社团和

---

① "Tingkat Perwakilan Wanita Di Parlimen Tanggungjawab Asas Parti Politik," *Sinar Harian*, September 29, 2021, https：//www.sinarharian.com.my/article/164104/BERITA/Nasional/Tingkat-perwakilan-wanita-di-Parlimen-tanggungjawab-asas-parti-politik（访问时间：2023 年 2 月 22 日）。

② 马来西亚妇女、家庭及社会发展部官网，kpwkm.gov.my/kpwkm/uploads/files/Dokumen/Dasar/DASAR%20WANITA%20NEGARA.pdf（访问时间：2023 年 2 月 22 日）。

"3R"媒体在美国驻马大使馆的赞助下举办"创造改变机制"活动，推动女性成为争取性别平等的更好的引擎。[①] 联邦政府及政党应该充分关注年轻女性群体，提高年轻一代参与政治的热情和积极性，通过积极举办活动，如走进高校、举办政治主题的宣讲等，吸引更多支持者，不应仅仅停留在大选前的一系列竞选活动当中，更应该将参政意识深植于每一个公民的头脑当中，只有当源源不断的年轻女性加入参政的过程，女性群体充分发挥自己的主观能动性，主动维护自己的合法权益之时，女性参政才能得到持续发展。

---

① "Wanita Muda Perlu Jadi Ejen Perjuang Kesamarataan Gender," *Sinar Harian*, Oktober 13, 2021, https：//www. sinarharian. com. my/article/166699/berita/nasional/wanita－muda－perlu－jadi-ejen-perjuang-kesamarataan-gender（访问时间：2023 年 2 月 23 日）。

B.11
马来西亚2022年颁布"反跳槽法"及其影响

宋清润　褚君　关瀚儒*

摘　要： "青蛙政治"近年来成为马来西亚政坛挥之不去的阴霾，多起由议员跳槽引起的政治风波对该国政局稳定造成了严重破坏。2022年10月，马来西亚通过修宪颁布《2022年联邦宪法（修正）（第3号）法令》（即"反跳槽法"）。这部"反跳槽法"对议员的跳槽行为做出限制，是制约"青蛙政治"的有力举措，对该国政治及社会发展将产生重要影响。但是，这部法令仍存在不尽完善之处，实施也有一定难度，长期效果尚待观察。

关键词： 马来西亚　反跳槽法　"青蛙政治"

在马来西亚，若某政党成员在选举中获胜后，在议员任期内跳槽到其他政党，此人就会被冠以"青蛙"名号，以讽刺其背弃承诺而更换政党阵营的行为。在2018年第十四届大选后，马来西亚"青蛙政治"愈演愈烈，亟须制定一部"反跳槽法"加以遏制。但是由于宪法中的结社自由条款，"反跳槽法"一直被视为违宪，加之该法涉及各个政党的利益，立法艰难。2022年10月，"反跳槽法"终于颁布。一方面，其一波三折的立法过程体

---

* 宋清润，博士，北京外国语大学亚洲学院教授，主要研究方向为东南亚、中国与东盟关系；褚君，北京外国语大学马来语专业本科生，北京外国语大学中国马来研究中心助理，主要研究方向为马来西亚政治；关瀚儒，北京外国语大学马来语专业本科生，北京外国语大学中国马来研究中心助理，主要研究方向为马来西亚政治。

现了背后复杂的利益纠葛，也显示各党需要较多时间达成共识；另一方面，法令的颁布并不意味着它对"青蛙政治"有全面的遏制力。2023 年 1 月，沙巴州因议员退出政党产生地方性政治危机。沙巴土著团结党（简称"土团党"）高层在 2022 年胜选后，集体退出沙巴土团党，这对州政府的稳定性造成威胁。根据"反跳槽法"，他们在选举中是以沙盟的旗帜竞选的，因而胜选后退出沙巴土团党并不违法。此外，2023 年 3 月初，槟城 4 名州议员被开除出党，关于上述行为是否属于跳槽，依据该州宪法修正案或联邦宪法修正案却可得出两个相反的结论。由此可见，该法令对"青蛙政治"的制约存在不足之处，国会需继续完善法令条文，同时也需与各州议会尽早达成共识，并通过结合其他举措共同抑制"青蛙政治"。

一 "反跳槽法"的制定背景

2018 年第十四届大选前，州议员跳槽导致州政府垮台的事件并不鲜见，但基本未影响到联邦政府的稳定状态。这是由于反对党与国民阵线（简称"国阵"）相比实力较为弱小而松散，而"国阵"势力庞大，少量议员跳槽并不会对（联邦）政府产生太大的影响。然而 2018 年全国大选后，先后有 39 名国会下议院议员更换所属政党，也就是说，在当时的 320 名国会议员中，超过一成是跳槽者。2020 年，马来西亚发生 7 次联邦和州政府的轮换，轮换的重要原因之一就是多位议员改换政党。发生上述变化的原因在于：一方面，希望联盟（简称"希盟"）内部结构松散，各党派之间的冲突和矛盾较多；另一方面，"国阵"已失去传统的影响力，相比于联盟的对手，优势已经不甚明显。当时政坛上两大对立的政党联盟的议席差距缩小，每一个议席都至关重要，个别议员的跳槽有些时候甚至可以影响执政权最终归属哪些党派。

"喜来登事件"是指土团党退出"希盟"导致"希盟"政府垮台，而由国民联盟（简称"国盟"）政府上台执政的政治事件。"喜来登事件"后，马来西亚"青蛙政治"问题凸显。人民公正党原副主席祖莱达在"喜来登事件"期间，与其他阿兹敏派系领袖退党并加入土团党。2022 年 5 月

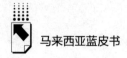

26 日，祖莱达再易其所属政党，宣布退出"土团党"并加入马来西亚全民党①，引起多方争议。

巫统（又称"马来民族统一机构"）主席扎希德 2022 年 5 月表示，"这种情况（议员跳槽）会使人民越来越不信任民选代表及政党政治……如果不立刻修法，民主制度和政治机构可能面对信任危机，导致下届大选投票率低"②。从马来西亚多年以来的选举实践来看，制定一部"反跳槽法"是十分必要的。纵观马来西亚独立之后的选举情况，政党在实际选举中的作用远大于议员个人的作用。马来西亚政党制度不是纯粹的多党制或一党制，曾经长期是一党独大背景下的多党制，巫统领导下的执政党联盟"国阵"一家独大，与其他政党相比处于绝对优势地位。在马来西亚的选举制度中，选举的规则、内容和操作，都在一定程度上存在偏袒执政党的痕迹。巫统在"国阵"内部也是一家独大，拥有绝对的话语权，加上马来西亚政治具有高度的族群政治特点，导致个人或单一政党很难代表大多数群体。以上情况对以个人名义参选的候选人或小党候选人而言十分不利，候选人为了胜选，必须加入一个政党，政党则必须考虑同其他政党整合力量，形成联盟，只有这样才能提高胜选的可能性。此前巫统领导的"国阵"优势极大，部分议员跳槽导致议席变动不会影响执政党联盟占据国会多数议席，但现在执政党联盟和反对党联盟的实力差距缩小，议员如果仍旧像过去一样频繁变换政党，就会破坏国家政治局势稳定，让政府陷入混乱。

二 "反跳槽法"制定过程及其内容

（一）"反跳槽法"的制定过程

通过立法限制议员跳槽的尝试在马来西亚早已有之。1986 年，沙巴州在全国率先制定第一部"反跳槽法"，但该法于 1994 年被联邦法院认定为

① 马来西亚全民党（马来语：Parti Bangsa Malaysia），是马来西亚一个主张多元民族的政党。2022 年 11 月 21 日，其领袖与国阵和希盟领袖会面并组成多数派政府。
② 《祖莱达退党打击人民信任，扎希促尽快订立"反跳槽法"》，〔马来西亚〕当今大马网，2022 年 5 月 26 日，https://www.malaysiakini.com/news/622554（访问时间：2022 年 11 月 2 日）。

违反联邦宪法中的结社自由条款①而宣判无效。1991 年，吉兰丹州制定"反跳槽法"以应对两名州议员易党一事，并宣布上述议员议席悬空。两名州议员为此上诉至联邦法院。1992 年，联邦法院认定该法因为违宪而无效，并恢复两人州议员身份。上述判例在马来西亚法律体系中占有重要地位。两个州的"反跳槽法"被认定违宪已经基本宣判了在此宪法条例下"反跳槽法"无法出台。由此看来，要想这部 2022 年"反跳槽法"顺利提呈并通过，移除违宪障碍至关重要。而要移除违宪障碍，朝野必须在修宪法案上达成共识并成功通过修宪法案。表 1 展示的是"反跳槽法"历经多次延宕，最后通过修宪方式得以颁布的过程。

表 1   马来西亚"反跳槽法"的制定过程

阶段	时间	事件	结果/预期
法令准备阶段	2021 年 9 月 13 日	执政党联盟与反对党联盟签署《政治稳定和转型谅解备忘录》	备忘录约定"反跳槽法"最迟于 2022 年第一次国会会议上提呈并寻求通过
法令初拟阶段	2021 年 9 月至 2022 年 3 月	2022 年 3 月 30 日，马来西亚总理府(法律事务)部长旺·朱乃迪*首次公布"跳槽"定义	
	2022 年 4 月 6 日	内阁会议不同意政府于 4 月 11 日向国会提呈法令	法令提呈遭延宕
修宪阶段	2022 年 4 月 7 日	反对党与政府代表协商后，决定于 4 月 11 日先行召开国会下议院特别会议提呈修宪法案，延后"反跳槽法"提呈日程	决定先行修改宪法，从而为"反跳槽法"制定铺路
	2022 年 4 月 11 日	政府在国会下议院特别会议上如期提呈反跳槽宪法修正案，限制联邦与州议员的结社权	

---

① 《马来西亚联邦宪法》第二章第 10（1C）条款规定："所有公民皆有权组织团体。"《马来西亚联邦宪法》（中文版本），https://zh.wikisource.org/wiki/Translation:%E9%A9%AC%E6%9D%A5%E8%A5%BF%E4%BA%9A%E8%81%94%E9%82%A6%E5%AE%AA%E6%B3%95（访问时间：2023 年 4 月 23 日）。本报告所引述联邦宪法原文均出自此，下文不再一一标注出处。

阶段	时间	事件	结果/预期
修宪阶段	2022年4月11日	决定成立"反跳槽法"修宪案国会特别遴选委员会,研究"反跳槽法"	决定先行修改宪法,从而为"反跳槽法"制定铺路
	2022年6月初	"反跳槽法"修宪案国会特别遴选委员会拟定修宪案并将之提呈内阁	拟于7月国会下议院特别会议上对"反跳槽法"修宪案进行辩论
	2022年7月28日	国会下议院三读通过"反跳槽法"修宪案	"反跳槽法"修宪案将于8月9日提呈给上议院,同月中旬至下旬提呈给最高元首寻求御准,政府将在约一周后公布宪报
	2022年8月9日	国会上议院通过"反跳槽法"修宪案	
生效阶段	2022年10月5日	《2022年联邦宪法(修正)(第3号)法令》正式生效	"反跳槽法"正式生效。联邦当局致函州政府,要求其根据修宪案修改州宪法,以便日后"反跳槽法"能约束州议员。截至2023年3月,共7个州通过州"反跳槽法"修宪案

　　*旺·朱乃迪(Wan Junaidi bin Tuanku Jaafar),前沙捞越州山都望沙捞越政党联盟土保党国会议员,马来西亚总理府前(法律事务)部长。
　　资料来源:笔者根据相关资料整理。

(二)"反跳槽法"的内容及其争议

1. "反跳槽法"的主要内容

　　关于"跳槽"行为的界定问题。对"跳槽"行为的界定,是这部法令最重要的部分。旺·朱乃迪于2022年3月在上议院答询时初步给出"跳槽"行为的定义:一是赢得选举后退党成为独立议员或加入其他政党;二是胜选后遭政党开除(该定义后来在"反跳槽法"中被删除,议员遭政党开除不属于"跳槽"行为);三是独立议员胜选后加入任何政党。一旦议员跳槽，所属议席将自动悬空，并在60日内进行补选。[①] 结合"反跳槽法"具体条文，"跳槽"与"非跳槽"行为可以做出以下区别（见表2）。

表2 马来西亚"反跳槽法"对"跳槽"行为的界定

主体		"非跳槽"行为	"跳槽"行为
议员*	独立议员	可以支持某一政党或政党联盟，但须永久保持其独立议员身份	不得加入任一政党或政党联盟，否则被视为跳槽，其议席将悬空
	有党籍议员	政党主动开除议员，不视为该议员跳槽	议员主动离开所属政党的行为都被视为跳槽，不管其之后加入其他政党还是成为独立议员
		某党议员在竞选中转而支持他所属政党以外的政党，不视为跳槽，因为他的党员身份没有改变	议员的行为与党章/党的原则相违背，且党章已经规定一旦发生上述行为，党员身份即自动取消的，视为议员跳槽
政党		政党离开或加入政党联盟均非跳槽行为	

* "反跳槽法"对行为是否属于"跳槽"的界定仅针对下议院议员，上议院议员不在此列。
资料来源：笔者根据相关资料整理。

撤销联邦宪法第48（6）条款有关议员竞选的时间间隔限制。马来西亚联邦宪法原第48（6）条款规定："任何失去下议院议员身份的人，自其不再是议员之日起五年内不得成为下议院议员。""反跳槽法"改变了这一规定，议席被悬空之人不再需要等到5年后才能再次竞选议员，其放宽了对议员竞选的限制要求。

政党可签订"选后联合政府协议"（马来语：Perjanjian Pasca Pilihan Raya）。如果选举后没有任何一个政党或政党联盟赢得多数议席，出现了悬峙议会（hung parliament）的情况，那么政党或政党联盟之间可以依据已签订的"选后联合政府协议"组建联合政府。

其他重要内容。除上述提到的内容外，"反跳槽法"还就竞选标志的使用、

---

① 《解释反跳槽法内容 马首相署部长：一旦议员跳槽议席自动悬空》，〔新加坡〕《联合早报》2022年3月31日，https://www.zaobao.com/news/sea/story20220331-1257779（访问时间：2023年4月23日）。

议席悬空时的应对程序等做了规定。关于独立议员使用竞选标志的问题，"反跳槽法"规定对竞选标志的使用不在其限制范围之内。对于独立议员而言，在竞选时可以在得到允许后，在不加入某一党派的前提下使用其竞选标志。关于议席悬空时的应对程序，该法令对下议院议长、议员等主体的责任做了规定。

2. "反跳槽法"受争议与不完善之处

"反跳槽法"是马来西亚制约"青蛙政治"的重要举措，但其仍旧存在一些漏洞。首先，根据"反跳槽法"的规制对象可知，主要是党员受到法令的约束，政党与政党联盟的政治行为不受该法令限制。然而，政党出于自身利益的跳槽行为也可能破坏政局稳定，而且比个人跳槽行为的影响严重得多。2023 年 1 月的沙巴州政治危机中，哈芝芝·诺尔[①]率沙巴土团党高层集体退党，却并不违反"反跳槽法"。这是因为他们在竞选中使用的是沙巴人民联盟的标志，只要他们不离开沙巴人民联盟便不算违反"反跳槽法"。可见，"反跳槽法"对政党层面跳槽行为的约束力度不足。

其次，根据"反跳槽法"对跳槽行为的定义可知，唯有议员主动离开所属政党才视为跳槽，而政党主动开除议员导致其党派身份变更，不视作该议员跳槽。这可能导致某些别有用心的议员故意与所属政党产生矛盾，以迫使政党开除自己，谋取私利。

最后，在政治实践方面，联邦宪法修正案已与州的实践产生矛盾。联邦宪法修正案规定，议员遭政党开除不属于跳槽，并将其称为一个"跳槽例外情形"。[②] 但在 2023 年 3 月，槟城 4 名州议员被开除出党，这根据该州宪法修正案被认定为跳槽，他们的议席由此悬空。在马来西亚的政治制度下，要想把"反跳槽法"的立法精神无一例外地运用到各州中，可能还需要联邦与各州的相关机构进一步讨论以达成共识。

---

① 哈芝芝·诺尔（Hajiji bin Noor），马来西亚沙巴人民联盟和沙巴民意党主席，沙巴州首席部长，苏拉曼州议员。
② 《马国反跳槽法案：遭政党开除者不失议员资格》，〔新加坡〕《联合早报》2022 年 7 月 18 日，https://www.zaobao.com.sg/realtime/world/story20220718-1294124（访问时间：2023 年 4 月 8 日）。

三 "反跳槽法"对马来西亚政治的影响

（一）"反跳槽法"对稳定政局有一定积极作用

马来西亚政坛里存在庇护主义，政治精英通过行使对包括政治资源在内的公共资源的裁量权，对特定群体提供恩惠以换取其政治支持①，在马来西亚形成了"政治庇护—利益维护—权利传承"的庇护体系。

该体系维系的基础就是被庇护者可以为庇护者提供政治支持，庇护者只需要为其提供一定的资源作为回报即可，所以被庇护者肆意跳槽不但得不到惩罚还能获得高官俸禄也就不奇怪了。现在，议员一旦跳槽便会自动失去议席，成为普通民众。这就打破了庇护体系，让一些打算跳槽的议员再三衡量，而整个政党从一个政党联盟转投其他联盟的难度远高于此。"反跳槽法"实施后政局突变的极端情况可能减少，州政府乃至联邦政府骤然垮台的风险降低，政治妥协的可能也在一定程度上增加了。其表现就是2022年第十五届大选后"国阵"最终同此前的反对党联盟——希望联盟合作组阁。

（二）"反跳槽法"有助于挽回选民投票热情

原先联邦宪法赋予公民结社权，同时在规定的剥夺国会议员资格的九种情形中不包括议员跳槽，由此导致议员跳槽的代价极小。议员随意跳槽也会使其背离为其投票的选民的意愿和利益，议员完全可以在竞选时通过大量的"空头支票"为自己拉票以保证当选，在当选后跳槽到其他符合自身发展利益的政党以谋求更好的政治前途。这无疑会透支个人和政党的信用，降低选民的政治参与度和投票热情。

近年来，马来西亚部分地区选举中选民投票率逐渐降低。例如，马来西

---

① 张立鹏：《庇护关系——一个社会政治的概念模式》，《经济社会体制比较》2005年第3期，第131~136页。

亚 2018 年举行大选时，柔佛州共有 179 万名选民，投票率 74.5%，投票人数有 133.355 万人。而 2022 年的该州选举中，由于选民自动登记制度和 18 岁即可投票政策的落实，选民人数增加至 259.7742 万人，投票率却仅有 54.92%，投票人数约有 142.7 万人，实际投票人数增长幅度较低。① 此前，民选议员违背选民意愿，退出原属政党而加入其他政党，却无须付出任何代价，其中一些跳槽者还能继续享受高官厚禄。面对这种政治乱象却又无能为力的民众对选举产生了更强的冷漠。

有些政党推动"反跳槽法"，最大的考量就是挽回选民的投票热情，让选民重拾对政治改革的信心。因为马来西亚议员频繁跳槽会让民众对"将票投给谁"产生疑问，从而影响投票率。当议员跳槽乱象得以制止时，选民投票的热情可能会在一定程度上回归。

（三）"反跳槽法"也削弱了政党对议员的控制

2022 年第十五届大选结束后出现了悬峙国会，希望联盟获得 82 席，国民联盟获得 74 席，国民阵线获得 30 席，沙捞越政党联盟获得 23 席等，没有一个政党联盟在国会中获得 112 席的简单多数议席。② 这样的结果令各政党联盟所控制的每一个议席都显得格外重要。最后希盟和国阵等联合组阁。而"反跳槽法"实施之后，政党用开除来威胁议员的情况会减少，因为按照该法令，政党开除议员会使该议员变为独立议员并可以自主选择支持哪个政党，可能导致该政党掌握议席数量减少。面对新形势，党内领导人通常采取党内和解或纵容议员的一些行为来换取后者支持。部分议员可能会以此为由来威胁政党或者故意捣乱，令政府执政效率降低，国会运转效率降低。

---

① 《柔州选投票率仅 54.92%　马国四场州选中最低》，〔新加坡〕8world 新闻网，2022 年 3 月 13 日，https://www.8world.com/southeast-asia/malaysia-johor-state-election-voters-turnout-rate-1752641（访问时间：2022 年 11 月 2 日）。

② 《马来西亚大选结果显示无政党或政党联盟赢得简单多数》，新华网，2022 年 11 月 20 日，http://www.news.cn/world/2022-11/20/c_1129143065.htm（访问时间：2022 年 11 月 20 日）。

四 抑制"青蛙政治"的其他可能方式

除了"反跳槽法",马来西亚各方也曾提出其他多种方法以抑制"青蛙政治"乱象。

(一)"罢免法"①

2021年9月初,国会下议院前副议长阿莎莉娜②向国会提呈私人动议,要求制定"罢免法",以防止国会议员在当选后跳槽到其他政党。她表示这项动议符合《议会常规》的第49(1)条文。

马来西亚还有政党参考英国《2015年国会议员罢免法》等相关法律提议制定"罢免法",只要超过10%的合法选民针对某位议员联署罢免请愿书,有关议席就将悬空。马华公会在2021年6月效仿英国模式,提出了《罢免法意见书》,只要有议员跳槽,就可援引有关"罢免法",由选民发起罢免相关议员并进行重选的动议。③"罢免法"可以让选民决定是否要罢免跳槽的议员,这项法案在一定程度上保障了议员在联邦宪法下的结社自由,同时让选民掌握更多的任免权。目前的"反跳槽法"还存在一些问题,最明显的就是政党与政党联盟的政治行为不受该法令限制,而这一问题也许可以通过"罢免法"来解决。甚至可以进一步扩大"罢免法"范围,针对议员滥用公权力、欺骗选民、失信、发表歧视言论等行为进行惩罚。

① 《"反跳槽法"-Yes or No》,〔马来西亚〕陈与巫律师事务所,2021年12月19日,https://www.yhboo.com.my/blog/%E5%8F%8D%E8%B7%B3%E6%A7%BD%E6%B3%95-yes-or-no/(访问时间:2022年11月1日)。

② 拿督斯里阿莎丽娜(Azalina Dato' Othman Said),2020年7月13日,取代辞职的倪可敏,担任国会下议院副议长职位,成为马来西亚首位女性副议长,兼任国阵民主与立法特工队主席。

③ 《赋权人民决定跳槽议员去留,马华提呈〈罢免法〉建议》,〔马来西亚〕马华公会,2021年6月9日,http://www.mca.org.my/1/Content/SinglePage?_param1=19-102021-181706-10-202119&_param2=TS(访问时间:2023年4月14日)。

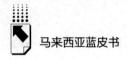
但是"罢免法"不一定比"反跳槽法"有效。在"反跳槽法"下，议员只要一跳槽，议席就将自动悬空，并开始补选，这相对来说更加高效。而在"罢免法"下，一切则取决于法律的规定，只有在大量选民的支持下，补选才会启动。从避免过度浪费资源的角度考虑，"反跳槽法"比"罢免法"更有优势。

即使实施"罢免法"，在理想状况下或许可以减缓政治乱局，然而，在实际中，由于马来西亚的政治情况较为复杂，实施"罢免法"的结果也可能会复杂化，例如，在强人政治与地方派系盛行的东马地区达不到联署门槛，起不了威慑作用。①

（二）加强对政府拨款的监督

政府拨款是马来西亚议员用于选区发展建设的基金，一般是由政府从公共财政中拨款分配给各议员，每年政府拨款的数额不定。现行制度下马来西亚政府拨款不是一次性发放的，需要议员向政府机构提出申请，在政府批准后才会发放。这种操作程序存在的问题是政府拨款流程和拨款数额是不对外公布的。

由于拨款流程和数额的不透明，政府可以调整拨款额度，令执政党议员获得的拨款远高于反对党议员。2022 年底执政的安瓦尔总理计划将国会议员的选区发展拨款从 380 万林吉特削减为 130 万林吉特。② 消息一出，达基尤丁③便发文要求安瓦尔保证将选区发展拨款公平分配给所有议员。但是在马来西亚 2023 年财政预算案中反对党的国会议员将不会获得拨款，这一举措无形中加剧了政治上的不和谐，使得马来西亚政治矛盾恶化。2021 年 3

---

① 《"反跳槽法"之必要与限制》，〔马来西亚〕林连玉基金会，2021 年 12 月 6 日，https：//llgcultural. com/23709，（访问时间：2022 年 11 月 1 日）。

② 《受经济影响削减国会议员选区拨款 安华证实从 380 万减至 130 万》，〔马来西亚〕东方网，2023 年 2 月 3 日，https：//www. orientaldaily. com. my/news/nation/2023/02/03/544158（访问时间：2023 年 2 月 3 日）。

③ 拿督达基尤丁·哈山（Dato' Takiyuddin bin Haji Hassan），第 14 届国会马来西亚公共账目委员会委员，伊斯兰教党（"国盟"成员党之一）总秘书。

月18日的《星洲日报》就报道了3名原属人民公正党的国会议员为了获得选区发展拨款而跳槽"国盟"。① 沙捞越州国会议员玛瑟·古札②曾以所获拨款不足为由，宣布退出沙捞越全民团结党，改为支持联邦政府，并希望借此为其选区获得更多拨款。可见拨款不公与议员跳槽也存在联系。正因为拨款不公会影响议员跳槽，马来西亚净选盟（BERSIH）曾呼吁联邦政府和各州政府制定公平拨款法，为马来西亚国会议员和州议会议员提供公平的选区发展基金，避免议员以获得更多选区发展拨款为理由跳槽。③ 此前，马来西亚执政党就以拨款分配不均为筹码拉拢反对党议员，使得反对党议员为了选区的发展建设而跳槽至执政党阵营，而上述情况是可以通过政府拨款流程透明化、加强政府拨款监管等措施来缓解的。

结　语

"反跳槽法"在2022年底颁布之后，马来西亚政治进入一个新的发展阶段，"反跳槽法"的颁布对于限制"青蛙政治"现象具有积极的意义，有助于提高政治信任度、促进政治稳定和发展。

然而，尽管"反跳槽法"的颁布是一项重要的法律改革，但其执行仍然面临一些挑战和问题。政府和立法机关需要共同做出更多努力，进一步完善法令的规定和执行机制，以确保该法令能够更好地服务于社会和人民的利益，为马来西亚的政治和社会进步做出更大的贡献。首先，在如何更准确地认定跳槽行为是否属于违法行为上需要更明确的细化规定，这将是该法令的一个重要挑战。其次，部分州的宪法修正案对跳槽行为的界定与"反跳槽

① 《反对党无拨款须自付选区开销　郑立慷宁开网店养家也不跳槽》，〔马来西亚〕《星洲日报》2021年3月18日，https：//www.sinchew.com.my/？p＝3174594（访问时间：2023年3月30日）。
② 玛瑟·古札（Masir Anak Kujat），马来西亚全民党秘书长，沙捞越州斯里阿曼前国会议员。
③ 《避免议员有借口跳槽　净选盟促政府制定公平拨款法》，〔马来西亚〕东方网，2022年3月31日，https：//www.orientaldaily.com.my/news/nation/2022/03/31/477575（访问时间：2023年3月30日）。

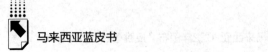

法"产生矛盾，如何规范和约束州议员的跳槽行为是需要进一步深入探讨的问题。总之，"反跳槽法"颁布后，立法机关和政府需要共同努力来实现其目标。立法机关需要进一步完善"反跳槽法"的相关规定，以便更好地实现该法令的约束力，而政府需要采取更加有效的手段来执行该法令。

B.12

以语言提升国家影响力

——马来西亚推动马来语成为东盟第二官方语言的努力与挑战

高可妍　苏莹莹*

摘　要： 马来西亚是一个典型的具有多元民族文化特性的国家，马来语是
其国语及第一官方语言。长期以来，该国政府高度重视国家语言
政策的规划以确立并巩固马来语在其国内的地位，并致力于提高
其在区域及国际上的影响力。2022 年，马来西亚总理伊斯迈
尔·沙必里提出将马来语发展成为东盟第二官方语言的目标和具
体方案。对此，国内外反应不一。虽然政府出台了许多配套政策
以推动马来语"走出去"，但伊斯迈尔的这一提案仍面临来自国
内外的多重挑战及多方压力。随着安瓦尔总理接替伊斯迈尔执
政，该语言政策能否继续推行还有待进一步观察。

关键词： 马来西亚　马来语　东盟　语言政策

一　背景分析

（一）事件回顾

2022 年以来，马来西亚总理伊斯迈尔·沙必里（Dato' Sri Ismail Sabri bin

---

* 高可妍，北京外国语大学亚非语言文学（马来语）专业硕士研究生，主要研究方向为马来语
言文学；苏莹莹，北京外国语大学亚洲学院院长，马来语专业教授，主要研究方向为马来语
言文学、南海问题、东南亚社会文化、非通用语种专业教育教学。

Yaakob）有关推广马来语为东盟第二官方语言的言论引起了多方关注。伊斯迈尔在 2022 年 3 月 19 日巫统代表大会上发表讲话时指出，政府希望将马来语发展为东盟的第二官方语言，仅次于英语，迄今为止，英语一直是东盟成员国的工作语言。他表示，马来语已经在几个东盟国家内使用，如印尼、文莱、新加坡、泰国南部、菲律宾南部和柬埔寨的部分地区。随后在 3 月 23 日的国会上议院会议上，伊斯迈尔正式宣布，将与东盟其他国家领导人展开讨论，建议将马来语作为东盟第二官方语言，以提升马来语在国际上的地位。对此，印尼外长蕾特诺·马尔苏迪（Retno Marsudi）在 4 月回应称，马来西亚总理应该与东盟其他成员国进一步讨论，而印尼教育、文化、研究和技术部长纳迪姆·马卡里姆（Nadiem Makarim）则公开表示反对。同年 9 月，伊斯迈尔在纽约出席第 77 届联合国大会时，更是以马来语发表了 20 多分钟的演讲。这也是马来亚联合邦在 1957 年 9 月 17 日加入联合国 65 年后，首位以马来语在联合国大会上致辞的马来西亚总理。

事实上，这并不是马来西亚第一次提议将马来语作为东盟的官方语言。早在 2011 年，时任新闻通讯与文化部长莱斯·亚丁（Rais Yatim）就希望让马来语成为东南亚的"官方语言"，而时任马来西亚国内贸易及消费事务部长伊斯迈尔也表示，马来语可以成为东盟的媒介语（lingua franca）。[①] 时任总理纳吉布在 2017 年"总理杯"演讲比赛决赛前发言时也提出过类似的建议，但东盟其他成员国显然没有同样的愿望，因此东盟内部并未达成统一意见。[②] 也许是吸取了先前的经验，伊斯迈尔现在所使用的"第二语言"（second language）一词，意味着马来西亚希望推动马来语成为东盟的附加工作语言，而不会完全取代英语。这样一来，伊斯迈尔的建议似乎比纳吉布提出的让马来语成为东盟的"主要语言"（main language）的建议更容易被其他成员国接受。

马来西亚的语言主要有马来语、英语、华语和泰米尔语，马来语是国语和

---

① Tharanya Arumugam, "Breaking It Down: Bahasa Melayu as ASEAN's 'Second Language'," *New Straits Times*, April 4, 2022, https://www.nst.com.my/news/nation/2022/04/785717/breaking-it-down-bahasa-melayu-aseans-second-language.

② Azura Abas & Fairuz Mohd Shahar, "'Let's Strive towards Making Bahasa Melayu the Main Language of ASEAN'," *New Straits Times*, July 26, 2017, https://www.nst.com.my/news/nation/2017/07/261094/lets-strive-towards-making-bahasa-melayu-main-language-asean.

第一官方语言，英语作为第二官方语言或通用语言被广泛使用。除了马来西亚外，东盟还有多个国家内部使用马来语作为媒介语，如印尼、文莱、新加坡、泰国南部、菲律宾南部及柬埔寨的一些地区。2007 年 11 月 20 日，参加第 13 届东盟首脑会议的成员国领导人签署了对东盟而言具有划时代意义的重要法律文件《东盟宪章》。《东盟宪章》明确规定英语是东盟的工作语言。① 然而，截至 2022 年 3 月，在 10 个东盟国家中只有 4 个国家在国际官方活动中使用英语，其余 6 国则在执行公务期间使用本国母语并且必须配有翻译。基于此，伊斯迈尔表示，"我们没有理由不能把马来语作为东盟的官方语言之一。我们将协调此事，我将与确实使用马来语的东盟国家领袖讨论，以便他们同意把马来语作为东盟第二语言"②。

（二）政策解读

为了推行这一语言政策，实现伊斯迈尔政府的愿景，2022 年马来西亚国内各部门推出了一系列配套措施，根据政府出台的有关政策，来增强国人的马来语能力，同时扩大马来语在世界的影响力。

在国家政策方面，伊斯迈尔在 2022 年 3 月 23 日的国会上议院会议上提到，"我们无须为在国际上使用马来文而感到害羞或尴尬，因为加强马来文的努力也符合政府在 2021 年 12 月 7 日推出的大马外交政策框架的主要领域之一"③。3 月 24 日，马来西亚外长赛夫丁（Saifuiddun Abdullah）在国会下议院召开新闻发布会时也表示，加强马来语符合内阁批准和由总理在 2021 年末推出的新的国家外交政策框架，其中就提到开展文化外交是落实国家外交政策框架的新方法。④ 这一政策全称为《关注连续性：马来西亚在后疫情

---

① 李佳、王晋军：《东盟国家英语教学模式对比研究与启示》，《东南亚纵横》2013 年第 7 期。
② 《首相将与东盟领袖讨论，将马来文作为第二语言》，〔马来西亚〕透视大马网，2022 年 3 月 23 日，https：//www.themalaysianinsight.com/chinese/s/373228。
③ 《首相将与东盟领袖讨论，将马来文作为第二语言》，〔马来西亚〕透视大马网，2022 年 3 月 23 日，https：//www.themalaysianinsight.com/chinese/s/373228。
④ 《赛富丁：支持国际层面使用-提升马来语成外交语言》，〔马来西亚〕《星洲日报》2022 年 3 月 24 日，https：//www.sinchew.com.my/20220324/赛富丁：支持国际层面使用-提升马来语成外交语言/。

世界的外交政策框架》，强调要重点突出文化外交，以强化马来西亚在全球舞台上的独特国家身份，同时促进本国文化产品获得更大的市场准入。①

由此可以看出，马来西亚政府已经为推广马来语提供了良好的政策支持，做出了承诺。然而，伊斯迈尔在2022年5月22~24日在吉隆坡举办的"马来语国际化发展高端研讨会"开幕仪式上讲话时也指出，政府外交政策框架中所强调的文化外交，即强化马来语并提升其国际化水平并非易事，且面临多方挑战。在应对措施上，他特别提到公务员和高等院校应努力提升对马来语的使用频率。所有公共和私人领域，包括政府部门、政府关联企业和私企都要意识到扩大马来语使用的必要性，让马来语成为民族团结的工具。②

在具体措施上，马来西亚政府相关部门也制定了一些"落地"措施来推动使用马来语，强化其在国际上的地位，其中就涉及国家语文出版局（Dewan Bahasa dan Pustaka）、高等教育部、教育部和外交部等部门。

首先，为配合国家推动马来语国际化的政策框架，马来西亚政府修订了《1959年国家语文出版局法令》（Akta Dewan Bahasa dan Pustaka 1959），赋予国家语文出版局执法权，在从县、州到联邦政府层面进行全面执法，着手纠正或对任何错误使用马来语的行为采取强制措施。③伊斯迈尔指出，修订上述法令除了能强化马来语外，同时还能提升语言的规范性和学术性。在此之前，现有的DBP法令并没有赋予该政府机构相应执法权。

其次，高等教育部和教育部也推行了一些举措。例如强制要求外国留学生学习马来语，确保马来语作为高级知识语言的地位，让马来语能力评估测验（Ujian Kecekapan Bahasa Melayu，UKBM）未来与托福、雅思具有同等效

① 《首相推介外交政策框架　优先关注建立合作振兴经济》，〔马来西亚〕东方网，2021年12月7日，https://www.orientaldaily.com.my/news/nation/2021/12/07/454489。
② 《首相：和拜登用国语交谈　马来文不会限制国家进步》，〔马来西亚〕《星洲日报》2022年5月22日，https://www.sinchew.com.my/20220522/首相：和拜登用国语交谈－马来文不会限制国家进步/。
③ Mohd Iskandar Ibrahim, "Pinda Akta DBP 1959 untuk daulatkan bahasa Melayu," *Berita Harian*, Jun 22, 2021, https://www.bharian.com.my/berita/nasional/2021/06/830707/pinda - akta - dbp-1959-untuk-daulatkan-bahasa-melayu.

力等。同时，政府还要求教育部重新审查"数理双语课程"（Dual Language Programme，DLP）计划，因为这一教学模式的前身是强调以英语为主的数理英化政策，有损马来语的国语地位。

此外，外交部为了落实对马来语的推广政策，提出要把马来语作为外交语言，对外的官方文书将一律使用马来语，同时翻译成相关对象国语言。外交部长赛夫丁在2022年3月24日表示，外交部将与公共服务局讨论重新制定"第三语言津贴方案"，以确保该津贴也能提供给在国外工作的政府官员，从而提高官员的马来语能力以及外语水平。他还指出，马来西亚目前仍然缺少翻译人才，特别是跟随总理出席国际会议的翻译人员。在与翻译协会进行讨论后，外交部将为官员提供课程和培训，并成立一个由专业翻译人员组成的翻译机构，设置语言和文化专员职位。相关人员将从旅游、艺术与文化部，通讯及多媒体部，高等教育部及教育部4个部门调取，主要负责在国外设立马来语课程、举办文化活动等。①

二 原因分析

2022年10月，伊斯迈尔总理在出席2022年国家建设理念活动公开对话环节时，解释了9月他在联合国大会上使用马来语发言的用意。伊斯迈尔总理表示，身为马来西亚人，在国际场合，如联合国大会上使用马来语发言是一件自豪的事。他强调说："我是马来人，我是马来西亚人。我们有我们的文化，我们有自己的语言。当一个马来人去到国外，却不使用自己的语言，而是使用别人的语言，他们会怎么看？我们无论身在哪里，都必须记得自己的身份。"②

---

① Muhammad Yusri Muzamir, "DBP kemuka strategi pengantarabangsaan bahasa Melayu," *Berita Harian*, May 24, 2022, https：//www. bharian. com. my/berita/nasional/2022/05/958842/dbp - kemuka-strategi-pengantarabangsaan-bah-asa-melayu.
② 《先进国也用自家语言　依斯迈：马来语不让国家落后》，亚视新闻网，2022年10月4日，https：//atvnewsonline. com/asean/152776/。

多民族国家治理的最终目的是实现不同族裔的团结凝聚，构建多民族国家认同，从而实现国家的稳定、繁荣和发展。①一种共同语言的推行与传播，被视为构成民族认同的重要文化基础。由此可知，马来西亚想要通过提高马来语的地位、扩大马来语的使用，来加强民众对国家的认同感与归属感是无可非议的。然而，伊斯迈尔的有关提议并不只是想推广马来语为东盟的第二官方语言，还包括：要求马来西亚官员出席外国的官方活动时使用马来语发言；指示教育部强制留学马来西亚的外籍学生学习马来语；修订《1959 年国家语文出版局法令》，以授权国家语文出版局处理错误使用马来语的有关方；等等。事实上，马来语作为马来西亚的官方语言，其地位受到《1963 年国语法令》的保障，同时联邦宪法第 152 条也规定了马来语作为国语及官方语言的特殊地位。马来西亚独立以来，各族人民也认可并且广泛使用马来语，并不存在任何刻意边缘化该语言的举动。②因此，伊斯迈尔政府出台多项政策背后的深层次原因需深入探究。

自 1967 年东盟成立以来，并不只有马来西亚试图引入除英语外的第二种语言作为东盟的工作用语。越南、印尼等东盟成员国也曾提出过类似建议。1995 年越南在加入东盟时就曾建议将法语作为工作语言。在 2011 年 7月 25～26 日举行的"印尼-马来西亚圆桌会议"以及在 2011 年 5 月 4～8 日和 2011 年 11 月 17～19 日分别举行的第 18 届和第 19 届东盟峰会上，印尼也提议将印尼语作为东盟的官方语言。③最终，这些涉及语言问题的建议既没有得到有效的讨论，也没有获得东盟的重视。东南亚教育部长组织（Southeast Asian Ministers of Education Organization，SEAMEO）负责人在回应这一问题时指出，使用某一种东南亚语言作为东盟官方语言将像打开一个"潘多拉盒子"，可

---

① 和红梅、周少青：《语言族裔认同与国家认同的"和谐共生"——基于印度语言多样性治理的考察》，《广西民族研究》2022 年第 3 期。
② 《马来文乃宪法保障的官方语言　吴家良促勿用语文课题掩盖施政无能》，〔马来西亚〕东方网，2022 年 5 月 25 日，https：//www.orientaldaily.com.my/news/perak/2022/05/25/488687。
③ SEAMEO，"Pewujudan Identitas Kolektif ASEAN melalui Bahasa，" SEAQIL，April 11，2022，https：//www.qiteplanguage.org/detail/news/Pewujudan-Identitas-Kolektif-ASEAN-melalui-Bahasa。

能会导致东盟内部的分裂。① 这与东盟的内部结构和解决分歧的方式有关，即通过妥协与相互尊重建立信任、开展合作。东盟作为一个主权国家集团的存在意义是促进区域内的经济增长和社会发展。无论选取哪个成员国的国语作为该区域组织的官方语言都会削弱其他国家的主权和国家认同。

综上所述，伊斯迈尔的提议似乎是一种具有目的性的政治行为，尝试吸引马来西亚国内民众在第十五届大选中给予其支持。他与前总理纳吉布同为马来民族统一机构（巫统）的成员。作为代表马来右翼政治的主要力量，巫统旨在促进伊斯兰教和马来民族主义的发展，加强伊斯兰教在公共事务中的作用，曾多次提出"马来人的马来西亚"口号，主张马来人至上。② 巧合的是，此前纳吉布总理提议将马来语作为东盟主要语言时也面临同样的大选背景。新加坡尤索夫·伊萨东南亚研究所邓秀岷研究员分析指出，纳吉布提出推广马来语是为了在 2018 年 5 月大选前通过提出此议题来提高自己的政治竞争力，赢取国内更多马来选民的选票。③ 虽然有关马来语发展的政策措施可能会刺激马来人的民族主义，但两次大选都已经落下帷幕，无论是 2018 年的纳吉布还是 2022 年的伊斯迈尔，似乎都没能如愿以偿。

三 政策的可行性分析

针对某一政策的可行性分析要求对政策分析中所提出的方案进行经济、技术和政治等方面的考察，以确认该方案是否处在客观的、现实的社会承受能力之下。④ 本报告将着重关注马来西亚推广马来语为东盟第二官方语言这

---

① Phasawit Jutatungcharoen, "Could ASEAN Actually Get A New Official Language?" STEAR, November 25, 2022, https://www.stearthinktank.com/post/could-asean-get-new-official-language.

② 葛红亮：《马来西亚"巫统"风云》，《世界博览》2015 年第 9 期。

③ Tang Siew Mun, "A Futile Call: Making Bahasa Melayu ASEAN's Official Language," ISEAS-Yusok Ishak Institute, July 31, 2017, https://www.iseas.edu.sg/media/commentaries/a-futile-call-making-bahasa-melayu-aseans-official-language-by-tang-siew-mun/.

④ 刘小川、万丽萍：《语言政策可行性研究的必要性、构成及价值分析》，载《江西省语言学会 2004 年年会论文集》，2004。

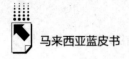

一政策的国内外反应,从马来西亚国内形势、印尼和东盟三个影响因素分析其可行性。

(一)国内外反应

自伊斯迈尔总理宣布将通过各种途径不断推广马来语以来,马来西亚国内对此看法不一,而对这一问题的探讨在 2022 年 5 月达到了巅峰。5 月 22~24 日,马来西亚总理府、马来西亚国家语文出版局与马来西亚国立大学联合举办了"马来语国际化发展高端研讨会",主题为"以学术提升马来语的国际影响力,推动马来语国际化发展"。此次研讨会邀请了来自全世界 17 个国家的 60 多位专家学者,开幕仪式由马来西亚总理伊斯迈尔主持,是历史上首次由总理推动的马来语发展大会。会议共设有 16 个分论坛,涵盖了马来语在教育、法律、经济、外交等领域的使用,马来语的发展与传播,以及马来语在区域与全球视野中迈向全球化等课题。与会专家学者从不同的角度就马来语在世界范围内的教学、研究的开展,国际影响力的提升等方面进行了深入讨论。伊斯迈尔政府也在外交、文化、教育、传媒和出版各领域推出了一系列跟进措施,积极推进此事。

马来西亚政府如此大规模推动马来语国际化的举动引起了多方讨论,其中也产生了一些争议。从马来西亚国内来看,支持者与反对者各执一词,支持者希望能通过推动马来语的国际化来提升国家的影响力,反对者怀疑伊斯迈尔的种种言论仅是为了即将到来的大选造势;从国际角度来看,几个国内使用马来语的国家似乎对此并不热忱,甚至出现了不少"唱反调"的情况,而马来语区之外的东盟国家更是对此完全漠视。

1. 马来西亚国内反应

一方面,很多人持积极态度,认为借此可间接让国际社会认识马来西亚。① 国家语文出版局董事会主席阿旺·沙利延(Datuk Seri Awang Sariyan)

---

① 《赛夫丁致力加强马来语国际地位　网友:只因政客不谙英语》,〔马来西亚〕XUAN,2022 年 3 月 25 日,https://xuan.com.my/hotspot/saifuddin-encouraged-using-malays-international-stage-719977。

在一次采访中表示，自室利佛逝时代以来，马来语在马来文明的崛起与发展中一直发挥着重要的作用。马来语已经成为马来文明的载体，作为一种国际性语言已经超越了国界。因此在新时代，马来西亚要通过多方合作继续在区域与全球范围内推动马来语的发展。①

其他支持者也认为东盟将东南亚的一种语言指定为官方语言或工作语言是完全合理的，而如果必须从东盟成员国的语言中挑选一种语言，那必然是马来语。② 首先要注意的是，伊斯迈尔明确区分了马来西亚语和马来语。前者是"马来西亚的语言"，是指马来西亚国家的语言。后者是"马来语"，是马来族使用的一系列能够相互理解的方言，包括印尼、马来西亚和文莱等国的语言变体。支持者们认为，伊斯迈尔提到的马来语是东南亚地区 7 个国家数亿人口使用的语言。它是印尼、马来西亚和文莱的官方语言，新加坡的国语，东帝汶的工作语言，也是泰国南部、菲律宾南部的少数民族语言。没有任何一种语言比马来语对东盟多国而言更具有重要地位。此外，伊斯迈尔并没有表示马来语将成为除英语之外的唯一官方语言或工作语言。因此在支持者看来，有关马来语可能成为众多工作语言之一的说法应该是合理的，就像德语和法语是欧盟除英语外的工作语言一样。

另一方面，也有很多专家学者、政要人物对此持批评态度，担心上述提议仅仅只是伊斯迈尔总理换取大选支持的政治手段。马来西亚民主联合阵线（MUDA）麻坡区国会议员赛沙迪（Syed Saddiq）直言，伊斯迈尔建议与东盟其他国家领袖协商将马来语作为东盟第二官方语言，以及要求在国外官方活动只能使用马来语发言，这一切只是为了在即将到来的大选中争取选民支持。③

---

① Muhammad Yusri Muzamir, "DBP kemuka strategi pengantarabangsaan bahasa Melayu," *Berita Harian*, Mei 24, 2022, https://www.bharian.com.my/berita/nasional/2022/05/958842/dbp-kemuka-strategi-pengantarabangsaan-ba-hasa-melayu.

② "The Proposal to Make Malay an Official ASEAN Language is not Crazy," Tom Pepinsky, June 1, 2022, https://tompepinsky.com/2022/06/01/the-proposal-to-make-malay-an-official-asean-language-is-not-crazy/.

③ 《强化国际舞台用马来文　赛沙迪抨首相捞选票》，〔马来西亚〕《中国报》2022 年 3 月 29 日，https://johor.china-press.com.my/20220329/强化国际舞台用马来文-赛沙迪抨首相捞选票/。

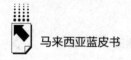

此外，伊斯迈尔政府这一新语言政策可能存在过度强调马来语而忽视民众对英语的需求的问题，这也引起了多方讨论。

国家秘书长丹斯里穆罕默德·祖基（Tan Sri Mohd Zuki Ali）在"马来语国际化发展高端研讨会"上表示，公共服务局需要考虑采取惩罚措施，以强制公务员和其他政府相关人员使用马来语。对于这一举措，国际贸工部前部长丹斯里拉菲达（Tan Sri Rafidah Aziz）公开发表声明，表示强烈不满。她强调，公务员的英语能力曾经是吸引高质量外国投资的关键驱动力，不让马来西亚年轻人具备与世界其他地区有效沟通的能力必将给国家带来损失，因此，政府应鼓励公务员提高他们使用英语和其他相关语言的熟练程度。①

民政党全国主席刘华才上议员也认为，马来西亚人民对伊斯迈尔总理积极推动马来语国际化之举并无异议，但是其必须循序渐进地推行，不能够矫枉过正。他认为强制公务员使用马来语的措施就属于矫枉过正。国家秘书长丹斯里穆罕默德·祖基的指令将导致马来西亚在外国人和国际投资者眼中处于不利地位，政府必须承认英语作为国际社会通用语言的重要性。刘华才也强调，推动马来语国际化唯一的可行途径就是先强化国家的经济实力及综合国力，当有朝一日马来西亚跻身世界经济强国之列时，马来语的经济价值自然会水涨船高，世界上也将有更多人愿意学习这一语言，届时马来语成为国际语言将水到渠成。②

2.国际社会反应

从国际视角来看，虽然印尼总统佐科（Joko Widodo）于2022年4月2日同意在所有国际会议中将马来语作为交流媒介，并且将与马来西亚共同努力加强马来（印尼）语，使其成为未来的东盟工作语言，但是据印尼《罗盘报》（Kompas）的报道，印尼教育、文化、研究和技术部长纳迪姆4月4日直言拒绝了伊斯迈尔的这项建议，他认为印尼语比马来语更适合作为东盟

---

① 《拉菲达炮轰强制公务员使用国语政策　为了自爽作茧自缚》，〔马来西亚〕东方网，2022年5月28日，https://www.orientaldaily.com.my/news/nation/2022/05/28/489342。
② 《推动马来语国际化须按步就班》，〔马来西亚〕东方网，2022年5月31日，https://orientaldaily.org/new-s/nation/2022/05/31/489944。

的官方用语。① 印尼学者 M. S. Mahayana 也表示，印尼关于印尼语的立场与印尼民族主义是分不开的。如果马来西亚想要推动马来语作为东盟官方语言，可能会面临重重阻碍。②

除了印尼外，新加坡有关方也认为马来西亚的这一举动是徒劳的。新加坡尤索夫·伊萨东南亚研究所的相关分析在 2018 年就对纳吉布关于推广马来语为东盟第二官方语言的言论持消极态度，认为其目的是在 2018 年大选前提高自己的政治竞争力。另外，该研究所分析称，东盟自 1967 年成立以来一直将英语作为工作语言，这一做法后来在 2007 年的《东盟宪章》中被制度化，其中第 34 条明确规定东盟的工作语言为英语，修改这一条款需要得到东盟成员国的一致支持，而这是非常难实现的，因为大部分成员国不会支持单一国家语言成为区域主要语言。该研究所同时也建议东盟应更加关注区域发展与建设，而不是把注意力放在"琐碎"的事情上，渲染语言政治的分裂性可能会破坏东盟的团结。③ 该研究所旗下 Fulcrum 评论网站也认为马来语无法成为东盟的第二官方语言，其评论文章的标题甚至使用了"Sekali Lagi Tak Boleh（切勿重蹈覆辙）"的字样。分析人士称，尽管马来西亚坚持不懈，但东盟很可能会将此视为吉隆坡甚至伊斯迈尔本人在马来西亚国内的又一次推动民族主义的尝试，其目的显然是获得选票。④

（二）该政策所面临的"三重压力"

1. 马来西亚内部因素

语言政策可行性研究中的经济层面包括对语言政策的经济成本进行评

① Rahel Narda Chaterine, "Nadiem Tolak Usulan PM Malaysia untuk Jadikan Melayu Bahasa Resmi ASEAN," *Kompas*, April 4, 2022, https：//nasional. kompas. com/read/2022/04/04/21082651/ nadiem-tolak-usulan-pm-malay-sia-untuk-jadikan-melayu-bahasa-resmi-asean.

② M. S. Mahayana, "Dunia Melayu：Tantangan dan Prospeknya di Masa Depan," *Jurnal Nusantara Raya*, Vol. 1, No. 1, 2022, pp. 11-27.

③ Tang Siew Mun, "A Futile Call：Making Bahasa Melayu ASEAN's Official Language," ISEAS-Yusok Ishak Institute, July 31, 2017, https：//www. iseas. edu. sg/media/commentaries/a - futile-call-making-bahasa-melayu-aseans-official-language-by-tang-siew-mun/.

④ Joanne Lin, "Bahasa Melayu as ASEAN's Second Language：Sekali Lagi Tak Boleh," Fulcrum, April 5, 2022, https：//fulcrum. sg/bahasa-melayu-as-aseans-second-language-sekali-lagi-tak-boleh/.

估，分析其在实践中的成本。① 自 2021 年伊斯迈尔总理上任以来，马来西亚的经济虽然呈现复苏的态势，但货币贬值、通货膨胀及在新冠疫情冲击下的经济走势，都对人民的生活造成了负面影响。从国家经济利益出发，将马来语发展成为东盟第二官方语言需要消耗大量的人力物力，包括上文提到的外交人员津贴、译员培训费等。因此，马来西亚在面临一系列经济问题之际，政府的当务之急应是投入更多精力制定令人信服的公共政策以解决问题，而不是在推广马来语上动用过多的国家资源。②

从政治角度的分析是语言政策可行性研究的重点。从马来西亚国内来看，政府是制定并推行语言政策的行为主体，全社会的通用语言和规范文字如何确定，各语言社团的语言地位如何确定，它们之间的语言差异、矛盾和冲突如何协调，都需要政府进行评判。③

马来西亚自 1957 年独立以来，在长达 61 年的时间里，国家权力是由巫统领导的国民阵线垄断的。这个局面在 2018 年大选中被打破，多元族群组成的希望联盟成功地以在野阵营的身份夺得联邦政府的执政权。然而，希望联盟在短短不到两年时间即垮台，其中一个主要成员党土著团结党在 2020 年退出联盟，并获得巫统、伊斯兰教党和其他政党的议员支持，另组国民联盟政府，2021 年又改由巫统副主席伊斯迈尔出任总理。尽管伊斯迈尔上台后积极采取措施来维护政局稳定，但由于在国会中仅获得微弱优势，伊斯迈尔难以在当时多方制衡的政坛上站稳脚跟。为了获得政治上的好处，政党往往将民族语言文字作为选举造势的议题来获得民众基本支持。正是在这种情况下，伊斯迈尔试图通过推广马来语，提升其国际化程度这一举措，扩大自己的政治影响力。

《东方民调》显示，68.64% 的网民对总理伊斯迈尔的印象是其不断强

① 刘小川、万丽萍：《语言政策可行性研究的必要性、构成及价值分析》，载《江西省语言学会 2004 年年会论文集》，2004。

② 《政府应专注防止经济衰退》，〔马来西亚〕东方网，2022 年 8 月 7 日，https://www.orientaldai-ly.com.my/index.php/news/nation/2022/08/07/504147。

③ 刘小川、万丽萍：《语言政策可行性研究的必要性、构成及价值分析》，载《江西省语言学会 2004 年年会论文集》，2004。

调提升马来语地位。① 伊斯迈尔自上台以来，一直身体力行地推广马来语：在国内要求政府关联企业及私人企业使用马来语、赋予国家语文出版局执法权；在国外则极力推动马来语成为东盟第二官方语言，在双边会谈及国际会议中使用马来语。2022 年 8 月 21 日是伊斯迈尔任职满一周年的日子，根据马来西亚媒体两份最新民意调查，过半民众对伊斯迈尔和马来西亚的经济增长感到不满。② 由此可窥见伊斯迈尔所在的国阵在当年的大选中难掩颓势。

马来西亚在 2022 年大选后迎来新局，巫统主导政坛的旧时代虽然已告一段落，但是其过去一党独大时期所创造和依赖的政治经济关系，以及所衍生的社会冲突，会继续限制和形塑马来西亚的"新政治"。安瓦尔领导的希盟，如何在巫统参与的"团结政府"，以及国盟在野的挑战下，超越巫统的政治经济模式，推动改革国家权力的议程，是其政府面对的一大考验。③ 因此，从马来西亚国内政治经济环境所展现出的不稳定因素来看，安瓦尔总理的当务之急是兑现竞选宣言中的承诺及落实他出任总理后的承诺，尤其是在维持政府稳定、提振经济、减轻人民生活负担及肃贪方面，而推广马来语暂时不会成为当局关心的重点。

2. 印尼因素

国际因素的影响也是分析政策可行性的一个重要方面。就影响力而言，马来语和印尼语不相上下；但就使用人口而言，印尼语远超马来语。从人数来看，使用印尼语的人口接近 3 亿人，因此从这个角度出发，印尼语的确是东南亚使用最为广泛的语言。马来语和印尼语虽然同源，属马来-波利尼西亚语系印度尼西亚语族，但由于政治因素，两者走上不同的道路。尤其是

---

① 《东方民调对沙比里的印象：马来文与衣品　东方网民冀首相公平对待各族》，〔马来西亚〕东方网，2022 年 8 月 21 日，https://www.orientaldaily.com.my/news/nation/2022/08/21/506978。

② 黄华敏、韦婷玥：《马来西亚总理任职一周年民调满意度如何？学者：下届选情存在不少变数》，新浪网，2022 年 8 月 22 日，https://cj.sina.com.cn/articles/view/3974550866/ece6d55202701397n。

③ 《新的国家权力斗争之路》，〔马来西亚〕东方网，2022 年 12 月 5 日，https://www.malaysiakini.com/columns/646979。

1963~1966 年发生的印马对抗（Konfrontasi Indonesia-Malaysia）引发了民族情绪等政治因素，使得印尼关于印尼语自成一家的立场愈加强硬。马印尼两国虽然曾经在 20 世纪 60 年代尝试把两种语言的拼写系统统一起来，但也仅此而已。印尼曾是荷兰的殖民地，马来西亚曾被英国殖民统治，因此，印尼语受荷兰语影响颇深，而马来语则受英语影响较大，再加上两国地方语言变体的发展，马来语和印尼语在用词、句法上都有差异，一般学界将它们视为两种语言。①

正如前文所说，印尼也曾试图推动印尼语成为东盟官方语言。2015 年，印尼文化与初中级教育部就提出将力推印尼语成为东盟经济共同体的主要语言。② 此后，印尼政府决定向有意来印尼就业的人士提供印尼语课程，并且已向其驻东盟其他成员国各使领馆增派了印尼语教师，积极与海外印尼人团体加强语言培训合作。但是最终这些建议和语言问题也没有获得东盟的重视。

到目前为止，印尼尽管在官方层面表示友好态度，但是民间已有许多声音拒绝马来西亚关于将马来语推广为东盟第二官方语言的提议。因此，如果马来西亚想越过印尼单独在国际上凸显马来语地位，势必会困难重重。

3. 东盟因素

放眼全球，大部分区域组织没有单一的"官方语言"。以欧盟为例，欧盟承认 24 种官方语言，其代表各成员国的语言。非洲联盟的官方语言包括阿拉伯语、英语、法语、葡萄牙语、西班牙语、斯瓦希里语和其他任何一种非洲语言。不同于欧盟和非盟，东盟目前只有一种官方语言，即英语。虽然马来西亚在推动马来语成为东盟官方语言上各方已经进行了积极的努力，但是东盟真的需要"第二官方语言"吗？

首先，东盟选择英语作为通用语言有其历史特性。东盟国家都曾受到西

---

① 《东盟官方语文　大马印尼之争》，〔马来西亚〕《南洋商报》2022 年 4 月 20 日，https://www.enanyang.my/亚洲周刊专区/东盟官方语文-大马印尼之争。

② Edy M Ya'kub, "Bahasa Indonesia berpotensi jadi bahasa ASEAN," Antara News, Januari 8, 2016, https://ww - w. antaranews. com/berita/538821/bahasa - indonesia - berpotensi - jadi - bahasa-asean.

方列强的殖民统治，并且每个国家官方语言的发展都和英语有着密切联系。东盟国家现行的官方语言或多或少都受到了英语的影响，比如来自英语的借词。① 也因此，大部分东盟国家都将英语列为各国的官方语言之一，马来西亚、缅甸、新加坡等 7 个国家就包含在内。使用英语作为其官方语言也强调了东盟作为一个外向型区域组织的身份，并促进其与外部伙伴和其他国际组织的合作。这是基于地区整体性的考虑。此外，东盟也很清楚，在东南亚这样一个多元化的地区，强化任何民族、文化或语言的主导地位，不仅会使整个组织的平衡发生倾斜，而且可能会削弱东盟半个世纪以来维护地区稳定和秩序所做出的多边努力。②

而从各成员国的情况来分析，印尼语只在印尼使用，但在新加坡、马来西亚和文莱讲马来语的人在较大程度上可以理解；马来语在马来西亚、新加坡和文莱使用，但讲印尼语的人在较大程度上也能够理解。然而，在东盟其他国家，包括菲律宾、泰国、老挝、越南、缅甸和柬埔寨，这两种语言几乎不被大多数人理解。选择印尼语、马来语或其他任何一种东南亚语言作为东盟的官方语言——甚至是"第二官方语言"——不仅会导致个别国家间文化和利益的冲突，而且还忽略了东盟本身的基本事实，即其是集合东南亚区域国家的一个政府性国际组织，旨在促进本地区经济、政治、安全、军事、教育和社会文化等领域的发展，主要目标是刺激经济增长，并通过经济增长促进社会进步和文化发展，以及在法治和《联合国宪章》原则的基础上维护区域的和平与稳定。③ 简单地说，这个区域集团的存在是为了促进其成员国之间的相互合作，同时尊重彼此的主权和身份。

语言是国家认同的一部分。将东南亚的一种语言确定为东盟"官方"

① 张居设：《东盟国家官方语言及其相关政策的启示》，《东南亚纵横》2011 年第 6 期。
② Joanne Lin, "Bahasa Melayu as ASEAN's Second Language: Sekali Lagi Tak Boleh," Fulcrum, April 5, 2022, https://fulcrum.sg/bahasa-melayu-as-aseans-second-language-sekali-lagi-tak-boleh/.
③ 参见东盟官网，https://asean.org/about-asean。

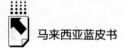
语言，会削弱其他国家的主权和民族认同。因此，东盟迫切需要的不是"官方语言"，更不是"第二官方语言"，而是国家与国家间更好的互通关系，以促进其成员国及其人民之间的相互理解。相互尊重是东盟成员国共同恪守的基本原则之一，这包括承认每个国家的主权，以及愿意接受其他成员国的不同文化和传统。通过将一种特定的语言作为东盟的"第二官方语言"来给予该地区特权是不切实际的，可能会违背东盟的基本精神和它成立的初衷。

除此以外，在财政上已经"捉襟见肘"的东盟不太可能为推广马来语为东盟官方语言而提供额外的人力和资金支持，更不用说像其他区域组织一样将区域内所有主要语言定为官方语言①，虽然这种方式确实能够绕过一种语言支配另一种语言的问题，给予它们平等的地位，这一模式也已被其他区域组织采用，特别是欧盟和非洲联盟，然而，从务实的角度来看，这样的提议是不太可能被东盟接受的，因为笔译和口译服务过于复杂且费用昂贵。据2013年的统计，为了保护多语言的使用，欧盟所有机构每年在笔译和口译方面的投入至少为10亿欧元。相比之下，2016年东盟秘书处的年度预算只有2000万美元，工作人员只有300人。与非洲联盟2020年6.473亿美元的预算相比，这一数字也相形见绌。②

因此，无论伊斯迈尔对提升马来语的区域影响力乃至国际影响力抱有多大的期望，最终他推广马来语为东盟官方语言的努力都只是马来西亚单方面的美好愿景。近年来，东盟的团结受到了异常严峻的考验，它不可能参与到可能导致区域进一步分裂的问题中。对东盟而言，如何应对不断升级的中美战略博弈，如何对不断恶化的缅甸危机做出区域协调反应，如何处理乌克兰危机所带来的更广泛的影响（如传统安全问题、经济发展、粮食危机等），摆在东盟面前的这些关系到区域安全与发展的事件显然是更为紧迫和重大的议题。

---

① 张利利：《新冠肺炎疫情对东盟的经济影响》，《南洋资料译丛》2021年第3期。
② Phasawit Jutatungcharoen, "Could ASEAN Actually Get a New Official Language?" STEAR, November 25, 2022, https://www.stearthinktank.com/post/could-asean-get-new-official-language.

结　语

综上所述，马来西亚政府想在国内推广马来语、增强国人马来语能力是无可非议的，而伊斯迈尔想把马来语发展为东盟第二官方语言的愿望则显得有些不切实际。除了国内政治经济因素的衡量，其还需考虑东盟各国的意见，特别是需要考虑东盟一贯坚持的整体性立场。目前来看，虽然东盟十国之一的印尼似乎在官方层面对此提议表示友好态度，但同时印尼国内也出现了一些反对声，认为印尼语比马来语更适合作为东盟官方语言，这也许未来会成为马来西亚推广马来语过程中的不稳定因素。

马来西亚宪法规定马来语是该国的国语。马来语地位的巩固和不断提高是马来精英执政的历届政府的共同原则和努力方向，因为马来语言文化是国家文化的主流，其背后是以马来族为核心的土著民族的"坚持"。

安瓦尔总理深受其国内知识分子群体的拥戴，以马来语提升马来西亚在区域乃至国际上的影响力既符合新政府的既定目标，亦与其提出的"昌明马来西亚"（Malaysia Madani）的治国理念相契合。但与此同时，必须清醒地认识到，当前由于稳定政局、复苏经济才是紧要任务，语言政策在短时期内不会受到过多的关注。

B.13

气候变化与马来西亚国家安全

——以 2021~2022 年马来西亚洪涝灾害为例*

孔金磊**

摘　要： 作为世界上最易受到气候变化影响的国家之一，自 20 世纪 90 年代末以来，马来西亚对气候变化的敏感性和脆弱性呈现出了明显的上升态势。尤其在 2021~2022 年，马来西亚南部发生的洪涝灾害不仅对当地居民的人身安全构成威胁，更对马来西亚的粮食种植、能源输送和社会稳定等多方面造成了极大的消极影响。在气候变化威胁日益增大的情况下，马来西亚政府积极应对气候变化问题，接连推出了多项气候治理相关政策，以帮助马来西亚应对气候变化带来的安全挑战。2022 年《国家能源政策》的推出不仅象征着马来西亚在新阶段下气候治理的目标，更为中马两国气候治理合作提供了广阔空间。

关键词： 马来西亚　洪涝灾害　气候变化　国家安全

2021~2022 年，马来西亚连续遭遇罕见的洪涝灾害，造成了当地大量居民住宅、基础设施等受损，经济发展受到强烈的冲击。事实上，洪

---

* 本报告受中央高校基本科研业务费专项资金项目"马来西亚气候变化问题安全化和治理研究"（项目编号：2023GQ008）资助。
** 孔金磊，博士，北京外国语大学亚洲学院讲师，主要研究方向为东南亚地区政治发展、马来西亚政党政治等。

涝灾害的频发仅仅是马来西亚气候变化的一大表现，气温升高、海平面上升等其他现象已经对马来西亚的国家安全构成威胁。对于气候变化强度的上升、频率的增加和威胁的增大，马来西亚政府采取了较为积极的应对态度，通过颁布各项法令或政策，正面应对气候变化带来的发展挑战。

一 2021～2022年马来西亚洪涝灾害

马来西亚地理位置优越，气候宜人。因受到山区地形和复杂的海陆相互作用的影响，马来西亚境内较少受地震、台风等自然灾害的波及。但是，21世纪以来，由于东北季候风的吹袭，马来西亚逐渐在年终时期面临洪涝等灾害的威胁，其中又以马来西亚半岛东海岸的受灾情况最为严重。2021～2022年，马来西亚半岛东海岸屡次遭受洪涝灾害的侵袭，这给当地人民造成了极大的人身安全威胁和巨大的经济损失。

2021年12月16日，热带低气压29W在马来西亚半岛东海岸登陆后，给整个半岛带来了三天的倾盆大雨，并直接引发了洪涝灾害。12月16日当天，马来西亚气象局对吉兰丹、登嘉楼、彭亨、霹雳、吉打、槟城等地接连发出恶劣天气预警，预警信号逐步升级，从黄色到橙色再到红色的最高级别。此次热带低气压29W过境给马来西亚带来了巨大的降雨量，多个地方气象站测得史上最高的降雨量。其中，吉隆坡录得单日最高降雨量363毫米，相当于该地区整整一个月的降雨量。① 灾情最严峻时期，全国受影响的8个州属近7万人需撤离家园，寻求庇护，流离失所。② 灾情结束后，根据马来西亚国家统计局发布的《2021年马国水灾影响特别报告》（*Special*

---

① "Once in 100 Years: One Month's Average Rainfall Poured Down in One Day," *The Star*, December 19, 2021, https://www.thestar.com.my/news/nation/2021/12/19/floods-heavy-rain-lasting-over-24-hours-equals-to-average-monthly-rainfall-occurring-once-in-100-years-says-environs-ministry.

② "Floods: Body of Drowned Man Found Near Shah Alam Apartment," Bernama, December 20, 2021, https://www.bernama.com/en/general/news_disaster.php?id=2035662.

Report on Impact of Floods in Malaysia 2021），2021 年底发生的洪涝灾害给马来西亚造成了约 61 亿林吉特的损失，相当于国内生产总值（GDP）的 0.4%。[①] 在所有受到影响的部门中，公共资产和基础设施部门遭受的损失最为严重，高达 20 亿林吉特，住宅（16 亿林吉特）、车辆（10 亿林吉特）紧随其后。同时，制造业领域蒙受的损失高达 9 亿林吉特，商业和农业领域的损失也分别达到了 5 亿林吉特和 9060 万林吉特。在马来西亚的州属中，柔佛、吉兰丹、马六甲、森美兰、吉打、彭亨、霹雳、雪兰莪、登嘉楼、沙巴、沙捞越和吉隆坡等 12 地均受到不同程度的影响。根据报告，雪兰莪州在此次洪涝灾害中是损失最为严重的州属，住宅、制造业、商业等领域均损失较多，经济财产受损极大。[②]

2021 年马来西亚的洪涝灾害并不是近几年的孤例，同样的情况在 2022 年底再次上演。当年 11 月底，受东北季候风的影响，马来西亚再度迎来持续时间长、降雨强度大的雨季，吉兰丹、柔佛、吉打等地受影响人数超过万人。根据《2022 年马国水灾影响特别报告》，2022 年 1 月 8 日至 12 月 31 日，马来西亚共蒙受超 6.2 亿林吉特的损失，相当于名义 GDP 的 0.03%。在该年度，公共资产和基础设施依然是损失最严重的经济部门，损失高达 2.3 亿林吉特。此外，和 2021 年相比，2022 年受灾州属数量从 12 个上升至 14 个。其中，受灾情况最严重的 3 个州分别是吉打、登嘉楼和吉兰丹。如果将这 3 个州属的受灾损失总数相加，总额达到 5.1 亿林吉特，超过全国损失的 82%。[③] 尽管 2022 年的损失金额较 2021 年同比大幅下降，但是受灾范围却进一步扩大，而相关经济损失数据也大幅超过 2020 年前的相关数据。这一情况表明，马来西亚洪涝灾害已成为影响马来西亚经济发展和社会稳定的主要气候变化问题之一。

[①] Department of Statistics Malaysia, *Special Report on Impact of Floods in Malaysia 2021*, Putrajaya, 2022.

[②] Department of Statistics Malaysia, *Special Report on Impact of Floods in Malaysia 2021*, Putrajaya, 2022.

[③] 马来西亚国家统计局，https：//dev. dosm. gov. my/uploads/release-content/file_ 20230223 141129. pdf。

二 气候变化对马来西亚国家安全的影响

洪涝灾害并不是马来西亚现阶段面临的唯一气候变化问题。自 20 世纪 90 年代末以来,气温明显升高造成的干旱现象频发、海平面上升等问题同样威胁着马来西亚的粮食安全、人身安全和经济安全等各个领域。伴随着发生频次的增加以及影响范围的扩大,气候变化问题俨然成为威胁马来西亚国家安全的一大挑战。

第一,气候变化问题严重影响了马来西亚粮食的正常种植和产出,粮食产量和质量正面临严重的环境压力。农业是马来西亚主要的经济部门之一,良好的土壤和气候条件也让马来西亚成为东南亚地区乃至世界范围内重要的粮食、棕榈油和天然橡胶的生产地与供应地。一般来说,农业生产需要依赖较为稳定的天气。但是,在气候变化的冲击下,气温与降水量的显著变化使得农业生产成为主要受波及的经济部门。一方面,马来西亚持续升高的温度提升了蒸发速率,导致农作物缺水成为普遍情况。21 世纪以来,无论是最高温度还是最低温度,马来西亚都呈现出了小幅度的缓慢增长趋势。研究显示,1970~2013 年,马来西亚气温每 10 年上升 0.14~0.25 摄氏度。[①] 1998 年 11 月至 2019 年 3 月,霹雳怡保的温度涨幅最高,共提高了 6.75 摄氏度。[②] 在此趋势下,到 2090 年,马来西亚的气温预计将额外上升 0.8~3.11 摄氏度,而季节性变化将显著减小。[③] 国际水稻研究所报告指出,生长期最低温度每上升 1 摄氏度,水稻产量就会减少 10%。高温将直接造成二氧化碳可用性、水的可用性、土壤有机物和侵蚀、虫害和入侵物种等方面产生巨大

① World Bank, *Climate Risk Country Profile: Malaysia*, 2021, https://climateknowledgeportal.worldbank.org/sites/default/files/2021-08/15868-WB_ Malaysia%20Country%20Profile-WEB.pdf.

② 《5 城市温度上升　怡保 6.75 摄氏度最高》,〔马来西亚〕东方网,2021 年 3 月 6 日,https://www.orientaldaily.com.my/news/nation/2021/03/06/396852。

③ World Bank, *Climate Risk Country Profile: Malaysia*, 2021, https://climateknowledgeportal.worldbank.org/sites/default/files/2021-08/15868-WB_ Malaysia%20Country%20Profile-WEB.pdf.

波动，严重冲击马来西亚吉打和玻璃市平原的重要水稻种植地。另一方面，降水的不稳定也影响了当地耕种准备工作。由于"拉尼娜"年份带来的大量降雨，造成大规模径流的形成、肥沃土壤的严重侵蚀以及农业区和水产养殖区的淹没，霹雳州、彭亨州和柔佛州的农业种植区的运营受波及，农作物产量受到影响。同时，在气温和降水的强烈波动下，病虫害现象进一步加剧，褐飞虱、袋虫等害虫数量的上升，造成稻谷等农作物严重减产或歉收。此外，不断上升的海平面正在加速海水向海岸区域的侵入，也造成农业区土地盐渍度的升高，最终造成产量下降和可用耕地减少。由此可以看出，气候变化的副作用已经给马来西亚的农业造成了严重威胁，并且形成了紧密相连的反应链条。炎热、干旱、与气候相关的病虫害、台风、洪水引起粮食作物及其他经济作物的减产，进而会影响牲畜产业与依赖自然资源的新兴工业的发展，随着人口的持续增加，粮食需求与供给的矛盾将会激化，而海平面的上升又会造成海岸农业区退化、土壤盐渍化，这无疑更加重了既有负担。

第二，气候变化问题逐渐影响到马来西亚的人口健康和社会发展。一方面，气候的变化直接威胁到马来西亚人民的人身安全。马来西亚的许多贫困人口都生活在海岸区域与较低海拔的平原地带，绝大多数从事农渔业。这部分人群微薄的收入使其无法获得多方面的医疗服务和安全保障，因此在气候变化造成的潜在影响面前最为脆弱。气温和降水量的频繁变化对于民众健康的直接威胁包括由炎热引起的患病或死亡，传染病风险如疟疾和登革热、痢疾，营养不良等问题。间接威胁则是由山体滑坡、洪水和台风造成的伤亡事件，森林火灾引起的呼吸疾病，以及由于气候变化而不断迁移引起的不健康。由于气温上升，到2070年，马来西亚将有4300万人面临疟疾风险，而1961~2000年的基线是1760万人（增长了144%）。[①] 根据世界卫生组织的报告，在二氧化碳最高排放路径下，预计到2080年，马来西亚65岁以上老

① World Health Organisation, *Climate and Health Country Profile - 2015*, *Malaysia*, 2016, https：//www. who. int/publications/i/item/WHO-FWC-PHE-EPE-15. 09.

人因热而死亡的人数将急剧增加，1961～1990 年的每 10 万人中不到 1 人的基线增加到每 10 万人中 45 人。① 另一方面，气候变化直接或间接影响到马来西亚人民的生活质量。在洪涝灾害侵害人身安全的同时，大量住宅、车辆和基础设施也在洪涝灾害中受损，这影响到当地居民的生活质量。与此同时，海平面的上升也对居住在沿海地区和低海拔地区的居民构成直接威胁。马来西亚治理与政治研究中心相关的研究显示，到 2050 年，全马几个州属的多个城市和一些地区会因海平面上升而被海水淹没，包括柔佛、玻璃市、吉打、槟城、霹雳、森美兰、登嘉楼、彭亨、吉兰丹和沙捞越。其中，吉打州首府亚罗士打 30 年后会变成一座小岛，而目前连接南北地区、车流量巨大的南北大道也会下沉。② 这一情况将直接导致沿海地区居民被迫搬离原有居住地，提高了社会不稳定的可能性。此外，有研究表明，随着气候变化问题的加剧，东南亚地区妇女和儿童将成为最高风险群体，尤其对妇女而言，工作、参政议政机会或将进一步减少。③

第三，气候变化问题依然对马来西亚经济发展构成威胁。马来西亚的经济依然倚重第一产业和第二产业，农业与制造业是主要的经济部门。随着气温的升高，农业和制造业等需要体力劳动的经济部门将因为气温和降水量的频繁变化而生产力下降。同时，对于中小规模企业而言，由于没有能力打造令人舒适的工作环境，如配备空调等降温设备，这也将进一步影响相关劳动者的生产效率，使得中小企业的生存愈发困难。此外，对于处于沿海地区的工业区，例如在巴生港的工业区，由于降雨和洪涝灾害的多发，许多当地工厂生产的产品无法及时运送至港口，导致出口至美国的汽车制造业务受到影响。在自然灾害更加频发的情况下，更多厂商可能会选

---

① World Health Organisation, *Climate and Health Country Profile - 2015*, *Malaysia*, 2016, https://www.who.int/publications/i/item/WHO-FWC-PHE-EPE-15.09.

② 《研究：海平面上升 马国至少九州数城市 30 年后淹没》，〔新加坡〕《联合早报》2019 年 11 月 8 日，https://www.zaobao.com/news/sea/story20191108-1003530.

③ World Bank, *World Bank Group Gender Strategy* (*FY16-23*): *Gender Equality*, *Poverty Reduction*, *and Inclusive Growth*, 2015, https://openknowledge.worldbank.org/entities/publication/95293946-99d3-5ef3-92a0-1fd78a3f11e6.

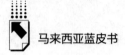

择将工厂搬迁至新加坡等地，导致马来西亚经济发展出现资本流出的不利局面。

从以上不同方面的影响可以看出，气候变化问题不仅仅是科学问题。随着其影响的外溢和扩大，气候变化已经逐渐影响到马来西亚国家发展的各个领域，对经济安全、粮食安全和人身安全等各个领域构成了直接或间接的威胁。因此，集合力量解决气候变化问题已经成为马来西亚政府必须面对和解决的难题。

三 马来西亚政府关于气候变化问题的政策应对

自20世纪90年代以来，面对日趋严重的气候变化问题，马来西亚政府总体上采取了积极应对的方式，从国际气候合作、国内政策制定等不同角度践行了保障气候安全的承诺，整体上实现了由虚向实、虚实协同的治理格局。

面对国际层面的气候合作呼吁，马来西亚政府始终积极响应并参与全球气候治理体系。早在20世纪80年代，已有小岛屿国家开始意识到气候变化可能为国家安全带来的致命威胁。1992年5月9日，针对影响逐渐外溢至人类生存发展领域的气候变化议题，联合国举行了多边会议，并在会议上通过了《联合国气候变化框架公约》。在同年6月召开的联合国环境与发展会议（又称"里约地球峰会"）期间，150多个国家以及欧共体共同签署该公约，时任马来西亚总理马哈蒂尔也在会议上做出了节能减排的承诺，马来西亚与其他国家一道计划将大气温室气体浓度维持在一个稳定的水平上，以避免威胁人类生存的问题发生。该公约最终于1994年3月21日批准生效。此后，在1997年签订《京都议定书》的过程中，马来西亚同样积极参与，该议定书于2002年开始生效。2009年，在哥本哈根会议上，时任马来西亚总理纳吉布代表马来西亚做出了在2020年前减排40%的承诺，并且希望得到来自发达国家在金融和技术转让方面的支持和援助。2015年，马来西亚向联合国提交了国家自主贡献预案，制定了在能源、工业流程、废物处理、农业及土地利用和林业等领域进行节能减排的规划。同年，在第 21 届联合国气候变化大会上，作为《京都议定书》的后续，《巴黎协定》获得各国一致通过，对 2020 年后全球应对气候变化的行动做出了统一安排，目标是将全球平均气温较前工业化时期上升幅度控制在 2 摄氏度以内，并努力将温度上升幅度限制在 1.5 摄氏度以内。该协定于 2016 年正式实施，成为当前各国制定气候变化政策的重要政策参考。作为参会国家，马来西亚同样积极参与并缔约。从 1992 年联合国首次提出气候治理合作到 2016 年《巴黎协定》的实施，作为发展中国家，马来西亚虽然面临较大的现代化发展压力，但依然积极响应国际层面的合作呼吁，始终以积极的姿态参与到全球气候治理体系中，对全球气候治理做出了马来西亚的承诺。

在国内气候变化问题治理方面，马来西亚政府推行了各项应对政策，实现从"喊口号"向"办实事"的逐步过渡。首先，从治理意识层面来看，马来西亚政府将应对气候变化列为国家政策，制定了一系列法律法规来规范气候治理，并成立了专门机构进行管理和监督。1992 年，在参加完联合国会议后，马来西亚当即于吉隆坡成立了马来西亚气候变化小组（MCCG）。多年来，该部门逐渐完善了各级组织，下辖机构包括社会环境保护协会（Environmental Protection Society）、马来西亚环境技术与发展中心（Centre for Environment，Technology and Development）以及马来西亚自然保护协会（Malaysian Nature Society）等。同时，该小组的成立旨在向公众普及气候变化的危害和治理的必要性，定期向政府、私营部门、民间组织、学校和社会民众进行科普宣传。2002 年，该小组发起了名为"马来西亚气候全民动员"（Mobilizing Malaysians on Climate Change）的计划，希望利用三年时间增强马来西亚全民对应对气候变化能力建设的意识。此外，在政策制定层面，马来西亚于 1994 年成立了应对气候变化的国家指导委员会（National Steering Committee on Climate Change）来指导国家对气候变化问题的政策。在该机构的指导下，马来西亚内阁于 2008 年主持了针对气候变化问题的内阁委员会会议，并于 2009 年提出了国家应对气候变化的政策，为气候治理规划了行动路线图。2012 年，马来西亚能源部在吉隆坡举行了第三届绿色科技环保

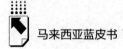

展，该展会的主题是"绿色科技、成就未来"，通过此次展会，马来西亚政府呼吁民众增强环保意识，自觉节能减排，全国上下一起达成减排承诺。

其次，从治理内容来看，节能减排是马来西亚气候治理的重点，开发和推动新能源建设成为主要工作任务。当前，天然气和煤炭依然是马来西亚能源的核心，占到了能源生产的80%以上，大型水电大坝的发电量刚刚超过16%，可再生能源（不包括大型水电大坝）加起来只占0.77%。这一情况表明马来西亚目前的能源结构仍然处于不合理的状态，天然气和煤炭等不清洁燃料的大量使用将进一步恶化气候变化问题。针对这一情况，马来西亚政府从减缓和适应两个方面应对气候变化问题，并于2009年推出采用绿色技术的策略。该策略概述了马来西亚清洁能源未来的短期、中期和长期的目标。短期目标包括举办增强公众意识的宣传活动、效率标注和标签活动，增加国内外对制造业和服务业方面绿色技术的投资；中期目标主要是绿色技术优先采购；长期目标是在马来西亚文化中融入绿色灌溉技术和显著减少国家能源消费。在这一策略的规划下，马来西亚政府又陆续颁布了《国家可再生能源政策和行动计划》《国家清洁能源政策》《可再生能源法案》等，旨在促进低碳经济发展和清洁能源利用。在能源转型政策的指导下，马来西亚大力发展清洁能源，并积极参与清洁发展机制项目（Clean Development Mechanism，CDM）。2013年，马来西亚政府和日本的亚洲能源投资公司共同设立了一项价值1亿美元的基金，以投资东南亚清洁能源项目。同时，马来西亚也十分重视发展国家智能电网，计划到2020年减少40%的碳排放，到2030年实现4吉瓦的可再生能源总装机。

最后，从治理能力建设来看，马来西亚政府积极加强了环境保护和提升了自然灾害应对的能力。目前，马来西亚政府已经开展了水资源管理、土地保护、森林保护等工作，加强了对环境的保护，以及提升了对自然灾害的监测和预警能力，提高了灾害应对和救援能力。除此之外，马来西亚政府还积极开展国际合作，加强与国际社会的联系与合作，以共同应对气候变化的挑战。马来西亚政府已经加入了《联合国气候变化框架公约》和《巴黎协定》，积极承担自己的国际责任。同时，马来西亚政府还积极参与亚太经合组织、东盟等地区和国际组织框架下的交流合作，加强国际合作，推动气候变化问题的全球治理。

马来西亚气候治理相关政策见表1。

表1　马来西亚气候治理相关政策

年份	相关举措
1994	批准《联合国气候变化框架公约》(UNFCCC)
2001	推出《小型可再生能源计划》
2002	批准《京都议定书》
2004	启动《上网电价补贴(feed-in-tariff)政策》
2006	推出《国家生物燃料政策》
2007	推出《国家生物燃料产业法》
2009	推出《国家可再生能源政策和行动计划》
2010	推出《国家气候变化政策》
2011	推出《可再生能源法案》
2015	向《联合国气候变化框架公约》秘书处提交国家自主贡献预案(INDC)
2016	批准《巴黎协定》
2018	宣布到2025年实现20%的可再生能源目标
2019	推出《2035年可再生能源过渡路线图》(RETR)、《可再生能源供应协议》(SARE)
2022	推出《国家能源政策》

资料来源：笔者根据相关资料整理。

不过，尽管马来西亚政府逐步增强了气候治理意识，提高了治理能力，并制定各项政策推动气候治理工作的进行，但是近年来能源结构的变化微小显示出马来西亚气候治理工作尚没有取得实质性成果。同时，洪涝灾害等气候变化问题的多发和加剧导致治理难度不断加大，民众对于政府治理不力的抱怨日积月累，成为影响政府执政稳定的一大因素。从气候治理的格局和相关政策中可以发现，当前马来西亚气候治理存在以下两个主要问题。第一，气候治理议程零散，国家无法集中调动力量应对气候变化问题。在2023年财政预算案中，公共交通、电动汽车和碳减排被纳入预

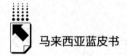

算的不同部分。虽然政府设立了气候变化部门与马来西亚绿色技术和气候变化中心，但它们是在没有法律依据的情况下履行气候变化相关职能的，整体的治理需要一个长期的碳减排、气候变化减缓和适应战略。第二，中央与地方在对气候变化问题的认知与治理层面存在脱节情况。虽然马来西亚中央制定的气候治理政策在宏观层面提供了治理方向，但是中央缺乏与地方的有效沟通，导致地方在具体执行过程中存在着理解不充分、执行不到位等各类问题。大部分地方州属依然倚重天然气、煤炭等传统能源进行经济开发，已形成对高碳能源体系的路径依赖，忽视了新能源技术的开发利用，难以兼顾能源供给与能源转型。这一方面与新能源的技术难度大相关，另一方面也与财政经费支持少相关。此外，部分州属也担心能源转型将阻碍当地的经济发展，因而对实现低碳发展等目标的积极性不高。这些客观问题都需要中央政府来解决，其应与地方政府进行深入的协调和沟通，以帮助地方政府理解、执行现行的节能减排政策。

四　《国家能源政策》的推出与中马合作的展望

2022年，马来西亚政府推出新的气候治理政策，即《国家能源政策》。该政策既是以往节能减排政策的延续，也是马来西亚政府气候治理决心的体现，勾画了2022~2040年马来西亚建设低碳国家的愿景，有助于马来西亚达成2050年实现净零温室气体排放的目标。在这一政策下，中国和马来西亚在节能减排等领域拥有着广阔的合作前景，双方可从新能源开发、技术合作等不同层面共同推进对气候问题的治理。

从内容来看，马来西亚《国家能源政策》延续了以往建设低碳国家的目标，再次强调了能源转型和新能源技术开发的重要性。在政策文件中，马来西亚政府确立了9个特定目标，包括：将可再生能源的总装机容量从2018年的7.6兆瓦增加到2040年的18.4兆瓦，并将可再生能源在初级能源总供应量中的总体比例从7.2%增加到17%；将煤炭在装机容量中的比例从31.4%降至18.6%；将电动汽车的比例从不足1%提高到38%；将住宅节能和工业及商业节能的比例从不足 1% 分别提高到 10% 和 11%；将液化天然气作为海洋运输替代燃料的比例从 0% 提高到 25%；等等。在能源结构上，相较于 2018 年生物能源占比 1%、太阳能占比 0%、水电占比 6%、石油产品占比 30%、天然气占比 41% 和煤炭占比 22% 的不平衡格局，马来西亚计划到 2040 年将该比例转变为生物能源占比 4%、太阳能占比 4%、水电占比 9%、石油产品占比 27%、天然气占比 39% 以及煤炭占比 17%。[①] 为了达成这些目标，《国家能源政策》设定了 4 个战略目标，包括优化能源资源以促进可持续经济增长，为经济和人民带来增长、市场机会和成本优势，增加能源部门对环境可持续性的投入，确保能源安全和提供财政可持续性。以上这些战略目标不仅体现出未来马来西亚能源转型的重点领域，更为中马合作指明了方向。

中国一直以来都在积极响应和推动全球气候治理的相关号召和政策。在《巴黎协定》的温度控制目标下，中国推进实现"双碳"目标，不仅保证了自身的能源安全，还主动进行能源转型，在能源结构调整、降低碳排放强度、提升生态碳汇能力、发展新能源产业和绿色金融等方面都取得了较为显著的成果。在"十四五"时期，绿色低碳和减污降碳协同增效技术的研发与应用将成为中国环保产业的重点发力方向。结合马来西亚能源转型的需要，中国与马来西亚可将能源合作列为发展方向与优先领域，在电力行业和新能源汽车行业两个领域，可有针对性地促进技术分享、人员交流、项目建设和企业发展等，切实帮助两国推进节能减排工作。

对于电力行业而言，马来西亚历来对电力行业的重视，以及对可再生能源发电的需求，为中马合作提供了较大的潜力。马来西亚当前的电力供给方包括占比 98% 的国家能源公司和州立能源公司，以及占比 2% 的独立的私人发电厂。2019 年，马来西亚公布了电力领域的十年蓝图规划——

---

① Economy Planning Unit, Prime Minister's Department, Malaysia, *National Energy Policy 2022-2040*, 2022, https: //www. epu. gov. my/sites/default/files/2022 - 09/National% 20Energy% 20Policy_ 2022_ 2040. pdf.

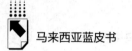
《马来西亚电力改革2.0计划》，拟逐步开放马来西亚半岛电力燃料来源、发电、输电等多个方面的投资限制，允许更多独立企业进入电力领域。此前，中马两国已经在能源领域展开合作，主要集中在水电、光伏生产和发电等领域。其中，参与水电合作的中国企业主要有中国水利水电建设集团、中国葛洲坝集团、长江设计集团、中国机械进出口总公司等，参与光伏生产和发电合作的企业主要有"晶科能源"和"晶澳太阳能"等。从2019~2021年中国对外承包工程的新签合同来看，中国同马来西亚新签合同金额大于500万美元的电力工程建设项目达到19个，涉及金额达9.4亿美元，其中光伏项目7个，光伏发电成为中国在马来西亚承包工程的主要领域。① 根据马来西亚《国家能源政策》提高可再生能源在初级能源中的总供应量的目标，马来西亚太阳能、生物质能和沼气发电装机容量有较大的提升空间，这同时为中国企业提供了合作机会。鉴于中国是世界上光伏市场需求最大的国家之一，并在太阳能电池技术方面积累了丰富的经验，在多晶硅、薄膜、PERC等技术领域处于国际领先地位，建立了完整的太阳能电池产业链，包括硅料、晶圆、组件等全产业链，中国光伏企业在一定程度上可以满足马来西亚发展太阳能等新能源的需要，双方存在需求与供给的双匹配。

对于新能源汽车行业而言，马来西亚对汽车制造转型的需求与中国新能源汽车技术的优势形成互补，双方可在该领域展开全方位合作。马来西亚政府素来支持本土汽车制造业，并在20世纪90年代推出了本土汽车品牌"宝腾"。然而，虽然马来西亚有着多年的汽车工业历史和较为成熟的商业模式，但汽车市场长期被日本、韩国等品牌所占据。唯一的本土品牌宝腾汽车也由于连年亏损、资金链断裂等不得不向政府申请援助，寻求海外合作伙伴以重整公司业务。随着国内燃油车市场的逐渐饱和，以及当下全球范围内新能源浪潮的发展趋势，马来西亚汽车行业

---

① 中国对外承包工程商会：《"一带一路"基建指数国别报告——马来西亚》，2022年1月11日，https://www.chinca.org/CICA/info/22011108485311。

迎来了绝佳的转型机会。

不过，目前马来西亚的电动汽车渗透率并不高。根据其汽车协会的数据，2022年，马来西亚全年共售出2631辆电动汽车，相比于2021年的274辆有增长但基数较小。① 这种几乎空白的发展现状，既向中国车企的出海之路提出了挑战，同时也留下了更广阔的想象空间。对于车企来说，马来西亚市场的吸引力主要来自两大方面：一是发达的半导体产业，二是新能源领域多元的激励政策。作为全球半导体第七大出口国，马来西亚在全球芯片供应链上有着举足轻重的地位，被全球工业供应商视为"芯片封测重镇"。截至2021年9月，已经有超过50家全球半导体制造商在当地设厂，当中不乏英特尔、英飞凌、恩智浦、意法半导体等国际巨头。马来西亚官方数据显示，截至2022年8月，该国半导体贸易额占全球的7%，封测领域占比则达到13%，2021年电子电气产品出口约6900亿元人民币，其中半导体产品占比达62%。② 本土发达的半导体产业，让马来西亚具备了发展新能源汽车的先天条件。在2023年财政预算案中，马来西亚政府便制定了一揽子税收优惠政策以推动本土新能源汽车发展，在原有税收优惠的基础上再次大幅度提高了对新能源车的税收激励优惠，包括：截至2027年12月31日，对用于本地组装的进口汽车零部件免除进口关税；截至2027年12月31日，对本地组装电动汽车（CKD）免征消费税和销售税；截至2025年12月31日，对全进口电动汽车（CBU）免征进口关税及消费税；免征充电设备制造商2023~2032财政年度的收入所得税，以及提供为期5年的100%投资税津贴。③ 与此同时，在基础设施上，马来西亚也在积极寻求改善，以此来吸引更多海外车企的进入，进一步丰富当地的新能源汽车消费生态。为提升电动

① "MAA Expects More Than 2631 EV Units to be Sold This Year," Bernama, January 19, 2023, https：//www.bernama.com/en/business/news.php? id=2157712.

② 《阿兹敏：总值4557亿电子电气产品出口增36.8%》，〔马来西亚〕《星洲日报》2022年5月31日，https：//www.sinchew.com.my/20220531/阿兹敏：2021电子电器产品出口总值比2020年增加18。

③ Budget 2023：Membangun Malaysia MADANI, https：//budget.mof.gov.my/en/budget2023/economy/.

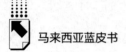

汽车普及率，马来西亚政府还提出了将电动汽车作为政府官员用车的计划，并制定了具体的目标：2030 年实现电动汽车在汽车总销量中占比 15%，2040 年进一步提高至 38%。① 政策的优惠和倾斜无疑为中国汽车企业进入马来西亚市场提供了良机。

当前，中国新能源汽车方面的重要品牌已齐聚马来西亚。其中，"吉利"是行动最早的一家，2017 年通过入股马来西亚 DRB-HICOM 集团旗下的宝腾汽车，拉开了中国车企进军马来西亚的序幕。长安汽车不仅实现整装电动汽车出口，还将产品销售链条及生产链条一同转移至马来西亚；奇瑞汽车 2023 年 2 月宣布，在输出两款新能源车型外，还将实现新车的部分零部件在马来西亚本土化；比亚迪、长城汽车目前则以输出新能源产品为主，汽车技术转移等其他方面的工作还未展开。② 因此，面对马来西亚新能源汽车行业迫切的发展需求和巨大的增长空间，中国新能源汽车企业有更多的用武之地。如何与马来西亚本土企业合力开发新能源汽车，如何进行中国新能源汽车制造的技术转移或将成为中国新能源汽车领域的新发展方向。

同为当今积极推动全球气候治理的国家，中国与马来西亚有着共同的发展目标。基于马来西亚的能源转型需求以及中国的技术优势，两国可以在未来积极探索更广泛、更深入和更全面的合作领域，为全球气候治理贡献自己的力量。

① "Malaysia Commits to Attracting Investments in EV," *The Sun Daily*, February 15, 2023, https：//www. thesundaily. my/business/malaysia-commits-to-attracting-investments-in-ev-BD10640515.

② 《从"内卷"到"外卷"，车企驶向马来西亚》，界面新闻，2023 年 4 月 4 日，https：//www. jiemian. com/article/9184366. html。

B.14

2022年马来西亚马华英三语主流媒体关于 RCEP 报道比较研究

——以《大都会日报》《星洲日报》《星报》为例 *

王慧中　魏　瑄**

摘　要： 本报告选取了马来语、华语、英语三种语言的马来西亚主流媒体2022年关于 RCEP 的报道，从媒体框架的角度分析了新闻报道在消息来源、稿件来源、报道主题和感情色彩方面的差异。马来语媒体更多报道政府部门和本地企业的新闻，更关注国内的情况，注重新闻报道的公信力；华语媒体聚焦华人商会，在国际新闻方面偏向报道中国的新闻；英语媒体不只服务于本国读者，还有更加广阔的国际视野，和国外媒体合作最多。基于以上特点，中国企业在 RCEP 框架下和马来西亚合作时，应该注重与当地政府、企业、商会和民众的沟通协作；中国媒体则要加强对外传播，和当地不同语言的主流媒体建立合作，宣传 RCEP 惠及马来西亚的成果和经验。

关键词： RCEP　马来西亚　主流媒体　媒体框架

---

* 本报告受陕西高校青年创新团队"多语种背景下 RCEP 成员国家社交媒体涉华舆论研究创新团队"和陕西省教育厅科研计划项目"马来西亚马华英三语主流媒体涉华舆情比较研究"（项目编号：23JP141）资助。

** 王慧中，北京大学外国语学院亚非语言文学博士研究生，西安外国语大学亚非学院马来语专业讲师，主要研究方向为马来西亚区域国别；魏瑄，马来亚大学人文社会科学院历史学系硕士研究生，主要研究方向为马来西亚历史。

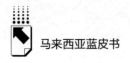

引　言

《区域全面经济伙伴关系协定》（RCEP）是 2012 年由东盟发起，由东盟 10 国及中国、日本、韩国、澳大利亚和新西兰共 15 个国家参与的自由贸易协定，于 2022 年 1 月 1 日正式生效。RCEP 的生效实施，标志着全球人口最多、经贸规模最大、最具发展潜力的自由贸易区正式落地，将为区域乃至全球贸易投资增长、经济复苏和繁荣发展做出重要贡献。[①] 自 2022 年 3 月 18 日起，RCEP 对马来西亚正式生效，中马之间相互履行协定项下有关货物贸易、服务贸易和投资市场准入开放承诺，履行贸易便利化、电子商务、知识产权等各领域规则义务。[②] 中马两国一直以来关系密切，马来西亚是东盟成员国中第一个与中国建交的国家，同时也是第一批加入"一带一路"倡议的国家之一。在经贸合作上，中国连续 14 年保持马来西亚第一大贸易伙伴地位，2022 年中马双边贸易总额达到创历史新高的 2036 亿美元，同比增长 15.3%。[③] RCEP 正式生效后，将为中马两国贸易带来更多便利。在 RCEP 下，中马两国均在中国-东盟自贸区的基础上新增了市场开放承诺，部分产品可获得新的关税优惠。[④] 2022 年 9 月 16 日，时任马来西亚总理的伊斯迈尔（Ismail Sabri）表示，RCEP 使马来西亚本地企业获得更广泛的市场准入，并有机会改善区域供应链并使各自的生产网络多样化，还有助于降低经商成本。[⑤] RCEP 在马来西亚取得的成效如何，政府、企业和公众如何

---

① 商务部新闻办公室：《〈区域全面经济伙伴关系协定〉（RCEP）于 2022 年 1 月 1 日正式生效》，中国自由贸易区服务网，2022 年 1 月 4 日，http：//fta. mofcom. gov. cn/article/rcep/rcepnews/202201/46878_ 1. html。

② 商务部国际司：《RCEP 正式对马来西亚生效》，中国自由贸易区服务网，2022 年 3 月 18 日，http：//fta. mofcom. gov. cn/article/rcep/rcepnews/202203/47838_ 1. html。

③ 《中马友谊源远流长　命运与共谱写新篇》，新华网，2023 年 4 月 2 日，http：//www. news. cn/politics/leaders/2023-04/02/c_ 1129488809. htm。

④ 胡慧茵：《RCEP 正式对马来西亚生效，中马经贸注入新活力》，《中国外资》2022 年第 7 期。

⑤ "ASEAN, China Diharap Menyegerakan Penambahbaikan Perjanjian Perdagangan Bebas ACFTA-PM Ismail Sabri," Bernama, September 16, 2022, https：//web15. bernama. com/bm/news. php? id＝2121020.

看待 RCEP，可以从马来西亚主流媒体的新闻报道中一探究竟。

主流媒体是拥有广泛读者群体，发行量或收听、收视率较大，传播社会主流意识形态和主流价值观的传媒。① 这些媒体在新闻报道、评论、分析和舆论引导等方面发挥着重要作用。由于马来西亚的族群和语言都十分多元化，主流媒体包括马来语、英语和华语媒体，它们在马来西亚社会中拥有广泛的读者基础和话语权，是社会舆论的重要形成力量。目前马来语媒体中最具影响力的包括《大都会日报》（*Harian Metro*）和《每日新闻》（*Berita Harian*），其特点是语言通俗易懂、报道内容贴近民生、关注社会问题和对政治议题有深度分析。马来西亚的英语媒体起源于英国殖民统治时期，特点是注重深度报道、国际视野强、媒体运营专业化、商业化程度高，目前的主要代表包括《星报》（*The Star*）、《新海峡时报》（*New Straits Times*）等。华语媒体的读者群体主要是华人，其中较著名的有《星洲日报》《南洋商报》《中国报》等。华语媒体更注重对马来西亚华人社区的报道，对国际和内政问题均有深入报道和分析。这些主流媒体在马来西亚社会中发挥着重要作用，其报道和观点往往能够影响到社会大众的认知和态度，因此在马来西亚社会中具有重要的影响力和地位。

一　马来西亚主流媒体关于 RCEP 报道的概述

马来西亚的主流媒体对 RCEP 十分关注，随着 RCEP 的签署和正式生效，媒体对此的报道也很密集，主要聚焦于 RCEP 对本国经济的影响，以及它将会给马来西亚带来的机遇和挑战方面。为了更好地观察马来西亚不同语言的主流媒体关于 RCEP 报道的差异，分析马来西亚社会各界对 RCEP 的态度和观点，本报告将选取《大都会日报》《星洲日报》《星报》为马来语、华语和英语的主流媒体代表，使用内容分析法对其涉及 RCEP 的报道进行详

---

① 《主流媒体如何增强舆论引导有效性和影响力之一：主流媒体判断标准和基本评价》，《中国记者》2004 年第 1 期。

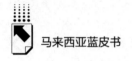

细分析。选择这三家媒体作为研究对象的原因是它们都属于主流媒体中发行量高、网站访问量排名靠前的报纸，有较长的创办历史和广泛的读者群体，在马来西亚社会中有一定的舆论影响力。

《大都会日报》属于新海峡时报集团，创刊于1991年，是马来西亚第一份下午日报，和《新海峡时报》《每日新闻》一同隶属于首要媒体集团（Media Prima）的新海峡时报出版社，内容包括政治、商业、体育、娱乐等，以小报形式吸引了大量读者，曾多次成为马来西亚发行量第一的马来语报纸。2004年创办门户网站，多次成为在线浏览量第一的新闻媒体网站。①

《星报》由华人政党创立，逐渐发展成马来西亚著名的英语报纸。《星报》自1971年开始发行，前身是《槟榔屿日报》，由马华公会创立，1976年从地方性日报升级为全国性日报。1987年《星报》因华人和马来人的族群冲突和批评时任总理马哈蒂尔引起了争议，被政府吊销执照5个月。② 这次风波过后，《星报》在马来西亚媒体界逐渐站稳脚跟。1995年星报集团在吉隆坡证券交易所上市，《星报》成为亚洲第三个推出网络版的报纸。21世纪初期进军数字媒体领域，推出门户网站。③ 《星报》以全面报道本地和国际新闻而闻名，重点关注商业、政治和生活方式。

《星洲日报》于1929年由著名华人企业家胡文豹和胡文虎（虎标万金油的创始人）创办，主要代表华人社群的声音，内容包括经济、政治、文化等，兼顾本地和国际新闻，是马来西亚发行时间最早的华文报纸，也是马来西亚阅读量最大的华文报纸之一。《星洲日报》在1942～1945年和1987年因政治原因遭遇停刊，1988年，沙捞越华人企业家张晓卿将其收购并复刊。1999年，《星洲日报》成为马来西亚第一个推出网络版的华文报纸。从

---

① Fairul Asmaini Mohd Pilus, "Harian Metro Leads the Way for Online News Portals," *New Straits Times*, February 5, 2018, https：//www.nst.com.my/news/nation/2018/02/332354/harian-metro-leads-way-online-news-portals.

② Barbara Crossette, "Malaysia Shuts Down 3 Papers," *The New York Times*, October 29, 1987, https：//www.nytimes.com/1987/10/29/world/malaysia-shuts-down-3-papers.html.

③ "Our History," Star Media Group, https：//www.starmediagroup.my/about-us/our-history/.

规模看，《星洲日报》是东南亚发行量最高的华文报纸，也是中国（包括港台）以外最大的华文日报。[①]

《大都会日报》《星洲日报》《星报》是马来西亚具有强大影响力的主流媒体，有广泛的读者群体，在互联网时代其门户网站的点击量也居高不下。分析这三家主流媒体基于三种语言对 RCEP 的报道，能帮助我们了解马来西亚不同群体对 RCEP 的需求和期望。RCEP 自 2022 年生效后获得了各方的关注，马来西亚主流媒体关于 RCEP 的报道十分丰富，普遍认为 RCEP 的签署将会促进区域内的贸易自由化和投资便利化，为马来西亚出口企业提供更大的市场空间。笔者统计，2022 年 1 月 1 日至 12 月 31 日，《大都会日报》关于 RCEP 的报道有 11 篇，《星报》有 82 篇，《星洲日报》有 26 篇，总计 119 篇。从报道数量来看，《星报》关于 RCEP 的报道数量最多，《星洲日报》的报道数量次之，《大都会日报》的报道数量最少（见图 1）。

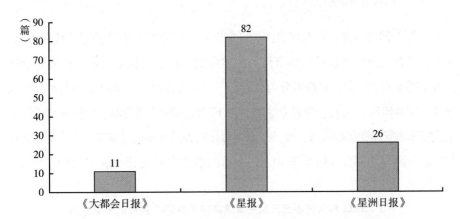

图 1　2022 年 1 月 1 日至 12 月 31 日马来西亚三家主流媒体
关于 RCEP 报道的数量

为了更深入地了解马来西亚主流媒体对 RCEP 的立场和看法，以为进一步了解马来西亚的政治、经济和社会状况提供有利的参考，为中国和马来西

① 《〈星洲日报〉：建立世界华人媒体网络》，Internet Archive，https：//web. archive. org/web/
20180129100617/ht tp：//www. sinchew. com. my/other/intro/。

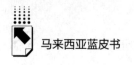

亚在 RCEP 框架下进行的经贸合作提出合理建议，需要对选取的 119 篇报道
进行媒体框架分析。

二 马来西亚主流媒体关于 RCEP 报道的比较

媒体框架理论最初来源于社会学和心理学，是一种结构性、原则性的认
知模式。新闻框架指的是传播主体（媒体工作者）对新闻事实和新闻文本
所持的认知模式，该模式在新闻文本中外显为特定的主题思想、显意手法和
话语特征。① 本报告以马来西亚《大都会日报》《星洲日报》《星报》对
RCEP 的相关报道为比较研究对象，以检索出来的三家媒体共 119 篇报道为分
析单位，以消息来源、稿件来源、报道主题和感情色彩为分析类目进行比较。

（一）消息来源

一篇新闻报道是否具有权威性和可靠性在一定程度上取决于它的消息来源，
消息提供者的身份及其对新闻事件的阐述角度，在一定程度上影响媒体对于新
闻事实的呈现。② 消息来源可分为政府部门、官方组织、民间组织、企业、其他
媒体、国际组织、公众、学者专家等。从不同媒体的消息来源占比和分布可以看
出该媒体对新闻素材的取舍，反映了新闻媒体对报道框架的特殊架构。《大都会日
报》《星报》《星洲日报》关于 RCEP 报道的消息来源统计如表 1 和图 2 所示。

表1　2022 年马来西亚三家主流媒体关于 RCEP 报道的消息来源

单位：篇

	《大都会日报》	《星报》	《星洲日报》
政府部门	10	57	10
民间组织	0	4	14
企业	1	7	1

---

① 肖伟：《新闻框架论：传播主体的架构与被架构》，中国人民大学出版社，2016，第 45 页。
② 胡亚茹：《框架视域下的新冠疫苗报道比较研究——以"人民日报"和"澎湃新闻"微信
公众号为例》，《传媒论坛》2023 年第 1 期。

	《大都会日报》	《星报》	《星洲日报》
其他媒体	0	0	1
国际组织	0	6	0
学者专家	0	8	0
总数	11	82	26

《大都会日报》

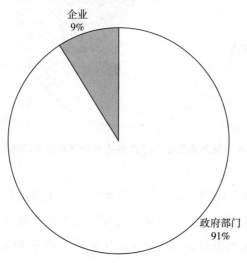

《星报》

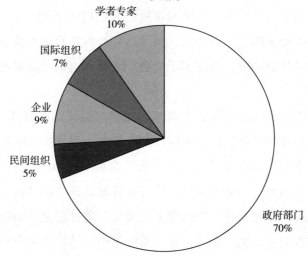

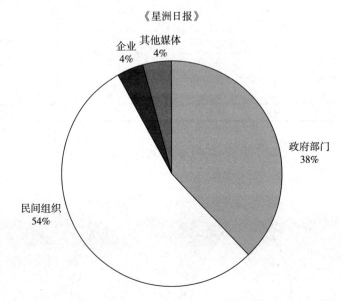

图2　2022年马来西亚三家主流媒体关于 RCEP 报道的消息来源占比

从表1和图2可以看出，《大都会日报》关于 RCEP 报道的消息来源比较单一，几乎全部来自马来西亚政府部门的声明和政府官员的言论，只有1篇报道的消息来源是企业负责人。《星报》关于 RCEP 报道的消息来源大多为政府部门，约占70%；其次是学者专家和企业，之后是国际组织；而来自民间组织的最少。《星洲日报》和前两者不同，其关于 RCEP报道的消息来源最多的是民间组织，大多是马来西亚的华人商会，超过一半比例；其次是政府部门，约占38%；各有1篇报道的消息来源是企业和其他媒体。

由于 RCEP 是不同国家政府之间缔结的框架协议，政府部门对 RCEP的解读具有权威性和可靠性，三家媒体都有很大一部分报道的消息来源是政府部门。马来西亚国际贸易和工业部长多次表示，RCEP 在经济快速增长和重新赋权方面取得了重大成就，其好处有贸易进一步自由化、消除非关税壁垒、促进贸易便利化、消除服务业壁垒、通过制定与知识产权保护相关的法规改善商业环境。而且，在东盟国家中，马来西亚有望成为该协定的最大受益者①，自 RCEP 签署以来，马来西亚取得了骄人的成绩。② 此外，RCEP 的重要意义是促进区域内的贸易活动，主要参与对象是各国企业，采访企业的负责人和员工能获得 RCEP 实行情况的一手新闻素材。马来西亚对外贸易发展公司（Matrade）的首席执行官穆斯塔法（Mustafa Abdul Aziz）表示，该公司正在扩大清真市场，尤其是在 RCEP 和 CPTPP 的地区，南非和日本等国家和地区对在马来西亚扩大业务表现出兴趣。③ 由于马来西亚华人在经贸领域十分活跃，尤其在和中国企业进行商贸合作时具有语言和文化相同的优势，《星洲日报》作为最大的华文报纸之一，将关于 RCEP 报道的重点放在华人商会上，关注商会领袖对 RCEP 的看法和建议。马来西亚中华总商会署理总会长吴逸平建议，以亚洲多元争议解决研究院的替代机制，解决 RCEP 成员国之间的商业纠纷。④

从以上三家媒体在关于 RCEP 报道的消息来源上的差异可以看出，政府部门是最主要的消息来源，占据了最大比重。其次是企业和民间组织，这些组织可能会提供具有专业性和实用性的信息，因此它们的消息也受到广泛关注。相比之下，学者专家和其他媒体的消息来源占比较小。此外，不同语言的媒体会根据其读者群体的需求和偏好选择消息来源。马来语媒体更多聚焦政府部门的消息，因为政府是主要权力机构，其政策决策对 RCEP 的实行影响力更大。而华语媒体则更关注华人商会的消息，因为华人在马来西亚的商业活动中占据着重要地位。相比之下，英语媒体的消息来源更加多样化，涉及政府部门、企业、民间组织和其他媒体等各方。总之，不同的媒体在选择消息来源上的差异反映了其读者的需求和偏好。

---

① "RCEP Berkuat Kuasa di Malaysia, Hari ini," *Harian Metro*, Mac 18, 2022, https：//www. hmetro. com. my/bisnes/2022/01/795137/rcep-berkuat-kuasa-hari-ini.

② "Malaysia Terus Jalin Hubungan dengan Negara RCEP," *Harian Metro*, Julai 27, 2022, https：//www. hmetro. com. my/bisnes/2022/07/865540/malaysia－terus－jalin－hubungan－dengan-negara-rcep.

③ "Matrade Deepens Focus on Halal Market in RCEP," *The Star*, September 17, 2022, https：//www. thestar. com. my/business/business-news/2022/09/17/matrade－deepens－on－halal－market-in-rcep.

④ 《吴逸平：国际商业纠纷料增 RCEP 成员须设解决机制》，〔马来西亚〕《星洲日报》2022年10月11日，https：//melakaelection. sinchew. com. my/20221011/。

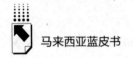

（二）稿件来源

新闻报道的稿件来源可分为记者采写、学者专家约稿、转载、自由撰稿人等。这三家媒体中，《星洲日报》的所有报道均由记者采写，稿件来源单一；《星报》的稿件来源最丰富，包括记者采写、转载、学者专家约稿和自由撰稿人，其中转载的数量最多，共有71篇，占报道总数的87%，记者采写、学者专家约稿、自由撰稿人的占比较少。《大都会日报》的记者采写和转载的报道比例相当，分别占55%和45%（见表2和图3）。

表2　2022年马来西亚三家主流媒体关于RCEP报道的稿件来源

单位：篇

	《大都会日报》	《星报》	《星洲日报》
记者采写	6	7	26
转载	5	71	0
学者专家约稿	0	3	0
自由撰稿人	0	1	0
总数	11	82	26

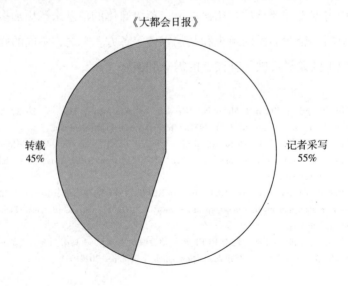

《大都会日报》

转载
45%

记者采写
55%

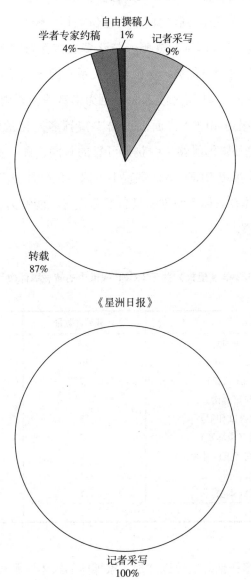

图3 2022年马来西亚三家主流媒体关于 RCEP 报道的稿件来源占比

通过对《星报》关于 RCEP 报道中的转载稿件数量和比例的分析发现，超过一半的转载稿件来自中国的官方媒体新华社和《中国日报》。此外，马来西亚的国家媒体马新社（Bernama）也占据了较大比例，而东南亚其他国家以及英国的媒体在整体转载比例中所占份额相对较小（见表3）。这一现象反映出《星报》具有国际化视野，与众多媒体保持着紧密的合作关系，在媒体资源方面具有明显优势。这种合作关系有助于《星报》获取更广泛、更多样化的新闻稿件，从而为读者提供更为丰富的新闻内容。值得注意的是，中国媒体在报道RCEP方面表现出丰富且多元化的特点。这使得像《星报》这样的境外媒体能够从中获得可靠的新闻，进一步丰富报道内容。总之，《星报》在报道RCEP方面展现出了国际化视野和广泛的媒体合作关系。这使得该媒体在媒体资源方面具备明显优势，能够为读者提供高质量、多样化的新闻报道。

表3　2022年《星报》关于RCEP报道中的转载稿件数量和比例

单位：篇，%

转载媒体	转载稿件数量	比例
新华社（中国）	39	54.9
《中国日报》（中国）	10	14.1
马新社（马来西亚）	7	9.9
《越南新闻》（越南）	5	7.1
《雅加达邮报》（印尼）	3	4.2
《金边邮报》（柬埔寨）	3	4.2
《菲律宾每日问询者报》（菲律宾）	2	2.8
路透社（英国）	1	1.4
《国民报》（泰国）	1	1.4
合计	71	100

稿件来源的多样性确实可以体现一家媒体的媒体资源和社会资源的丰富程度，通过对三家媒体关于RCEP报道的比较分析可以得出以下结论。《星报》在报道RCEP方面的稿件来源相当丰富。它大量转载了其他媒体的报道，邀请了学者专家和自由撰稿人撰写文章。这表明，《星报》拥有广泛的媒体合作关系和社会资源，这使其报道覆盖面更广，能够为读者提供来自不

同视角的新闻报道。然而，相对而言该媒体在采编人力资源方面稍显不足，仅有 9% 的报道是由该报记者采写的。相较之下，《星洲日报》在记者采写方面的表现较为出色。这反映出其采编团队人力资源相对充足，更专注于某一领域的新闻报道。这种特点与《星报》形成了鲜明的对比，表明《星洲日报》更注重内部采编团队的建设和作用发挥。而《大都会日报》作为一家马来语新闻媒体，在转载报道方面的媒体资源相对较为单一，转载报道全部来自马新社。这可能意味着《大都会日报》在转载上面临一定的语言和文化障碍，因此主要依赖与马新社的合作。

综上所述，《星报》《星洲日报》《大都会日报》在报道 RCEP 方面的稿件来源的多样性上各有特点。这些特点反映了其各自在媒体资源、社会资源和采编人力资源方面的优势与不足。

（三）报道主题

从选取的样本来看，这三家媒体关于 RCEP 报道的主题非常集中，以贸易和经济为主，具体是有关马来西亚在 RCEP 框架下和其他国家开展的区域内贸易及 RCEP 带来的经济增长和发展，其他主题还有政治和运输（见表4）。《大都会日报》和《星报》都只涉及三个主题，即贸易、经济和政治。《星报》的主题分布相对更均衡，贸易、经济和政治的占比分别为 45%、38% 和 17%；《大都会日报》以贸易和政治为主，分别占 48% 和 43%；《星洲日报》以经济和贸易为主，分别占 48% 和 44%（见图4）。《星洲日报》的报道中有一篇涉及运输，这是其他两家媒体没有涉及的主题，报道内容具体是马来西亚马中总商会霹雳分会会长黎永强指出州政府应该把霹雳打造成 RCEP 运输枢纽，将霹雳州粮食销售至各州，甚至出口到国外。① 政治主题在报道中一般是除了贸易和经济外的次要主题，例如《大都会日报》2022 年 3 月 8 日的报道《重开国门为国家经济带来正面影响》，主要内容是 RCEP 将为国家经济带来正面影响，政府为了重开国门

---

① 《黎永强：发挥地大物博效应，应打造怡成 RCEP 运输枢纽》，〔马来西亚〕《星洲日报》2022 年 7 月 17 日，https://www.sinchew.com.my/20220717/。

调整了相关政策。马来西亚国际贸易和工业部长阿兹敏·阿里（Azmin Ali）表示，新的标准操作程序（SOP）将方便国际投资者进出马来西亚以进行投资，RCEP 为 23 亿人打开了市场空间，这将使包括中小企业在内的马来西亚本地参与者有机会提高生产力，满足整体需求。①

表4　2022 年马来西亚三家主流媒体关于 RCEP 报道的报道主题

单位：篇

	《大都会日报》	《星报》	《星洲日报》
贸易	11	61	22
经济	10	52	24
政治	2	23	3
运输	0	0	1
总数	23	136	50

注：部分报道在同一篇内涉及多个主题，因此合计数量多于报道总篇数。

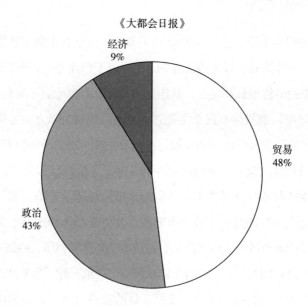

《大都会日报》

① Sri Ayu Kartika Amri, "Pembukaan Sempadan Beri Impak Positif untuk Ekonomi Negara," *Harian Metro*, Mac 8, 2022, https：//www. hmetro. com. my/bisnes/2022/03/818682/pembukaan - sempadan-beri-impak-positif-untuk-ekonomi-negara.

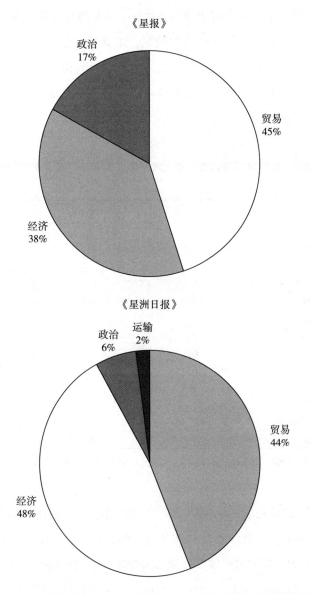

图 4 2022 年马来西亚三家主流媒体关于 RCEP 报道的报道主题占比

除了本国马来西亚外，关于 RCEP 的报道还涉及其他国家，大多是签署国，也有非 RCEP 范围内的美国。从报道内容的国际化程度看，《星报》的国际化视野最为广阔，涉及的其他国家有中国、美国、日本、韩国、新西兰, 以及泰国、越南、柬埔寨等东盟国家。《大都会日报》最关注马来西亚本国, 有64%的报道只关注国内的情况, 未涉及其他国家。《星洲日报》作为华文报纸表现出对华人和中国的格外关注, 对其他国家的报道极少, 比较多的报道内容是华人商界领袖对 RCEP 的观点, 以及华人商会和中国合作的具体领域 (见表5)。

表5 2022 年马来西亚三家主流媒体关于 RCEP 报道涉及的国家

单位: 篇

	《大都会日报》	《星报》	《星洲日报》
中国	2	36	16
美国	1	3	1
日本	1	3	0
韩国	0	2	1
泰国	0	3	0
越南	0	9	0
柬埔寨	0	28	0
菲律宾	0	7	0
印度尼西亚	0	5	0
文莱	0	2	0
新西兰	0	1	0
不涉及其他国家	7	4	8
总数	11	103	26

注: 部分报道在同一篇内涉及多个国家, 因此合计数量多于报道总篇数。

总而言之, 这三家主流媒体关于 RCEP 的报道主题比较集中, 主要都与贸易和经济相关, 少数涉及政治和其他方面, 这也和 RCEP 本身的性质相吻合。《星报》的国际视野最宽广, 除本国外涉及 11 个国家;《星洲日报》作为华文日报对中国格外关注;《大都会日报》的大多数报道只关注国内的情况。

(四) 感情色彩

新闻报道的感情色彩可以是中性的、客观的, 也可以是积极的或消极的。中性的报道通常是指报道的语言、用词、句子结构等都力求客观, 不带有太

多的感情色彩，只是简单、清晰地陈述事实。而带有感情色彩的报道，则是
在中性报道的基础上，加入了作者对事情的态度、情感、评论等。总体而言，
三家媒体关于 RCEP 报道的感情色彩有正面和中立两种，没有负面感情色彩的
报道，而且正面报道远多于中立报道。《星洲日报》的正面报道占比最大，为
96%；《大都会日报》和《星报》的正面报道分别占 82% 和 80%（见图 5）。

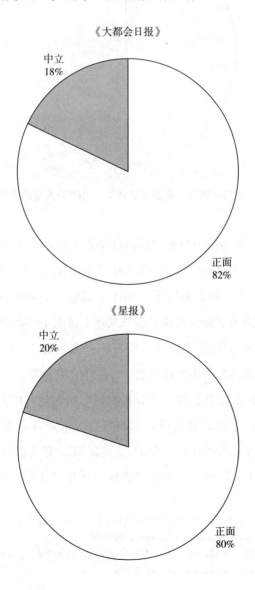

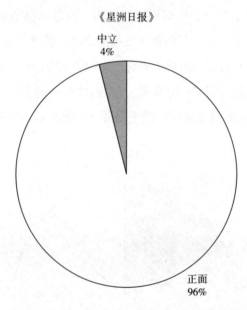

图 5　2022 年马来西亚三家主流媒体关于 RCEP 报道的感情色彩占比

《星洲日报》的报道中最典型的内容是华人商会在 RCEP 框架下和中国进行的具体商贸合作活动，高频用词有"支持 RCEP""加强经贸合作""加强战略合作""互利共赢"等。马中总商会会长卢国祥表示，RCEP 有利于促进马中两国经贸合作关系，为马来西亚带来更多经济效益。特别是马中双边贸易，内有北马经济特区，外有"一带一路"倡议，两国在经贸、教育、技术等方面将有更多交流机会。[①] 吉打中华总商会会长洪锡倡提醒会员商家必须提前做好准备，搭上 RCEP 的列车向前进。RCEP 能为企业带来巨大改变和商机，它会促进会员商家提升自己的产品质量，进行数字化转型，其只有这样才能保持市场竞争力。[②]《星报》有大量转载自其他媒体的新闻报道，偏重事实陈述的中立报道相较于《星洲日报》数量更多。《大都

---

① 《卢国祥：带来更多商机，RCEP 有利马中经贸合作》，〔马来西亚〕《星洲日报》2022 年 7 月 17 日，https：//eastcoast. sinchew. com. my/20220717/。
② 《吉中总吁商家做好准备，搭上 RCEP 列车向前进》，〔马来西亚〕《星洲日报》2022 年 4 月 28 日，https：//northern. sinchew. com. my/20220428/。

会日报》更多报道的是政府部门和官员对 RCEP 提出的畅想，例如国际贸易和工业部长阿兹敏·阿里表示，自签署 RCEP 起，到 2022 年年中，马来西亚持续取得令人鼓舞的贸易表现，6 月的进出口贸易额创下当年新高，贸易额同比增长 43.4% 至 2703.9 亿林吉特。①

综上，RCEP 在马来西亚得到了广泛的关注和支持，马来西亚媒体关于 RCEP 的报道以正面积极的报道居多，呼吁政府和社会各界更积极地参与和支持这一协定的实施。实施 RCEP 后，相关贸易的数据都有很大的提升，表明马来西亚从中获得了可观的经济利益。

总之，无论从消息来源、稿件来源、报道主题还是感情色彩来看，《大都会日报》《星报》《星洲日报》关于 RCEP 的报道都表现出了不同程度的差异。首先，这三家媒体的消息来源不尽相同，体现了它们报道的不同角度和深度。其次，稿件来源的差异说明三家媒体在信息获取、处理和呈现方面存在一定的区别。最后，这些媒体在报道主题方面以及在感情色彩的表达上都有各自的风格和特点。因此，对于读者来说，了解不同媒体对同一事件的报道差异，可以更全面、更客观地了解事件的各个方面，做出更准确的判断和评估。

三　RCEP 媒体报道产生差异的原因及启示

从对三家媒体关于 RCEP 报道的媒体框架分析来看，产生差异的主要原因如下。第一，不同语言的媒体对应不同的读者群体，马来人和华人对 RCEP 的关注重点不同；第二，媒体的本土化和国际化的报道倾向不同，英语媒体更注重国际化视角和内容；第三，媒体的专业性和公信力倾向不同，这决定了媒体的消息来源和稿件来源的差异。

---

① "Malaysia Terus Jalin Hubungan dengan Negara RCEP," *Harian Metro*, Julai 27, 2022, https：//www.hmetro.com.my/bisnes/2022/07/865540/malaysia－terus－jalin－hubungan－den gan－negara－rcep.

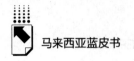

（一）不同族群的读者群体对报道的关注重点不同

马来西亚是一个多族群、多语言的国家，主要族群有马来人、华人、印度裔和其他少数民族，使用的语言包括马来语、华语、英语、泰米尔语等。这种多元语言和文化的背景在新闻报道中也会反映出来，马来语、英语和华语的媒体各自的主要读者群体也各不相同，这也导致了它们在对同一事件进行报道时，在消息来源、稿件来源和报道主题上出现明显的差异。

马来语是马来西亚的国语和官方语言，在日常生活中习惯使用马来语的多为马来人。马来人在马来西亚具有优势地位，尤其是在政治领域。马来人官员在政坛上占有主要地位，历任领导人都是马来人。因此，马来人更关注政治方面的新闻，马来语媒体在报道 RCEP 时，也会更多关注政治领域。相较之下，英语和华语媒体在报道 RCEP 时涉及政治较少。

英语是马来西亚的第二语言，也是该国通用语言。由于历史上遭受英国殖民统治，自马来西亚独立起英语在国内的使用就十分普遍。许多马来西亚人都会使用英语，特别是在商业和教育领域。因此，英语媒体更喜欢报道与经济和商业相关的新闻。此外，英语是全球最通用的语言之一，英语媒体的读者群体通常更加多元化，包括大量海外读者，因此英语媒体关于 RCEP 的报道显示出更加国际化的特征，涉及其他国家的报道占比最大，涉及的其他国家数量也最多。

华语是马来西亚的第三大语言，也是华人社区中广泛使用的语言。华人在马来西亚的经济地位较高，很多华人从事对华商贸业务，因此马来西亚华语媒体会聚焦马来西亚和中国的经贸合作关系，报道的消息来源也大多是华人商会。

总之，在关于 RCEP 的报道方面，马来语、英语和华语媒体在消息来源、稿件来源和报道主题上都存在明显的差异，这与它们所服务的读者群体有关。在马来西亚这样的多元文化和语言社会中，不同的媒体会根据它们的受众特点来选择适合的报道角度和内容。

（二）媒体的本土化报道倾向和国际化报道倾向

马来西亚不同语言媒体的本土化和国际化的倾向不同，具体而言，马来语和华语的媒体更加本土化，而英语媒体则更加国际化，这也体现在它们对 RCEP 的报道中。马来语和华语的媒体会对 RCEP 对本地的商贸、经济、政治的影响进行深入报道，而英语媒体倾向于通过放眼全球观察 RCEP 的实行。

马来语和华语的媒体更偏本土化，因为它们的读者主要集中在马来西亚本土，而且它们通常更了解和关注本地的政治、经济和文化环境，会派记者去采写新闻。因此，在报道 RCEP 时，马来语和华语的媒体通常会更加强调马来西亚在其中的角色和地位，以及它对马来西亚本土经济和民生的影响。相比之下，英语媒体更加国际化，因为其读者不仅来自马来西亚，还来自其他国家和地区。因此，《星报》在报道 RCEP 时大量转载了其他国家的媒体新闻，更多地关注 RCEP 对除马来西亚以外的成员国的影响，以及各个成员国在其中的角色和地位。此外，英语媒体还会更多地引用来自学者专家和自由媒体人的文章，以便为读者提供更广泛的视角和深度分析。

在马来西亚的媒体环境中，不同语言的媒体在报道 RCEP 时呈现本土化和国际化两种倾向，这也反映了它们所服务的读者群体及其定位的特点。因此，了解这些不同语言媒体的报道特点和风格，可以帮助我们更全面地了解马来西亚社会对 RCEP 的态度及其对马来西亚的影响。

（三）媒体的专业性报道倾向和公信力报道倾向

在马来西亚，马来语、英语、华语媒体在专业性和公信力方面确实有一些不同的倾向。马来语媒体和华语媒体倾向公信力报道，而英语媒体倾向专业性报道。从关于 RCEP 的报道来看，《大都会日报》的消息来源更多是政府部门和当地企业，稿件来源只有记者采写和转载马新社，这说明其报道更加倾向于本国政府和企业，会对政府的政策和行为给予更多的支持。像《星洲日报》这类华语媒体在报道新闻时，往往更加注重真实性和准确性，关于 RCEP 的报道都是记者采写的，相对而言新闻材料的来源更加独立。由

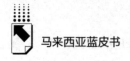

于其读者群体主要是华人，在报道内容和视角上可能更加倾向于关注华人社群的利益和关切。

英语媒体在专业性方面的表现比其他语言的媒体更为突出。在关于RCEP的报道中，《星报》显然具有较高的专业水准，涵盖了具有专业背景的学者专家和自由媒体人的约稿，提供了关于RCEP的复杂性和挑战性的信息。此外，《星报》较其他两家媒体而言发表的报道明显更多，其中也转载了很多其他媒体的报道，这可能会使得其报道受其他媒体的倾向性影响。因此，英语媒体虽然更多表现出专业性的倾向，但仍需要对其他媒体的影响保持一定的警惕，以确保其报道的公正性和客观性。

不同语言媒体报道的专业性和公信力倾向在对RCEP的报道中有所体现，具体表现是马来语媒体和华语媒体偏重公信力，大多数报道都是记者采写的，马来语媒体更关注当地政府和企业，华语媒体更聚焦华人社群的利益；英语媒体提供了更多专业性信息，同时也转载了很多其他媒体的新闻报道，在公信力方面稍显不足。

（四）马来西亚主流媒体RCEP报道对国际传播的启示

从上述内容可以看出，马来西亚马华英三语的主流媒体虽然在消息来源、稿件来源、报道主题上有一定的差异，但整体上都对RCEP持乐观积极态度，没有出现负面报道。RCEP的生效有助于降低经营成本，构建本区域内的供应链和价值链。中马两国的经贸合作长期以来实现了稳定的增长，在搭上RCEP这趟列车后，中马应当充分利用两国在贸易、投资、旅游等方面的优势，促进经济合作进一步发展。

在促进中马两国在RCEP框架下的经贸合作方面，国际传播是很重要的一环。在国际传播方面，需要加强对RCEP的信息传播。鉴于马来西亚的英语媒体会大量转载中国官媒的报道，中国可以加强和英语媒体的联系，对两国经贸合作多做正面传播。目前，马来语和华语媒体对中国媒体的引用和转载还十分有限，中国媒体可以尝试和它们建立合作关系，向更多读者群体传达中马合作的好处。

在扩大国际传播的同时，也要注意中国和马来西亚的文化背景差异。马来西亚不同语言的主流媒体有来自不同族群的读者群体，因此在传播中应该考虑到不同族群的文化背景和语言习惯，尽可能做到有针对性和适度地调整传播方式和内容，以确保信息的准确性和有效性。在此基础上，可以进一步加强中国与马来西亚的文化交流与合作，共同推动两国文化的发展和繁荣，这也能够在更广泛的层面促进地区和平与稳定的发展。

综上所述，中国需要在与马来西亚在 RCEP 框架下合作时，注意不同族群的文化背景和语言的差异，关注当地政府、企业和民众的需求和优势，加强信息传播，建立互信机制，以及增强合作的可持续性。在国际传播方面，要注重和不同语言的媒体加强联系和合作，传递多样化和具有可信度的信息，同时也需要注重传达合作的可持续性和长远性。

结　语

RCEP 作为一个涉及多国的自由贸易协定，其成功与否取决于各参与国是否协调和合作。马来西亚作为东盟的重要国家之一，与中国一直保持着密切的联系和良好的关系。两国有望在 RCEP 下进一步拓展经贸合作的范围，这不仅符合两国的共同利益，也能为亚太地区和全球经济的繁荣和发展做出贡献。在此背景下，马来西亚主流媒体发挥的舆论作用愈发重要，合适的宣传能促进双方的理解和互信，扫清经贸合作中的障碍。

不同语言的主流媒体代表了不同读者群体的利益，其本土化和国际化倾向不同，公信力和专业性倾向也不同。其关于 RCEP 的报道在消息来源、稿件来源和报道主题上都存在一些差异，但感情色彩比较一致，都是正面报道居多。通过分析不同语言的主流媒体关于 RCEP 报道的媒体框架，可以获得更多样化、更可信的信息，有助于加强中国媒体和马来西亚不同语言媒体之间的联系和合作，尤其是马来语和华语媒体。同时，中国在和马来西亚合作时，应注重与当地政府、企业和民众等多方的沟通与协作，加强信息传播，建立互信机制，从而推动两国在 RCEP 框架下的合作与发展。

附　录　马来西亚大事记
（2022年1~12月）

廖博闻 *

1月21日　马来西亚完成《区域全面经济伙伴关系协定》（RCEP）核准程序。

3月18日　RCEP对马来西亚正式生效。

3月28日　第17届马来西亚亚洲防务展在吉隆坡开幕。

4月1日　马来西亚正式重开国家边境，结束了自2020年新冠疫情开始以来实施的边境封锁限制。

5月17日　"汉语桥"俱乐部（吉隆坡）在马来西亚成立。

5月29日　马来西亚举办"端午文化艺术节"以弘扬中华传统文化。国际郑和文史馆在马来西亚建成。

6月1日　马来西亚活鸡出口禁令生效，以缓解鸡肉价格上涨和鸡肉供应短缺情况。

6月4日　中国国务委员兼外长王毅同马来西亚外长赛夫丁通电话。

7月12日　马来西亚最高元首阿卜杜拉在吉隆坡会见应邀访马的中国国务委员兼外长王毅。

7月12日　中国国务委员兼外长王毅在吉隆坡同马来西亚外长赛夫丁举行会谈。

8月23日　马来西亚联邦法院终审维持对前总理纳吉布贪腐案的判决。

---

* 廖博闻，新加坡国立大学马来研究系博士研究生，主要研究方向为马来宗教与社会。

8月31日　马来西亚庆祝独立65周年。

9月8日　马来西亚国家形象馆在昆明开馆。

9月15日　中国电影节在马来西亚吉隆坡开幕。

10月10日　马来西亚总理伊斯迈尔发表电视讲话，称最高元首阿卜杜拉已同意他的请求，批准解散国会，准备举行新一届大选。

10月11日　马来西亚前总理马哈蒂尔宣布参加马来西亚第十五届全国大选。

11月20日　马来西亚选举委员会表示第十五届大选中无单一政党或政党联盟赢得国会下议院简单多数席位。

11月24日　马来西亚新总理安瓦尔在吉隆坡国家皇宫宣誓就职。

11月25日　国务院总理李克强致电安瓦尔·易卜拉欣，祝贺他就任马来西亚总理。

12月3日　马来西亚新内阁宣誓就职。

12月14日　中国国务委员兼外长王毅同马来西亚外长赞比里视频会晤。

Abstract

In 2022, Malaysia's regime changed again. Anwar Ibrahim, a former Deputy Prime Minister and the Chairman of the People's Justice Party (PKR), was appointed Prime Minister by the King after winning a majority support in the lower house of Parliament. Under the leadership of Anwar, Malaysia has become increasingly stable. National reform and development agendas have been pushed forward. Anwar's taking office has also ended the fierce competition between the ruling and opposition parties since March 2020.

With the general election of Malaysia as the core, this year's report systematically analyzed the new changes and features in political, economic, diplomatic, security, socio-cultural fields of Malaysia, by focusing on such topics as the 15th national election, climate change and national security, the Regional Comprehensive Economic Partnership (RCEP), and Malay as the second official language of ASEAN.

The report found that in the political field, after the 15th national election, Alliance of Hope (PH), National Front (BN) and National Alliance (PN) dominated in Malaysia political arena. East Malaysia's status in political life was significantly improved, and the King played a more prominent role in politics.

In economic front, due to the optimization and adjustment of COVID-19 prevention and control measures, resilient growth of exports (especially commodity exports), recovery of tourism activities, and sustained macro-policy support from the government, Malaysia's economy grew by 8.7% in 2022, which is one of the fastest growth rates in the world.

In diplomacy, Malaysia strived to maintain the balance of powers policy. While seeking to join the US-led "Indo-Pacific Economic Framework", it explicitly opposed the trilateral Security Partnership between the UK, the US and Australia (AUKUS), refused to isolate Russia, and neglected to express support for the concept of a "free and open Indo-Pacific" advocated by Japan. However, it actively promoted relations with China and strengthened cooperation with ASEAN and the Islamic world.

In the cultural field, with the stable political situation, the improving economic recovery and the progress of balanced diplomacy, Malaysia put forward the goal and specific plan to make Malay the second official language of ASEAN, showing the determination and efforts of the government to consolidate the influence of Malay at home and abroad.

In the field of security, climate change emerged as a major non-traditional security threat in 2022. Flood disasters posed great harm to people's personal safety, food, energy and social stability. The government has actively responded to climate change by introducing a number of climate policies and issuing the National Energy Policy, which defined the goals of climate governance and provided broad space for China–Malaysia cooperation on climate governance.

Keywords: Malaysia; General Election; Anwar; Balance of Power; National Energy Policy

Contents

I General Report

Abstract: In 2022, the general situation in Malaysia has increasingly been improved. Politically speaking, with the appointment of former Deputy Prime Minister Anwar Ibrahim as the new Prime Minister, the political situation has been gradually stabilized, bringing new impetus to the development of the country. Economically, the improvement of the internal and external environment made Malaysian economy a positive momentum of recovery, with GDP growth exceeding 8% for the whole year. On the diplomatic front, Malaysia has not only deepened its cooperation with the United States, Japan, European Union, Australia and China, but also expanded the relations with the Islamic world, for expanding its diplomatic space. In the security field, in the face of the sudden Russian-Ukraine conflict, Malaysia government successfully evacuated its nationals from Ukraine, effectively safeguarding the interests of the overseas citizens. At the same time, the government worked hard to cope with the floods to ensure a smooth election to be held.

Keywords: Malaysia; Anwar; General Election; Economic Recovery; China-Malaysia Relations

II Topical Reports

B.2 Malaysian Political Situation in 2022

Chen Rongxuan ╱ 019

Abstract: In 2022, the political landscape in Malaysia underwent significant changes. The state election in Johor at the beginning of the year and the general election at the end yielded contrasting results, illustrating the complexity of the political scene. Additionally, the "1MDB" case involving former Prime Minister Najib Razak became the focal point of the year, profoundly influencing the political culture and structure. Concurrently, new leadership figures emerged in Malaysia's political arena, reflecting a trend of intergenerational political transition. Although political turbulence continues, Malaysian politics seems to be maturing, with various political factions seeking collaboration and compromise.

Keywords: Malaysian Politics; Elections; "1MDB" Case; Intergenerational Political Transition

B.3 Malaysian Economic Situation in 2022

Kong Tao, Gao Keyan ╱ 037

Abstract: In 2022, Malaysia's economy grew at a faster rate of 8.7% driven by domestic demand, with private sector spending as the main driver, and propelled by a significant improvement in public and private investment. Economic activity continued to normalize in the first quarter as domestic restrictions eased and the economy grew by 3.9% QoQ; the second quarter achieved 3.5% QoQ growth with growth particularly strong in April and May on the back of a steady recovery in the state of the labour market and continued policy support; in the third quarter, 1.9% QoQ growth was recorded, largely benefitted from improved labour market

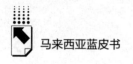
and income conditions, together with a recovery in inbound tourism, policy support, and most importantly, continued expansion in domestic demand; the fourth quarter showed more moderate growth, declining by 2. 6% QoQ. Overall, positive growth was recorded in all sectors of the economy, particularly in the services and manufacturing sectors, which registered 8. 1% and 10. 9% respectively. Trade showed resilience in 2022, with trade, exports and imports and trade surpluses all performing well, with exports reaching RM155, 1736 million (up 6%), imports reaching RM129, 6636 million (up 12%) and a trade surplus of RM255, 100 million. Exports from the manufacturing, agriculture and mining sectors recorded double-digit growth, while imports of semi-finished products, including primary fuels and lubricants, accounted for 54. 4% of total imports. 2646 billion Ringgit of investment was approved for Malaysia in 2022, mainly in the services and manufacturing sectors. On the balance of payments front, Malaysia continued to record a current account surplus (RM47. 2 billion), representing 2. 6% of GDP. External debt risks were well controlled and labour market conditions improved steadily. As one of the most digitally advanced countries in Southeast Asia, Malaysia is growing rapidly and digital economy becomes the focus of a government-led push. 2023 is expected to be challenging and uncertain given global economic environment, and Malaysia's economic growth is expected to be around 4. 0%.

Keywords: Malaysia; Macro-Economic Situation; Public Policies

B . 4   Malaysian Diplomatic Situation in 2022

Lam Choong Wah / 066

Abstract: In 2022, then-Prime Minister Ismail Sabri Yaakob pursued a policy of balanced engagement in dealing with major powers. Malaysia actively sought to join the US-led Indo-Pacific Economic Framework to gain trade advantages, refrained from condemning or isolating Russia in the Russo-Ukrainian war, showed reluctance in explicitly supporting Japan's Free and Open Indo-

Pacific initiative, and experienced a gradual improvement in its relationship with China. Following the national election held in November, the new Prime Minister, Anwar Ibrahim, made his first visit to China and advocated for the joint establishment of the Asian Monetary Fund to reduce dependence on the US dollar. Malaysia strengthened its diplomatic exchanges with ASEAN and the Islamic world, while maintaining opposition to the trilateral security partnership known as AUKUS, formed by the UK, the US, and Australia.

Keywords: Ismail Sabri; Anwar, China-Malaysia Relations; Malaysia-U. S. Relations; AUKUS

Ⅲ Special Reports

B.5 The 15th General Election and the Transformation and

Reconstruction of Malaysian Political System

Liu Yong, *Fan Binsha* / 086

Abstract: After the Sheraton Move in 2020, the political system of Malaysia entered a transition period. While the national politics was in turmoil, the political development of Eastern Malaysia and Western Malaysia showed different characteristics respectively. After the 15th General election, the unity government came into being through the cooperation between political parties and coalitions after the election results were released, marking the formal transition of Malaysia's political system to the period of patchwork politics. The patchwork political system presents new characteristics: the political influence of the monarch gradually increases, the establishment of the regime develops from party cooperation to party alliance cooperation, the predictability of the election and the representation of the voters gradually decreases, and the balance of power reflects the characteristics of pork-sharing politics. The formation of patchwork politics is the result of the fragmentation of political parties in Malaysia accompanied by a high degree of social fragmentation, and also the result of the transformation of the power system after the introduction

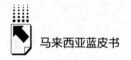

of the new political system represented by the Anti-Party Hopping Law. After the formation of patchwork politics, Malaysia's political power system has evolved from a four-tier power system to a new three-tier power system. Compared with the political chaos of the previous two years, the new power system will tend to political stability.

Keywords: Malaysia; Political System; Transformation and Reconstruction; Power System; Anti-Party Hopping Law

B.6 The Election of the Main Chinese Political Parties in the Peninsular of Malaysia's 15th General Election

Zhong Darong, Liu Jinyu / 107

Abstract: On November 19, 2022, Malaysia's 15th general election kicked off. The result of the general election was unprecedented since the founding of Malaysia. More than 140 members of parliament, including PH United Nations Front (BN), Sarawak Alliance of Political Parties (GPS), GRS and Parti Samaj, formed a unity government under the order of the Head of State. In the general election, the main Chinese political parties are part of different coalitions - Democratic Action Party (PH), Malaysian Chinese Association (Barisan Nasional) and Gerakan (Perikatan Nasional), playing different roles. This report is expected to analyze three parts: the political and economic situation before the 15th general election, the campaign data of the three major party alliances and the Peninsula main Chinese political parties in the general election, and the party politics and the development trend of the Peninsula Chinese political parties after the general election, trying to analyze the role played by the main Peninsula Huaji political parties in the 15th general election and predict their future development trends.

Keywords: Malaysia; 15th General Election; Chinese Political Party; Unity Government

276

B.7 The Use of New Media in the 15th General Election

of Malaysia

Su Lin, *Zhai Kun* / 124

Abstract: In the 14th general election in 2018, new media platforms represented by Facebook and Twitter have become "digital constituencies" and become the main battlefield for major political parties to compete. This new change is also seen as the key to the downfall of the old ruling coalition, the Barisan Nasional. Four years later, the above-mentioned social media, which used to be active strongholds of young people, are showing aging users. Therefore, in the 15th general election, the newly emerging social media TikTok has become a new "digital constituency" for politicians from all walks of life to gain youth vote, and the above-mentioned new media platforms have also had a significant effect on the results of the general election. This report sorts out the use of new media platforms represented by TikTok during the fifteenth general election, and analyzes their roles in the general election, as well as their impact and hidden dangers. While new media platforms supplement traditional media, stimulate voters' political participation, and help predict the preferences of first-time voters, they also have loopholes in algorithm mechanisms and affect the electoral ecology. The author believes that this research is helpful to look forward to the direction of political propaganda in Malaysia during the democratic transition period.

Keywords: Malaysia; New Media; 15th General Election; TikTok

B.8 A Study on the Spreading Capacity and Image Building

of Pakatan Harapan on Twitter

—A Case on the 15th General Election of Malaysia

Zhang Jingling / 143

Abstract: In November 2022, the political party coalition Pakatan Harapan

277

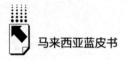
won more parliament seats in Malaysia's 15th national election, and the coalition leader, Anwar Ibrahim was appointed as the 10th Prime Minister. It becomes a fact that social media played an important role in the election. For example, in contrast to other main party alliances, the Pakatan Harapan had more supporters on twitter, and the influence of Anwar's twitter account is much greater than other party leaders. Although we cannot say that the role of twitter determines the result of the general election, it has become an important issue for political parties today to make use of social media for better governance.

Keywords: Malaysia; General Election; Pakatan Harapan; Anwar; Twitter

B.9   An Analysis of Political Literacy and Emotions of Young

Voters in the 15th General Election of Malaysia

Ge Hongliang, *Shi Yukun* / 164

Abstract: According to the constitutional amendment passed by Malaysia in 2019, young people who have reached the age of 18 can automatically become voters. As a result, the group of young voters has increased significantly in the 15th general election in Malaysia. This constitutes one of the most prominent features of the 15th general election in Malaysia, and the group of young voters is even portrayed as "kingmaker", believing that the participation of young voters will have a profound impact on the general election. However, after analyzing the political participation and social media information of young voters in the 15th general election in Malaysia, the report found that young voters have problems such as low political knowledge and low political maturity. The political literacy and emotional problems of young voters greatly reduce the effect of the 2019 constitutional amendment. Moreover, it has brought a subtle influence to the political development of Malaysia that cannot be ignored.

Keywords: Malaysia; General Election; Young Voters; Political Literacy; Political Emotion

Contents

B. 10 The Political Participation of New Generation of Women

in Malaysia

—Case Study of Nurul Izzah Anwar and Young Syefura

Othman in the 15th General Election of Malaysia

Pan Yue, Yang Fan / 182

Abstract: Malaysia has witnessed many outstanding female politicians since independence in 1957. They are close to people, pay attention to vulnerable groups, and offer valuable suggestions for the development of the country and society. However, compared with the large number of male politicians, female politicians are still being marginalized in the political arena. In the process of political participation, young Malaysian women inevitably face challenges from all levels of society. Among the young female politicians in Malaysia, the candidates for the 15th general election, Nurul Izzah Anwar and Young Syefura Othman, are relatively representative and typical. By analyzing their performance in the 15th general election, we will further explore the main challenges and development prospects faced by the new generation of women in political participation in Malaysia, which will help to understand the development of democracy in Malaysia.

Keywords: Malaysia; Woman's Political Participation; PRU15; Party Politics

B. 11 Malaysia Enacted "Anti-Hopping Party Law" in 2022

and Its Affects

Song Qingrun, Chu Jun and Guan Hanru / 200

Abstract: The "frog politics" has become a lingering gloom in Malaysian politics in recent years, and a number of political turmoils caused by MPs' party-hopping have caused serious damage to the country's political stability. In October 2022, Malaysia enacted the Federal Constitution (Amendment) (No. 3) Act 2022 (the "Anti-Hopping Party Law") through a constitutional amendment.

279

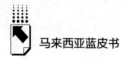
This "Anti-Hopping Party Law" restricts the "hopping" of MPs', which is a powerful measure to restrain "frog politics" and will have a significant impact on the country's political and social development. However, there are still some imperfections in this law, and its implementation is difficult, so the long-term effect remains to be seen.

Keywords: Malaysia; Anti-Hopping Party Law; Frog Politics

B.12　Enhancing National Influence with Language

　　—Malaysia's Efforts and Challenges in Promoting Malay

　　as the Second Official Language of ASEAN

Gao Keyan, *Su Yingying* / 213

Abstract: Malaysia is a typical country with multi-ethnic cultural characteristics, and Malay is its national language and official language. For a long time, the government has attached great importance to the planning of the national language policy to establish and consolidate the status of the Malay language in the country and to enhance its influence regionally and internationally. In 2022, Prime Minister of Malaysia, Ismail Sabri put forward the goal and specific plan to develop Malay into the second official language of ASEAN. Reaction has been mixed at home and abroad. Although the government has introduced many supporting policies to promote the "going global" of the Malay language, Ismail's proposal still faces multiple challenges and pressures both at home and abroad. With the new Prime Minister Anwar taking over from Ismail, it remains to be seen whether the language policy will continue.

Keywords: Malaysia; Malay; ASEAN; Language Policy

Abstract: As the world's most vulnerable country to climate change, Malaysia's sensitivity and vulnerability to climate change have been on the rise since the late 1990s. In particular, the floods in southern Malaysia in 2021–2022 has not only posed a threat to the safety of local residents, but will also had a significant negative impact on food cultivation, energy delivery and social stability in Malaysia. The launch of the National Energy Policy 2022 is a symbol of Malaysia's climate governance goals in this new phase, and furthermore provides a broad scope for cooperation between Malaysia and China on climate governance.

Keywords: Malaysia; Floods; Climate Change; National Security

Abstract: This report examines the news reports on RCEP in Malaysia by selecting the Malay, Chinese and English mainstream media in 2022. The differences in news reports are analyzed from the perspective of media frames, including news source, manuscript source, theme and emotional color. Malay-language media reports are more focused on government departments and local enterprises, and pay close attention to the domestic situation and the credibility of its news reports. Chinese-language media tends to focus on Chinese chambers of commerce and international news related to China. English-language media does not only serve domestic readers but also has a wider audience with an international perspective and collaborates the most with foreign media. Based on these characteristics, it is

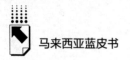

recommended that when Chinese and Malaysian enterprises cooperate under the RCEP framework, they should prioritize communication and cooperation with the local government, enterprises, chambers of commerce, and the public. In addition, the Chinese media should strengthen external communication, establish cooperation with Malaysian mainstream media in different languages, and publicize the benefits of RCEP while sharing the results and experiences of RCEP implementation in Malaysia.

Keywords: RCEP; Malaysia; Mainstream Media; Media Frame

社会科学文献出版社

皮 书

智库成果出版与传播平台

❈ 皮书定义 ❈

皮书是对中国与世界发展状况和热点问题进行年度监测，以专业的角度、专家的视野和实证研究方法，针对某一领域或区域现状与发展态势展开分析和预测，具备前沿性、原创性、实证性、连续性、时效性等特点的公开出版物，由一系列权威研究报告组成。

❈ 皮书作者 ❈

皮书系列报告作者以国内外一流研究机构、知名高校等重点智库的研究人员为主，多为相关领域一流专家学者，他们的观点代表了当下学界对中国与世界的现实和未来最高水平的解读与分析。截至 2022 年底，皮书研创机构逾千家，报告作者累计超过 10 万人。

❈ 皮书荣誉 ❈

皮书作为中国社会科学院基础理论研究与应用对策研究融合发展的代表性成果，不仅是哲学社会科学工作者服务中国特色社会主义现代化建设的重要成果，更是助力中国特色新型智库建设、构建中国特色哲学社会科学"三大体系"的重要平台。皮书系列先后被列入"十二五""十三五""十四五"时期国家重点出版物出版专项规划项目；2013~2023 年，重点皮书列入中国社会科学院国家哲学社会科学创新工程项目。

皮书网

（网址：www.pishu.cn）

发布皮书研创资讯，传播皮书精彩内容
引领皮书出版潮流，打造皮书服务平台

栏目设置

◆关于皮书

何谓皮书、皮书分类、皮书大事记、
皮书荣誉、皮书出版第一人、皮书编辑部

◆最新资讯

通知公告、新闻动态、媒体聚焦、
网站专题、视频直播、下载专区

◆皮书研创

皮书规范、皮书选题、皮书出版、
皮书研究、研创团队

◆皮书评奖评价

指标体系、皮书评价、皮书评奖

◆皮书研究院理事会

理事会章程、理事单位、个人理事、高级
研究员、理事会秘书处、入会指南

所获荣誉

◆2008 年、2011 年、2014 年，皮书网均
在全国新闻出版业网站荣誉评选中获得
"最具商业价值网站"称号；
◆2012 年，获得"出版业网站百强"称号。

网库合一

2014年，皮书网与皮书数据库端口合
一，实现资源共享，搭建智库成果融合创
新平台。

皮书网

"皮书说"
微信公众号

皮书微博

权威报告·连续出版·独家资源

皮书数据库
ANNUAL REPORT(YEARBOOK)
DATABASE

分析解读当下中国发展变迁的高端智库平台

所获荣誉

- 2020年，入选全国新闻出版深度融合发展创新案例
- 2019年，入选国家新闻出版署数字出版精品遴选推荐计划
- 2016年，入选"十三五"国家重点电子出版物出版规划骨干工程
- 2013年，荣获"中国出版政府奖·网络出版物奖"提名奖
- 连续多年荣获中国数字出版博览会"数字出版·优秀品牌"奖

皮书数据库

"社科数托邦"
微信公众号

成为用户

登录网址www.pishu.com.cn访问皮书数据库网站或下载皮书数据库APP，通过手机号码验证或邮箱验证即可成为皮书数据库用户。

用户福利

- 已注册用户购书后可免费获赠100元皮书数据库充值卡。刮开充值卡涂层获取充值密码，登录并进入"会员中心"—"在线充值"—"充值卡充值"，充值成功即可购买和查看数据库内容。
- 用户福利最终解释权归社会科学文献出版社所有。

数据库服务热线：400-008-6695
数据库服务QQ：2475522410
数据库服务邮箱：database@ssap.cn
图书销售热线：010-59367070/7028
图书服务QQ：1265056568
图书服务邮箱：duzhe@ssap.cn

社会科学文献出版社 皮书系列
SOCIAL SCIENCES ACADEMIC PRESS (CHINA)
卡号：722766527989
密码：

S 基本子库
UB DATABASE

中国社会发展数据库（下设 12 个专题子库）

紧扣人口、政治、外交、法律、教育、医疗卫生、资源环境等 12 个社会发展领域的前沿和热点，全面整合专业著作、智库报告、学术资讯、调研数据等类型资源，帮助用户追踪中国社会发展动态、研究社会发展战略与政策、了解社会热点问题、分析社会发展趋势。

中国经济发展数据库（下设 12 专题子库）

内容涵盖宏观经济、产业经济、工业经济、农业经济、财政金融、房地产经济、城市经济、商业贸易等 12 个重点经济领域，为把握经济运行态势、洞察经济发展规律、研判经济发展趋势、进行经济调控决策提供参考和依据。

中国行业发展数据库（下设 17 个专题子库）

以中国国民经济行业分类为依据，覆盖金融业、旅游业、交通运输业、能源矿产业、制造业等 100 多个行业，跟踪分析国民经济相关行业市场运行状况和政策导向，汇集行业发展前沿资讯，为投资、从业及各种经济决策提供理论支撑和实践指导。

中国区域发展数据库（下设 4 个专题子库）

对中国特定区域内的经济、社会、文化等领域现状与发展情况进行深度分析和预测，涉及省级行政区、城市群、城市、农村等不同维度，研究层级至县及县以下行政区，为学者研究地方经济社会宏观态势、经验模式、发展案例提供支撑，为地方政府决策提供参考。

中国文化传媒数据库（下设 18 个专题子库）

内容覆盖文化产业、新闻传播、电影娱乐、文学艺术、群众文化、图书情报等 18 个重点研究领域，聚焦文化传媒领域发展前沿、热点话题、行业实践，服务用户的教学科研、文化投资、企业规划等需要。

世界经济与国际关系数据库（下设 6 个专题子库）

整合世界经济、国际政治、世界文化与科技、全球性问题、国际组织与国际法、区域研究 6 大领域研究成果，对世界经济形势、国际形势进行连续性深度分析，对年度热点问题进行专题解读，为研判全球发展趋势提供事实和数据支持。

法律声明